傳統文化研究 季刊

主管：中华人民共和国教育部

主办：北京大学

U0879864

傳統文化研究 季刊
第1卷第4期

苏轼：文本及周边

宋代制度研究

2023年第4期 （总第4期）
2023年12月31日出版

目 录

哲学研究

文献学研究

书 讯

封面刊名：集蔡元培先生手迹

Journal of Traditional Chinese Culture (Quarterly)
Vol.1 No.4, December 30, 2023
Serial Number 4

Contents

苏轼与张方平书信考辨 *

朱　刚

提要： 张方平的知遇对三苏的崛起具有决定性意义，现在通行的标点整理本《苏轼文集》中包罗了苏轼与张方平书信的三种形式。《上留守宣徽启》实为苏辙作品误入苏轼集，辙文误入轼集，是苏集编纂史上的一个现象。尺牍《与张太保安道一首》叙事虽然简略，实际却是苏轼在"元祐更化"时期的一次最大的政治危机，故向"乌台诗案"期间营救自己最力的老臣张方平倾诉心曲。《谢张太保撰先人墓碣书》并不是与《辨奸论》相配合的伪作，在前辈知己张方平的慰勉下，黄州时期的苏轼虽也有惧祸悔过的表示，但其内心对"乌台诗案"实际有着不屈的真实态度。

关键词： 苏轼　张方平　书信

宋人的书信，大致有三种形态：别集中作为文类收录的是"书"和"启"，后者较简短，用骈体写作，前者相对较长，在"古文运动"后一般用散体写作；另外还有一种短小随意的"尺牍"，通常并不收入别集，但名家尺牍多有传世者，后人重编其文集时，也往往增入。现在通行的标点整理本《苏轼文集》，是以明人茅维重编的《苏文忠公全集》为底本的，这三种形态的书信均被包罗在内。其中卷四十七《上留守宣徽启》、卷四十九《谢张太保撰先人墓碣书》、卷五十《与张太保安道一首》，受信人都是苏轼的前辈知己张方平（1007—1091），正好一"启"、一"书"、一"尺牍"。不过，《上留守宣徽启》其实并非苏轼的作品，我们先对这篇"启"略加考辨。

一、《上留守宣徽启》

此启不见于宋代以来流传的《东坡集》《东坡后集》，明刻《重编东坡先生外集》亦无之，选本如宋刻《三苏先生文粹》也不收，在笔者知见的范围内，明人所编"七集"本《东坡续集》卷十始有此文，茅维当据《续集》收录。全文如下：

---

* 朱刚，复旦大学中国语言文学系。

右某启：少年游学，方成都乐职之秋；壮岁效官，复淮阳卧理之日。矧留都之清净，眷幕府之优闲。再枉辟书，重收孤迹。哀怜废弃之久，谁复肯然；绸缪樽俎之欢，亦非偶尔。伏惟留守宣徽太尉，才高一世，望重屡朝。体河岳之兼容，纳涓尘而不间。衣食有奉，已宽尽室之忧；道德照人，况复终身之幸。其为感激，难尽敷陈。①

今人张志烈等《苏轼全集校注》据文中“哀怜废弃之久”语，推为苏轼贬居黄州时期的作品，而将“留守宣徽太尉”释为文彦博(1006—1097)。然而，在苏轼“壮岁效官”时，文彦博并无“淮阳卧理”（知陈州）的经历，也没有“再枉辟书”聘苏轼入其幕府的相关记载。此启实为苏辙致张方平者，见《栾城集》卷五十，题为《谢张公安道启》②。孔凡礼《苏辙年谱》系于熙宁十年(1077)，时苏辙在京师，张方平任南京留守，辟辙为签书应天府判官，故有此谢启③。所谓“再枉辟书”者，因此前熙宁三年张方平知陈州时，已曾辟苏辙为陈州州学教授，所以这一次是“重收孤迹”了。陈州的经历，正对应“淮阳卧理”之语，而更早的“成都乐职”，即指苏轼、苏辙少年时随苏洵拜见知益州张方平，始受知遇之事。张方平的知遇对三苏的崛起具有决定性意义，这一点在苏氏兄弟的笔下被反复道及。由此来看，启首一联不止机械地夸美对方的履历，也结合了作者自身受对方知遇、关照的经历，而在苏轼与文彦博之间，就没有苏辙与张方平这样的共事关系。此是苏辙作品误入轼集，从启文的内容不难推断。

除了启文内容外，从苏氏兄弟各自编辑《东坡集》《栾城集》的情况，也可证明此启为苏辙所撰。苏辙有《栾城后集引》云：

予少以文字为乐，涵泳其间，至以忘老。元祐六年，年五十有三，始以空疏备位政府，自是无述作之暇，顾前后所作至多，不忍弃去，乃裒而集之，得五十卷，题曰《栾城集》。④

这里明确自述，五十卷《栾城集》是苏辙本人于元祐六年（1091）编成。相比之下，关于四十卷《东坡集》之编辑，苏轼文字中缺少如此明确的自述，但宋人亦谓此乃“东坡手自编”者，如胡仔云：

苕溪渔隐曰：东坡文集行于世者，其名不一，惟《大全》《备成》二集诗文最多，诚如所言，真伪相半。其后居世英家刊大字《东坡前、后集》最为善本。世传《前集》乃东坡手自编者，随其出处，古、律诗相间，谬误绝少。如御史府诸诗，不欲传之于世……故皆无之。⑤

所谓“世传”云云，当然只是传闻，不过我以为这个传闻应该可信。建中靖国元年（1101）苏轼去世时，苏辙撰兄长墓志铭，叙其著作“有《东坡集》四十卷，《后集》二十卷，《奏议》

---

①《上留守宣徽启》，《苏轼文集》卷四十七，孔凡礼点校，北京：中华书局，1986年，第1356页；《苏轼全集校注》第十六册，张志烈、马德富、周裕锴主编，石家庄：河北人民出版社，2010年，第5101页。

② 苏辙《谢张公安道启》，《栾城集》卷五十，曾枣庄、马德富点校，上海：上海古籍出版社，1987年，第1804页。“少年”前多“伏以”二字，“卧理”作“卧治”，“再枉”作“再辱”，“屡朝”作“累朝”，“涓尘”作“涓埃”，“感激”作“慰喜”。

③ 孔凡礼《苏辙年谱》卷六，北京：学苑出版社，2001年，第136页。

④ 苏辙《栾城集·后集引》，第1095页。

⑤ 胡仔《苕溪渔隐丛话》后集卷二十八，廖德明点校，周本淳重订，北京：人民文学出版社，1993年，第224页。

十五卷”① 等等，可见这些集子在苏轼生前已经编成，那么即便不是自编，也当获其本人认可。其中《东坡集》是按年编录作品的，但诗歌部分却有明显的缺环：一是卷十一所录诗，从元丰二年（1079）湖州之作，直接跳到元丰三年赴黄州途上之作，正如胡仔指出的那样，缺少“御史府诸诗”，即乌台狱中的诗作；二是卷一从嘉祐六年（1061）自京师赴凤翔，告别苏辙的诗开始，此前所作，包括三苏合编《南行集》中的诗，一无所存。如此断然舍去少作、抹去耻辱经历，恐怕只能是苏轼本人所为。如由他人编定，一定会贪多务得，也一定不肯放过“乌台诗案”那样吸引读者的话题。还有一点值得注意的是，《东坡集》收录作品的时间下限跟《栾城集》一样，也是元祐六年！那么，苏氏兄弟竟是同时自编别集，这其实也非常符合二人一贯的行事风格，所谓“进退出处，无不相同”②。且此年苏轼好不容易从杭州回到京师与苏辙团聚，马上又因“洛党”的纠缠而出知颍州，不得不与兄弟分离，这也可以解释他为什么以一首告别苏辙的诗为四十卷《东坡集》开篇。在这样的情况下，《谢张公安道启》见于《栾城集》卷五十，而《上留守宣徽启》不见于《东坡集》，其实已经可以断定此启必是苏辙的作品。篇题的差异，看来只是因为文中称对方为“留守宣徽太尉”，故其被误收到历史上某个重编的苏轼集中时，编者拟题为《上留守宣徽启》。

既然苏氏兄弟皆亲手自编别集，其作品本不易相混，但现在通行的《苏轼文集》中误收苏辙文，并非只有此篇而已。原因就在于，东坡的文集有非常复杂的重编历史。换言之，辙文误入轼集并非偶或一见，而是苏集编纂史上的一个现象。所幸苏辙不是无名之辈，他的文章跟苏轼一样，也被宋人奉为学习的典范，所以对于宋人来说，这个现象是不难发现的，南宋陈振孙《直斋书录解题》卷十七著录《东坡别集》四十六卷，释云：

> 坡之曾孙给事峤季真，刊家集于建安，大略与杭本同。盖杭本，当坡公无恙时，已行于世矣。麻沙书坊又有《大全集》，兼载《志林》《杂说》之类，亦杂以颍滨及小坡之文，且间有讹伪剿入者。③

据此，南宋人已注意到当时麻沙书坊编刊的东坡《大全集》中杂有苏辙（颍滨）之文。我们当然不能断言辙文误入轼集就从《大全集》开始，但显然这个现象已成为《大全集》的特征。明人编《东坡续集》收入《上留守宣徽启》，或许是间接继承《大全集》而来。

二、《与张太保安道一首》

此篇尺牍的来历比上面的《上留守宣徽启》清楚，虽然传世的苏轼尺牍专集即《纷欣阁丛书》本《东坡先生翰墨尺牍》中没有这一篇，但除了《东坡续集》卷六，也见于《重编东坡先生外集》卷七十二。所谓“外集”，是个补遗性质的集子，专收《东坡集》《后集》遗漏的

---

① 苏辙《亡兄子瞻端明墓志铭》，《栾城集·后集》卷二十二，第1422页。
② 脱脱《宋史》卷三百三十九《苏辙传》史臣论，北京：中华书局，第10837页。
③ 陈振孙《直斋书录解题》卷十七，徐小蛮、顾美华点校，上海：上海古籍出版社，1987年，第502—503页。

苏轼诗文，宋人已编成，但今天我们只能看到明人的这个重编本。由于《东坡集》《后集》并不收入尺牍，所以尺牍成为《外集》的重要组成部分。《外集》按苏轼生平，分时地阶段编排尺牍，《与张太保安道》被编在“登州还朝”之后、“杭州”之前的“翰林”阶段，即元祐初年在朝任翰林学士期间。茅维收入《苏文忠公全集》时，只是按其体例，在题中加了“一首”二字，题下注“翰林”，则亦承自《外集》，此后《苏轼文集》《苏轼全集校注》皆同。

尺牍全文如下：

> 某以不善俯仰，屡致纷纷，想已闻其详。近者凡四请郡，杜门待命几二十日。文母英圣，深照情伪，德音琅然，中外耸服。几至有所行遣，而诸公燮和之。数日有旨，与言者数君皆促供职，明日皆当见。盖不敢坚卧，嫌若复伸前请尔。蒙知爱之深，不敢不尽，幸为察之。褊浅多忤，有愧教诲之素，临书悒悒。[①]

《苏轼全集校注》非常精准地将此文系于元祐二年（1087）正月二十六日。文中叙事虽然简略，实际却是苏轼在“元祐更化”时期的一次最大的政治危机，他差点重蹈“乌台诗案”的覆辙，故向“乌台诗案”时营救自己最力的老臣张方平倾诉心曲。

按《苏轼全集校注》的注释，及其所根据的《续资治通鉴长编》的逐日纪事，经过大略是：元祐元年（1086）十二月，朝廷要举行一次选拔馆阁人才的考试，由翰林学士苏轼、邓温伯起草考题，他们于十一月二十九日撰成三篇考题，由苏轼亲书奏上垂帘听政的太皇太后高氏，高后过目后，点定一篇使用，这一篇恰好就是苏轼所起草的策问《师仁祖之忠厚法神考之励精》[②]。十二月七日，“试馆职”的结果出来，毕仲游、张耒、晁补之、刘安世、赵挺之等十三人获选。但在此之前，谏官朱光庭已于十二月三日密奏这篇策题有讥讽祖宗之意，“不忠莫大焉”。高后于十二月十四日“有旨放罪”，意谓苏轼有罪，但免于追究。然而，朱光庭认为不该免于追究，继续弹劾。于是苏轼于十二月十八日上章自辩[③]，结果令高后改变了判断，她收回“放罪”的命令，认为是谏官不对，而苏轼无罪。她的态度转变引起了御史台傅尧俞、王岩叟等人的担忧，他们怕太皇太后偏袒苏轼，驱逐谏官，于是决定救助朱光庭，一起弹劾苏轼。这才有了苏轼自述的“四请郡，杜门待命几二十日”，即申请出京担任地方官，离开朝廷。可是高后却不同意苏轼离开，她于元祐二年正月十二日批出一份“德音”，肯定苏轼策题不是讥讽祖宗，令执政官去面谕台谏停止弹劾。然而，台谏方面非但没有停止弹劾，还出现了分裂，另有官员上章为苏轼辩护，宛成两派。在此情形下，苏轼也不再持“请郡”躲避的打算，他于正月十七日奏上了一封长篇的自辩状[④]。接下来，十八日以后傅尧俞、王岩叟等人直接与高后在帘前冲突，认为苏轼即便不是讥讽，也必须为自己用词不当认一个错。高后发了脾气，二十二日声言要将双方都逐出朝廷，于是宰相吕公著、范纯仁等加以调和，就是所谓“诸公燮和之”了。二十三日高后接受了调和结果，令苏轼与几位台谏官各自“依旧供职”。二十六日，苏轼

---

① 《与张太保安道一首》,《苏轼全集校注》第16册，第5389页。
② 《试馆职策问三首》之一《师仁祖之忠厚法神考之励精》,《苏轼文集》卷七，第210页。
③ 《辩试馆职策问札子二首》之一,《苏轼文集》卷二十七，第788—789页。
④ 《辩试馆职策问札子二首》之二,《苏轼文集》卷二十七，第789—793页。

作此尺牍送与身在南京应天府的张方平，二十七日与台谏诸人同到紫宸殿入谢，此段风波暂时平息。

看来，苏轼得以度过这次政治危机，主要就赖“文母英圣”，即高后非常坚定地确认其策题并无讥讽祖宗之意。如果她在这一点上略有动摇，苏轼的境地就极其危险。“乌台诗案”的罪名是讥讽现任的皇帝和大臣，而这次是讥讽已经封神的祖宗，罪名有过之而无不及。这样的政治斗争，只能用“残酷”来形容，故幸而逃过一劫的苏轼向关心自己的前辈张方平汇报了大致的经过，最后还说“临书悒悒”，心情很不好。

三、《谢张太保撰先人墓碣书》

就文献来源而言，三封书信中最可靠的是《谢张太保撰先人墓碣书》，从苏轼“手自编”的《东坡集》卷二十九开始，就已收录了。然而，偏偏此文遭到的怀疑最多，清代以来有相当一部分学者认为这是与《辨奸论》相配合的伪作。

确实，此书一开始就提到了《辨奸论》：

> 轼顿首再拜，伏蒙再示先人墓表，特载《辨奸》一篇，恭览涕泗，不知所云。①

张方平将他所撰的苏洵墓表，再次寄给苏轼，故苏轼有此谢书。这篇墓表的写法有一点与众不同，就是“特载《辨奸》一篇”，将苏洵的《辨奸论》全文抄入。这当然与张方平《乐全集》卷三十九所录的《文安先生墓表》一致。如果不是因为《辨奸论》受到怀疑，按文史考据的通常情形，我们从宋代传下来的两个别集中找到了如此互相印证的二文，则不但此二文本身，连带《辨奸论》在内，都已有了给予信任的充分理由。实际上，绝大部分被我们信任和使用的古人作品，还未必有这么强的文献支持。自然，将《辨奸论》断为伪作的学者，态度正好相反，他们非但对三篇文章一概不予信任，而且认为墓表和谢书就是《辨奸论》的“伪作者”故意留下的伪证。然而，这位“伪作者”很令人好奇，他显然是一个在北宋生活过的人，其影响力又能延续到南宋，因为至晚到两宋之交，《辨奸论》已被多人阅读，而南宋刊刻的《乐全集》《东坡集》都已尊重他的意图，塞入了墓表和谢书。毫不意外的是，在整个南宋一朝，当代人对这位“伪作者”一无所知，直到清代，才有人试图揭露他的恶行。

假设这样一位“伪作者”曾经存在，那必然是北宋晚期一个相当艰苦卓绝的存在者，因为此时苏文被朝廷禁锢，而王安石极受推崇。当然，也许他对王安石有什么私愤，伪造这些文章的用意在于发泄，可从他能伪造苏轼谢书并成功地塞进《东坡集》的情形看，其年龄肯定比苏轼要小许多，这就意味着他与王安石发生过直接冲突的可能性甚微，不知何故如此愤怒？攻击一位受朝廷推崇的人，自然不会有什么好处，但反过来，如果愿意付出仕途暗淡的代价，则反对王安石也不至被天打雷劈，又何须借别人的名义去攻击？就算他对嫁名攻击具有特殊

---

①《谢张太保撰先人墓碣书》，《苏轼全集校注》第十六册，第5319页。

的兴趣，那么伪造论文、谢书还可以理解，又怎么会去伪造墓表呢？墓表并非适合于伪造的文类，尤其是当代名公的墓表，极易让人联想到实物之有无，这样的文类选择简直匪夷所思。如果他没有丧心病狂，选择书信、别传之类将明智得多。更何况，他伪造的并非闲情逸致的文字，其内容实在骇人听闻，则必须尽可能地避开知情者，换句话说，他推出这些伪文，当然要等到张方平、苏轼去世以后，为了尽快推出，文中不宜再牵涉到其他在世的人物，可是《谢张太保撰先人墓碣书》却云：

《辨奸》之始作也，自轼与舍弟皆有"嘻其甚矣"之谏，不论他人。

这"嘻其甚矣"之语，当然是为了跟《文安先生墓表》相呼应，也许"伪作者"对苏氏兄弟"进退出处，无不相同"的情形亦具相当之了解，故为了增强可信度，把苏辙也牵连进来。但这一牵连，却势必令伪作之面世又要比苏轼仙去晚上十几年，因为苏辙一直活到政和二年（1112）才去世。此时距方勺在其笔记《泊宅编》中谈到《辨奸论》的时间①，大约只剩十来年，"伪作者"实在没有多少余裕去完成一连串工作。再说张方平的方面，元祐六年（1091）张方平去世时，苏氏兄弟都撰有祭文，苏轼祭文中有"一子四孙，鸾鹄在庭"之语②，那"伪作者"为了推出苏洵《辨奸论》，牵上苏轼、苏辙也就罢了，硬拉张方平助推，以墓表为《辨奸论》的载体，而徒然令自己面对被张家"一子四孙"质疑的可能性，看来也不合情理。张方平对后世的影响不算大，在当代却是名公巨卿，伪造他的文章塞进其别集，困难也很大。他的《乐全集》，生前已在编辑，并请苏轼作序，但苏轼读到的应该不是《乐全集》的最后形态，因为张氏还能继续写作，增订其文集。现存的《乐全集》③后面附有张方平的行状，是其女婿王巩所撰，行状中的叙事屡次引"文集"为据，这个被王巩引为依据的"文集"才是《乐全集》的最后形态。换言之，王巩掌握着张方平去世时的《乐全集》定稿，他还是现存好几部笔记的作者，是个消息灵通的人士。要将一篇伪作的苏洵墓表塞进《乐全集》，势必也无法在王巩的眼皮底下实现。王巩比苏氏兄弟更年轻，我们暂时难以确考他的卒年，但现存他给苏辙写的挽诗④，可见他去世必然更晚，对"伪作者"真相败露的威胁不小。不可思议的是，为什么"伪作者"要把自己置于如此艰难的境地？如果他不假思索地推出一篇嫁名苏洵的《辨奸论》，还可以理解为泄愤于一时的鲁莽之举，但他既然心思细密地留下伪证，则应能巧妙地选择文类，尽少牵涉那些影响广泛的知情人士以避开被揭露的危险，何至于如此自困？

其实，清人将三篇文章一概斥伪，主要原因是不认同《辨奸论》对王安石的定性，认为王安石并不奸。我们当然也不认为王安石是个奸人，但是，王安石奸不奸是一回事，苏氏父子如何评议王安石又是另一回事。苏轼在元祐时期的奏议中，曾直斥"王安石、吕惠卿之阴谋"⑤；

---

① 方勺《泊宅编》三卷本谈及《辨奸论》，章培恒先生考其编成于宣和七年（1125），见所著《〈辨奸论〉非邵伯温伪作》，载《献疑集》，长沙：岳麓书社，1993年，第29—84页。

②《祭张文定公三首》之三，《苏轼全集校注》第十八册，第7036页。

③ 此集有南宋刊本，易见的是《文渊阁四库全书》本。

④ 王巩《挽苏黄门子由》，《全宋诗》卷八百三十九，第十四册，傅璇琮等主编，北京：北京大学出版社，1993年，第9713页。

⑤《辩试馆职策问札子二首》之二，《苏轼文集》卷二十七，第791页。

苏辙在晚年作品中还称王安石为“愚公”[①]。“愚公”就是笨蛋，一个搞阴谋的笨蛋，比奸人怕是好不到哪儿去。我们读宋人互相攻讦的文字，夷考其实，往往感觉过分。即便以平易婉转著称的欧阳修，论包拯曰“素少学问”“见得不能思义”[②]，论李淑曰“奸邪阴险”[③]，论吕夷简更谓其“奸邪巨蠹之家”，尽是些“贪赃愚騃子弟”[④]，偏激起来简直也是一骑绝尘。这是发言姿态上一种具有时代性的特征，在士气踔厉、言论兴盛的环境下，彼此都见怪不怪，后人若处噤若寒蝉的言论环境，对此就无法理解。自然，苏轼正面评价王安石的文字，也是有的，但不能因为有好评文字，就否定攻讦文字的真实性，反之亦然。所以，三篇文章真实与否，并不能决定今人对王安石的评价。鉴于“伪作者”的存立非常困难，我更愿意相信这些文本的真实性。实际上，即便对“伪作者”的假设能够成立，这些文本也不过稍为晚出，它们仍然是北宋之文，仍然代表了一部分北宋人对王安石的看法。不过我认为，相信其真实性将更有利于我们解读这些文本。

《文安先生墓表》把《辨奸论》的写作时间定在嘉祐八年（1063），但王、苏双方的冲突，不始于此时。嘉祐六年二苏举制科时，已发生王安石拒绝写作苏辙任官制词的事，据苏辙回忆，当时“知制诰王介甫意其右宰相，专攻人主，比之谷永，不肯撰词”[⑤]。所谓“不肯撰词”，并非简单地表示“不肯”而已，按北宋的制度，这叫“封还词头”，封还的时候是必须有个奏状的，一般叫作“缴某某人词头状”，后来做过中书舍人的苏轼，文集里面就有好几篇。虽然王安石的《临川集》中并未收录他缴苏辙词头的奏状，但在当时，苏辙应该是有所见闻的，所谓“右宰相，专攻人主，比之谷永”，无疑是从这份奏状概括来的意思。宋人吕希哲记载此事更为详细：

> 初，欧阳文忠公举苏子瞻，沈文通举苏子由应制科，兄弟皆中选。时王介甫知制诰，以子由对策专攻上身及后宫，封还词头。乃喻文通为之，词曰：“虽文采未极，条贯靡究，朕知可谓爱君矣。”盖文与介甫意正相反。子由《谢启》云：“古之所谓乡愿者，今之所谓中庸常行之行；古之所谓忠告者，今之所谓狂狷不逊之徒。”又云：“欲自守以为是，则见非者皆当世之望人；欲自讼以为非，则所守者亦古人之常节。”[⑥]

这里就明确记载了王安石“封还词头”之举，还节录了苏辙事后奉上沈遘（字文通）的《谢启》，值得注意的是，这篇《谢启》也不见于《栾城集》。由此可见：一方面，苏洵作《辨奸论》攻击王安石，可谓事出有因，说成替儿子出气也无不可；另一方面，《临川集》《栾城集》都不收录直接与这一番人事冲突相关的文章，这一点当然也不难理解，无非是时过境迁，不愿再招麻烦的意思。按这一情势看，苏洵的《嘉祐集》起初也不会收入《辨奸论》，所以张方平撰《墓表》时要“特载《辨奸》一篇”，而宋人也都是通过《墓表》获读《辨奸论》的。南宋刻本《三

① 苏辙《梦中反古菖蒲并引》自叙梦中作诗，“见一愚公在侧借观”云云，《栾城集·三集》卷一，第1452页。据苏籀《栾城遗言》，“愚公”即指王安石。
② 欧阳修《论包拯除三司使上书》，《欧阳文忠公集·奏议集》卷十五，《四部丛刊》本。
③ 欧阳修《论李淑奸邪札子》，《欧阳文忠公集·奏议集》卷四。
④ 欧阳修《论吕夷简札子》，《欧阳文忠公集·奏议集》卷四。
⑤ 苏辙《颍滨遗老传上》，《栾城集·后集》卷十二，第1281页。
⑥ 吕希哲《吕氏杂记》卷下，《文渊阁四库全书》本。

苏先生文粹》收录了《辨奸论》，但题后注明此文来自“张文定公撰老苏先生墓表”，并引用了《墓表》中的一段文字[①]。叶梦得《避暑录话》记得更清楚：

《辨奸》久不出。元丰间，子由从安道辟南京，请为明允《墓表》，特全载之。苏氏亦不入石，比年少传于世。[②]

显然，早期流传的《嘉祐集》里没有《辨奸论》，但是叶梦得并未怀疑《墓表》的真实性，而且他说“苏氏亦不入石”，则其所见不是刻石的实物，这大致可以说明，《乐全集》中早就有了这篇《墓表》。在相当长的时期内，《墓表》是《辨奸论》的唯一载体，从传播的角度说，没有《墓表》也就没有《辨奸论》，故持伪作说者，必须认定它们是一手所伪，尽管二文在写作风格或者说写作水准上，实有不小的差距。

必须承认，这篇《墓表》中诋毁王安石的段落，存在解读上的困难：

嘉祐初，王安石名始盛，党友倾一时。其命相制曰：“生民以来，数人而已。”造作言语，至以为几于圣人。欧阳修亦善之，劝先生与之游……[③]

《墓表》遭到疑伪，最主要的原因就在这一段。首先，王安石的两次拜相制书都现存，并无所引语句；其次，叙事上从“嘉祐初”一下子跳到王安石拜相的熙宁时期，立即又跳回欧阳修劝苏洵结交王安石的嘉祐时期，显得错乱。这两点确实费解，不过，若由此证明张方平不可能写作此文，则同理可证那个假设的“伪作者”也不可能写作此文，作为一名北宋作者，他跟张方平一样要面对这两点质疑。按此思路，《墓表》根本就不可能是篇宋文。但事实上，不但方勺和叶梦得已见之，南宋人编《三苏先生文粹》也在《辨奸论》题后照录了这段文字，杜大珪编《名臣碑传琬琰集》亦收入《文安先生墓表》。可见，宋人并未就此生疑。现在看来，所谓“命相制”既可以理解为王安石拜相时别人给他写的制书，也可以理解为他知制诰时为别人拜相写的制书；且宋人拜相，照例都要上表推辞几次，诏命便反复批示不允推辞，相关的文书不止数篇而已，也不能保证全部留存至今。张方平凭记忆写作，挑出他认为最能说明王氏之无状的字句，其出处、字面都可能有所差舛，却也不甚奇怪。所谓“生民以来，数人而已”，说的其实就是我们很熟悉的“道统论”，整部人类历史就靠几位圣人扶持，而自己勇敢地接上去。这虽然很不谦虚，却是宋代思想史的标志性内容。至于叙事错乱，是行文风格或者写作水准的问题，暂可不论。

反过来，《墓表》中有一些细节，却能维护张方平的著作权。首先，文章一开头就说：“仁宗皇祐中，仆领益部。”按张方平知益州在公元1054年，此年本是皇祐六年，三月份改元为至和元年。像这样的情况，有关的书面表述大抵采用新年号，“伪作者”寻检文书资料，获此年份，也必然会把年号写成“至和”，唯有当事人按记忆表述，才可能使用旧年号，因为他记忆中这一年还叫“皇祐”。其次，文中叙苏洵生平不遇，对宰相韩琦非常不满。这韩

---

① 有关详情，请参考拙文《关于婺刻〈三苏先生文粹〉所载策论》，《文学遗产》2018年第5期，第91—97页。
② 叶梦得《避暑录话》卷上，《文渊阁四库全书》本。
③ 张方平《文安先生墓表》，《乐全集》卷三十九，《文渊阁四库全书》本。

琦曾是反对王安石的人所能指望的最大靠山，包括“伪作者”在内的旧党后辈对韩琦大都崇敬，但张方平却是少数的例外[①]。再次，《墓表》交代《辨奸论》的写作缘起是：

安石之母死，士大夫皆吊之，先生独不往，作《辨奸论》一篇。

这样的细节，据实而书的话不算奇特，若出于“伪作者”所编造，则难以理解。编造伪作，并不需要同时编造出一个如此具体的写作场境，那将严重威胁伪作的可信度。为什么“伪作者”要无端去牵涉王安石的母亲之死，把苏洵写得好像趁人之危？难道他想说王安石之“奸”要由这位母亲负责，故不值得吊唁？且王安石有好几个兄弟，他的母亲去世，可能在老家，也可能在其他儿子任官处，要是那样，王安石得赶紧收拾行装，离京奔丧去了，又怎能保证他所描写的这个场面必是事实？当然，我们据曾巩《元丰类稿》卷四十五《仁寿县太君吴氏墓志铭》，可知王安石的母亲吴氏“嘉祐八年八月辛巳卒于京师”。既然卒于京师，那么“士大夫皆吊之”该是实情，而为张方平所了解。而以嘉祐六年的那次冲突为前提，苏洵不去上门吊唁，也不在情理之外。所以，把这段话看成张方平据实而书，是不算奇特的；但“伪作者”是个后辈，要悬揣出自己不曾经历的这个场面，至少会非常辛苦，且毫无必要。

最后来看苏轼的《谢张太保撰先人墓碣书》，《苏诗全集校注》将写作时间系于治平四年（1067）苏洵下葬时，显然不妥。苏洵下葬时，苏氏兄弟是拜托曾巩写了一篇《苏明允哀辞》（见《元丰类稿》卷四十一）权充墓表的，后来他们逐渐升官，得以追封三代，于是老苏有了好看的赠官头衔，就可以去求人写个正式的墓表。按上引叶梦得的记载，事在“子由从安道辟南京”时，恰好就是本文上面所考苏辙作《谢张公安道启》的熙宁十年（1077），由此至“乌台诗案”结束的元丰三年（1080），苏辙都在张方平幕下，《墓表》之作当在此期间。不过，苏轼作谢书却不在此期间，而在他贬谪黄州之后，这从《东坡集》卷二十九的编排顺序可以看出来。谢书的前一篇是《黄州上文潞公书》，后一篇是《与章子厚书》。这篇《与章子厚书》就是《苏轼文集》卷四十九《与章子厚参政书二首》的第二首，《苏轼全集校注》系于元丰三年九月[②]，大致无问题；《黄州上文潞公书》在《苏轼文集》卷四十八，《苏轼全集校注》系于元丰五年[③]，却不对，因为书中一开头就对文彦博“正位兵府”表示祝贺，而文彦博守太尉是在元丰三年，当时苏轼还寄去了一篇更具礼节性的贺启，即《苏轼文集》卷四十七的《贺文太尉启》，《苏轼全集校注》也正确地系在元丰三年九月[④]，这一书一启，乃同时所作。那么，在《东坡集》的编排顺序里，《谢张太保撰先人墓碣书》的前后都是元丰三年秋天的作品，我们若持信任的态度，则谢书也可以系于此时。重要的是，这样就可以解释，谢书为什么说“伏蒙再示先人墓表”，换言之，苏轼不是第一次看到《墓表》了。想必，苏辙在南京应天府期间请张方平写《墓表》，写成就寄给苏轼看过，而到元丰三年苏轼被贬黄州时，张方平特意把《墓表》再次寄来。

---

① 这一点，章培恒先生《〈辨奸论〉非邵伯温伪作》一文所论甚详。

② 见《苏轼全集校注》第16册，张志烈、马德富、周裕锴主编，第5275页。所谓“九月”，是从书中“秋冷”之语推得，实际上可能更晚一些。

③ 见《苏轼全集校注》第16册，第5203页。

④ 见《苏轼全集校注》第16册，第5056页。

由此便引出一个更重要的问题：张方平为什么要这样做？

苏轼因言获罪，被责令到黄州贬居思过，此时亲友们的好意规劝，大抵是教他谨言慎行，别再重蹈覆辙，但张方平则不然，把一篇包含《辨奸论》，攻击王安石“党友”的《文安先生墓表》重新抄写一遍寄去。难道他是想给苏轼再增添一点麻烦吗？我以为，这应该联系到他对“乌台诗案”的态度来看。在元丰二年营救苏轼的奏状中，张方平对问罪于言者的做法，根本不予认同：

> 自夫子删诗，取诸讽刺，以为言之者无罪，闻之者足以戒。故诗人之作，其甚者以至指斥当世之事，语涉谤黩不恭，亦未闻见收而下狱也。①

这封奏状本应委曲求情，但张方平却义正词严，说诗歌讽喻朝政符合儒家精神，是无罪行为，闻之者自己引以为戒就好，不该去抓人。作为一代名臣，这是他对儒家言论观的坚持，作为苏洵的知己，在故人之子因言获罪的时候，他也要代替其父亲去给予安慰、支持和教诲，勉励其守护士人的节操，守护言论权，“再示先人墓表”，正是最好的方式。毫无疑问，苏轼也深解此意，故谢书云：

> 先人之言，非公表而出之，则人未必信。信不信何足深计，然使斯人用区区小数以欺天下，天下莫觉莫知，恐后世必有“秦无人”之叹。此墓表之所以作，而轼之所以流涕再拜而谢也。②

我以为，这一段正是在回应张方平的言论观。王安石的行为方式是否“区区小数”，可以不论，关键的是，该出现的言论没有出现，是一个国家一个时代的耻辱——“秦无人”！由此可以相信，在前辈知己张方平的慰勉下，黄州时期的苏轼虽也有惧祸悔过的表示，但其内心对“乌台诗案”的真实态度，是不屈。

书讯

《三家〈诗〉辑佚史》

马昕著，中华书局，2022年3月

鲁、齐、韩三家《诗》学在汉代《诗经》学史上具有举足轻重的意义，却自魏晋以后逐渐失传。历代学者对三家《诗》材料的辑佚，成为经学史上的重要事件，取得了丰硕的成果。对这些成果的合理利用与反思扬弃，是当代学者不可绕开的问题。尤其是到当今学界，这种反思的声音越来越强大。

本书全面梳理前人辑佚三家《诗》的过程与成绩，并以今人对两汉《诗经》学的认识重新衡量其得失，深入理窟，亦史亦论，冀以开启《诗经》学研究的新路。书末并附“三家《诗》辑佚著作现存版本目录表”与“三家《诗》辑佚著作序跋、提要资料汇编”，从文献的角度简明地勾勒了三家《诗》辑佚史的脉络，颇可参考。

---

① 张方平《论苏内翰》，《乐全集》卷二十六，《文渊阁四库全书》本。

② 苏轼《谢张太保撰先人墓碣书》，《苏轼文集》卷四十九，第1426页。

读东坡集札记 *

俞国林

提要： 作为宋代大家，东坡集尽管迭经学人点校、整理、研究，但迄今其全集版本系统之分合以及文本真确性之考订，仍多有阙如未尽之处。以东坡题跋《书陆道士镜砚》《东坡志林・李邦直言周瑜》条为例，探其互文，考其史源，可发现东坡集文本仍存在复杂性与不稳定性。且通过这两条内容之考辨，并结合《东坡志林》明代十二卷本、五卷本传世诸版本之间的关系，为《东坡志林》条目原始面貌的探求，提供了某种可能。

关键词： 苏轼　题跋　《东坡志林》　五卷本　十二卷本

仲夏之初，值天大热。偶读东坡《自题金山画像》："心似已灰之木，身如不系之舟。问汝平生功业，黄州惠州儋州。"① 稍有感焉。觉此老遇事达观，造语清寥，千载而下，犹获我心。实宜泛览其书，权作修身养性之用。

月中因审稿所及，需覆核文本。检东坡题跋、《志林》，偶有疑于前人断句处，觅其旧椠，以参新刊，两相雠校，亦未解其惑。爰事考订，详寻其源，旁及左右，竟是疑窦丛生。遂穷数月力，作一番辨析。钩沉探赜，无非小题大做；索隐发微，只求来踪去迹。今于题跋、《志林》，各得其一焉，并附论《志林》版本及五卷本与十二卷本关系二则。

一、《书陆道士镜砚》条辨

赵宋开国，务农兴学，制礼作乐，自以"使三代而降，考论声明文物之治，道德仁义之风，宋于汉唐，盖无让焉"②，崇古之风遂起，古器收藏与研究亦渐成时尚。蔡絛《铁围山丛谈》载，"虞夏而降，制器尚象，著焉后世。……国朝来浸乃珍重，始则有刘原父侍读公为之倡，而成于欧阳文忠公。又从而和之，则若伯父君谟、东坡数公"，"学士大夫雅多好之，此风遂一煽矣。元丰后，又有文士李公麟者出。……取平生所得暨其闻睹者，作为图状，说其所以，而名之曰

---

* 俞国林，中华书局。

① 苏轼《苏轼诗集》卷四十八，王文诰辑注，孔凡礼点校，北京：中华书局，1982 年，第 2641 页。

② 脱脱等《宋史・太祖本纪》，北京：中华书局，1977 年，第 51 页。

《考古图》”，及宋徽宗广事搜罗，作《宣和博古图》，上有所好下必甚焉，以致“天下冢墓，破伐殆尽”[1]。东坡师友若欧阳修(永叔)、蔡襄(君谟)、文同(与可)、刘敞(原父)、李公麟(伯时)辈，皆通鼎彝之学，东坡稍有参与其间，故入“从而和之”者之列。

今观东坡集与同时人诗文，多有相关记述者，东坡唯不致力于收罗耳。其涉及古器物之诗文，诗有《胡穆秀才遗古铜器似鼎而小上有两柱可以覆而不蹶以为鼎则不足疑其饮器也胡有诗答之》《次韵刘京兆石林亭之作石本唐苑中物散流民间刘购得之》《凤翔八观》数首，题跋则有《书陆道士镜砚》《书所获镜铭》《书黄州古编钟》《书古铜鼎》《书金錞形制》诸篇。其中《书陆道士镜砚》《书所获镜铭》二篇颇可注意。

陆道士名惟忠，字子厚，眉州眉山人。与东坡有交游，故东坡题其镜，兼及已之所藏，并作考释。按，东坡于宋神宗元丰四年（辛酉，1081）正月路过黄州故城，获得汉镜一枚。此镜东坡集内数次提及，后世各本俱有著录，今与他书所记，互为对读，颇有可辨处。

茅维编《东坡先生全集》卷七十题跋《书陆道士镜砚》曰[2]：

陆道士蓄一镜一研，皆可宝。研圆首斧形，色正青，背有却月金文；甚能克墨而宜笔，盖唐以前物也。镜则古矣，其背文不可识。家有镜，正类是。其铭曰："汉有善铜出白阳，取为镜，清如明，左龙右虎俌之。"以铭文考之，则此镜乃汉物也耶？吾尝以示苏子容[3]。子容以博学名世，曰："此镜以前皆作此，盖禹鼎象物之遗法也。白阳，今无此地名。楚有白公，取南阳白水为邑，白阳岂白水乎？汉人'而''如'通用。"皆子容云。镜心微凸，镜面小而直，学道者谓是聚神镜也。丙子十二月初一日书。

卷六十六题跋《书所获镜铭》曰：

元丰四年正月，余自齐安往岐亭，泛舟而还。过古黄州，获一镜，周尺有二寸，其背铭云："汉有善铜出白阳，取为镜，清如明，左龙右虎俌之。"其字如菽大，杂篆隶，甚精妙。白阳，疑南阳白水之阳也。其铜黑色如漆。其背如刻玉。其明照人微小。旧闻古镜皆然，此道家聚形之法也。[4]

又卷五十三尺牍《答李方叔十七首》第二首有曰[5]：

近获一铜镜，如漆色，光明冷彻。[6]背有铭云："汉有善铜出白阳[7]，取为镜，清如明，左龙右虎俌之[8]。"字体杂篆隶，真汉时字也。白阳不知所在，岂南阳白水阳乎？"如"

---

① 蔡絛《铁围山丛谈》卷四，冯惠民、沈锡麟点校，北京：中华书局，1983年，第79—80页。

② 陆，原作"窒"，据明万历毛九苞《重编东坡先生外集》卷五十二及正文改。

③ 苏颂（1020—1101）字子容，原籍泉州同安，徙居润州丹阳，遂以丹阳为籍。宋神宗熙宁初，曾与东坡同朝共事；后多往还，亦多诗文唱和。

④ 此条文字，别见苏轼《仇池笔记》卷上"古镜"条，文作："元丰中，余自齐安过古黄州，获一镜，其背铭云：'汉有善铜出白阳，取为镜，清而明。左龙右虎輔之。'其字如菽大，篆款甚精妙。白阳，疑白水之阳也。其铜黑色如漆，照人微小。古镜皆然，此道家聚形之法也。"（校辑《宋元人说部书》本，上海：商务印书馆，1926年）

⑤ 李廌（1059—1109）字方叔，颍昌阳翟（今河南禹州）人。为苏门六学士之一。尝贽文谒苏轼于黄州，苏轼谓其笔势翩翩，有可以追古作者之道。王直方《诗文发源》云："李方叔为坡公客。公知贡举而方叔下第。"东坡有诗题曰："余与李廌方叔相知久矣，领贡举事，而李不得第，愧甚，作诗送之。"（《苏轼诗集》卷三十，北京：中华书局，1982年，第1568页）

⑥ 该句，明万历毛九苞《重编东坡先生外集》卷六十六作："近获一镜，铜色漆黑，光明冷彻。"

⑦ "白阳"与后"白阳"、"白水阳"之"阳"字，《重编东坡先生外集》俱作"杨"。

⑧ 俌，原作"輔"，据明成化程宗《东坡续集》本卷四、明万历毛九苞《重编东坡先生外集》本改。按，《说文·人部》："俌，輔也。"

字应作“而”字使耳。“左龙右虎”[①]，皆未甚晓。更闲，为考之。

三篇所述，为同一器。

就三篇文字内容及先后言：

《答李方叔十七首》题下注“以下俱黄州”（元丰三年二月至元丰七年四月，东坡因“乌台诗案”贬谪黄州。黄州，今湖北黄冈），第二首云“近获一铜镜”，则作于获镜后不久，涉镜色、铭文、字体，并考铭文“白阳”“如”“左龙右虎”三处。且请李方叔得闲时，为更考“白阳”“左龙右虎”之意。据《书陆道士镜砚》，“如”字作“而”字用，实系得诸苏子容所云，则苏子容知此事，必在东坡得镜后不久，且在致函李方叔之前。

《书所获镜铭》作于《答李方叔》后，记得镜之时为元丰四年（辛酉，1081）正月，得镜之地为古黄州（地近今湖北黄冈西南），涉镜色、镜形、铭文、字体，并考铭文“白阳”一处，且言古镜之功用（道家聚形之法）。赵希鹄《洞天清录》曰：“古铜器多能辟祟，人家宜畜之。”[②]是其意也。沈括《梦溪笔谈》卷十九曰：“古人铸鉴，鉴大则平，鉴小则凸。凡鉴洼则照人面大，凸则照人面小。小鉴不能全观人面，故令微凸，收人面令小，则鉴虽小而能全纳人面。”[③]《书陆道士镜砚》“镜心微凸，镜面小而直”、《书所获镜铭》“其明照人微小”，所言与之俱合。

《书陆道士镜砚》作于宋哲宗绍圣三年（丙子，1096，时谪居惠州）十二月初一，去获镜已十有五年。涉镜形、铭文，并示古镜之功用（学道者谓是聚神镜）。至于铭文内“白阳”“如”二处之说，谓皆是以博学名世之苏子容所与言之者。

三篇文字所录镜铭十九字，无异文。

汉代镜铭，概多韵语，以三四五七言为主。此镜铭十九字，“阳”“明”为韵；“清”“明”为语，即所谓“汉清明鉴”是也。此类铜镜后世出土者亦多，揆诸宋以降著录之铜镜铭文，文字仿佛者，如明杨慎《丹铅总录》卷二十七引《博古图》有铭曰：

> 汉有善铜出丹阳，和以银锡清且明。左龙右虎尚三光，朱雀玄武顺阴阳。[④]

又如汉代广陵国铜器有“汉有善铜”神兽博局镜，其铭曰：

> 汉有善铜出丹阳，取之为镜清如明。左龙右虎備四旁，朱爵玄武顺阴阳。[⑤]

湖南长沙亦曾出土一枚铜镜（图一），铭曰：

> 汉有善铜出丹阳，取为镜，清如明。左龙右虎備之。[⑥]

此铭文与东坡所藏者，除“丹”“備”二字外，馀无二致。

---

① 左龙右虎，明成化程宗《东坡续集》本、明万历毛九苞《重编东坡先生外集》本作“左月右日”。按，“左龙右虎辟不祥”“左龙右虎尚三光”等是古镜铭常用语，龙虎图形亦多见，东坡盖见古镜略少，故不得其意。明本东坡集多改“左月右日”，当指“明”字结构言。

② 赵希鹄《洞天清录》，胡文焕校，明万历间刻本。

③ 沈括《梦溪笔谈》卷十九，明崇祯四年刻本。

④ 杨慎《丹铅总录》，明嘉靖三十三年刻本。

⑤ 徐忠文、周长源《汉广陵国铜镜》，北京：文物出版社，2013年，第260页。该书图114“善铜铭羽人禽兽纹博局镜”，1988年扬州市甘泉乡东汉砖室墓出土。铭文又见鹏宇《汉镜铭文汇释》第1893号，昆明：云南人民出版社，2022年。

⑥ 周世荣《湖南出土汉代铜镜文字研究》附图第六十，《古文字研究》第14辑，北京：中华书局，1986年，第131页。铭文又见《汉镜铭文汇释》第1899号。

图一　汉有善铜镜

据《中国铜镜图典》《汉镜铭文汇释》诸书著录，镜铭韵文之全或不全，字之正讹与否，颇为随意。“取为镜，清而明”之用，《汉镜铭文汇释》著录一枚，铭曰：“汉善同，出丹阳。取之为竟，青而明。左龙右虎主。”① 清初倪涛《六艺之一录》卷十八“汉清明鉴二”亦有十四字图铭：“汉有善锡出白阳，取之为镜清且明。”② 可见一斑。

与东坡有关之铜镜故事，他处亦多有记录。其好友赵令畤《侯鲭录》卷一载录一条：

> 余家有古镜③，背铭云：“汉有善铜出丹阳，取为镜，清如明，左龙右虎補之。”不知“丹阳”何语，问东坡，亦不解。后见《神仙药名隐诀》云④：“铜，一名丹阳。”……东坡云：“‘清如明’，如，而也，若《左传》‘星陨如雨’。”⑤

倪涛《六艺之一录》卷十八亦记曰：

> 黄山谷曰：余家有古镜，背铭云：“汉有善铜出丹阳，取为镜，清且明，左龙右虎補之。”不知“丹阳”何语，问东坡，亦不解。后见《神仙隐诀》云：“铜，一名丹阳。”……东坡云：“‘清如明’，如，而也，若《左传》‘星陨如雨’。”⑥

观此二条所记，一曰赵令畤“家有古镜”，一曰黄山谷“家有古镜”，与东坡自记如出一辙，颇有可疑处。

综上所记，有数事需作梳理：

一、东坡藏镜铭文曰：“汉有善铜出白阳，取为镜，清如明，左龙右虎俌之。”考以类似之铭，此镜之“白”字，或为“[illegible]”（丹）字之误释；“俌”字，当为“[illegible]”（備）字之别篆；“之”字，

① 鹏宇《汉镜铭文汇释》第1900号。拓片参见《尊古斋古镜集景》，上海：上海古籍出版社，1990年，第52页。
②《文渊阁四库全书》本，台北：商务印书馆，1986年，第830册，第299页。
③ 余，明嘉靖二十三年芸窗书院重刊本《侯鲭录》作“今”。
④ 神仙药名隐诀，原作“神仙若名隐诀”，明嘉靖二十三年芸窗书院重刊本同，据清光绪八年岭南芸林仙馆《知不足斋丛书》本改。按，《神仙药名隐诀》著录于《宋史·艺文志》；倪涛《六艺之一录》引，脱去“药名”二字。
⑤ 赵令畤《侯鲭录》，明正德间鳌峰书院刻本。
⑥《文渊阁四库全书》本，台北：商务印书馆，1986年，第830册，第304页。

疑为“三”(四)字之讹铸。岂东坡不谙篆籀欤[①]？抑原镜锈蚀难辨欤？汉代系篆隶过渡期，铸镜笔画稍随意，字形难免多近似者。然东坡既谓“色如漆”“光明冷彻”“背如刻玉”、“字如菽大”，是未有锈蚀处；且复经“以博学名世”之苏子容鉴定，俱释作“白阳”，或亦讹铸欤？

二、镜铭“清如明”之“如”字，作“而”解[②]，《春秋》“星陨如雨”，杜预注：“如，而也。”[③]欧阳修《后汉郭先生碑》(集本)：“其曰‘宽舒如好施’，盖以‘如’字为‘而’也。《春秋》书‘星陨如雨’，释者曰：‘如，而也。’然施于文章，以‘如’为‘而’，始见于此也。”[④]罗大经《鹤林玉露》卷一“如字训而”条：“欧阳公《集古录》载《后汉郭先生碑》云：‘其长也，宽舒如好施，是以宗族归怀。’东坡得古镜，背有铭云：‘汉有善铜出白杨，取为镜，清如明。’皆训‘如’为‘而’也。”[⑤]并谓《后汉郭先生碑》碑文、古铜镜铭文训“如”为“而”，分别出自欧阳修、苏东坡之解释。然东坡自谓“‘而’‘如’通用”，实是苏子容告之者也。

三、赵令畤、黄山谷“家有古镜”事颇可疑。苏东坡曰“家有镜”，出于自记，且数见于集中，赵、黄二镜铭云：“汉有善铜出丹阳，取为镜，清如明，左龙右虎補之。”与东坡藏镜铭仅“白”作“丹”、“俌”作“補”之别。赵令畤虽与东坡同时，然《侯鲭录》之编定，据孔凡礼先生考证，“本书刊刻时，赵令畤是否在世，已不可考”；孔先生用作底本之清鲍廷博《知不足斋丛书》本《侯鲭录》，鲍氏于某些条目“是否以己意增之而偶失说明？亦不可得其详”云[⑥]。此条或为后人伪托。或者东坡后将该镜赠与赵令畤，且告以不知“白阳”为何意，故有此记，亦未可知。然若此时已释作“丹阳”，与“善铜”连属，熟诵《汉书》如东坡者[⑦]，岂有不知之理！倪涛《六艺之一录》全书四百馀卷，成稿于清乾隆时期，原即为书学文献纂集类著作。其钞录资料，一般皆注明来源，如《太平广记》例。然所谓“黄山谷曰”云者条，稿本与《文渊阁四库全书》本文末俱脱出处，且其文与赵令畤《侯鲭录》几乎完全一致，倪氏“赵”冠而“黄”戴者，传钞之误欤！抑有意为之欤？实不可知也已。

为考镜铭，曾与熊长云兄借阅图册；文成发与求教。长云兄阅后，即转示信古斋主人刊于网络之《苏东坡收藏的东汉古镜》文(https://zhuanlan.zhihu.com/p/92618237)。所述多有雷同处，

---

① 东坡《凤翔八观·石鼓歌》：“旧闻石鼓今见之，文字郁律蛟蛇走。细观初以指画肚，欲读嗟如箝在口。韩公好古生已迟，我今况又百年后。强寻偏傍推点画，时得一二遗八九。我车既攻马亦同，其鱼维鱮贯之柳。古器纵横犹识鼎，众星错落仅名斗。模糊半已隐瘢胝，诘曲犹能辨跟肘。”(参见《苏轼诗集》卷三，第101—102页)所述即此意也。

② 作“清而明”者，另有《汉镜铭文汇释》第1828、1833、1834、1845、1846、1847诸号；亦有如前引1900号作“青而明”者。

③ 杜预《春秋经传集解》卷三“庄公七年”，北京：文学古籍刊行社，1955年影印明翻相台本。

④ 欧阳修《集古录跋尾》卷三，《欧阳文忠公集》卷一百三十六，宋欧阳伋翻刻周必大本。

⑤ 罗大经《鹤林玉露》甲集卷一，日本庆安元年刊本。此条别见明弘治十三年钞本《说郛》卷五(“白杨”作“丹阳”)，明南京都察院刊、万历七年林大黼重修、万历三十六年孙鑛递修本《鹤林玉露》卷末《补遗》(“白杨”作“白阳”)，明万历商濬半野堂刻本《鹤林玉露》卷末《补遗》(“白杨”作“白阳”)。另可参王瑞来先生点校本《鹤林玉露》之“点校说明”，北京：中华书局，1983年。

⑥ 俱见孔凡礼点校本《侯鲭录》之“点校说明”，北京：中华书局，2002年。按，该本卷末“附录一：关于侯鲭录及其作者赵令畤的研究资料”文，列此条为卢文弨校本“佚文十五条”之一(《傅增湘跋四则》之第四则)，第249页。

⑦ 陈鹄《西塘集耆旧续闻》卷一“东坡钞汉书”条曰：“朱司农载上尝分教黄冈，时东坡谪居黄。……偶一日，谒至。……久之，东坡始出，愧谢久候之意，且云：‘适了些日课，失于探知。’坐定，他语毕，公请曰：‘适来先生所谓日课者何？’对曰：‘钞《汉书》。’公曰：‘以先生天才，开卷一览，可终身不忘，何用手钞耶？’东坡曰：‘不然，某读《汉书》，至此凡三经手钞矣。初则一段事，钞三字为题，次则两字，今则一字。’公离席复请，曰：‘不知先生所钞之书，肯幸教否？’东坡乃命老兵就书几上取一册至。公视之，皆不解其义。东坡云：‘足下试举题一字。’公如其言，东坡应声辄诵数百言，无一字差缺。凡数挑皆然。”(北京：中华书局，2002年，第289—290页)按，据《汉书·地理志》载，当时设铁官四十八处、盐官三十六处、工官十馀处，而铜官仅一处，“丹扬郡，有铜官”(北京：中华书局，1962年，第1592页)。知东坡乃《汉书》通也。

盖人同此心，心同此理，予唯更校其文本、述其影响耳。识此以备省览。癸卯五月廿六，个厂于仰顾山房。

二、《李邦直言周瑜》条辨

宋人作字，盖皆自存其稿，备将来编文集之用。观东坡诗文集之裒然巨帙，井然有序，是可知矣。今唯《东坡志林》，稍觉芜杂，其文字与入诗文集者，亦多有仿佛处。

宋哲宗元符三年(庚辰,1100)东坡自海南北归时，与郑靖老札有"《志林》竟未成"句[①]，则《志林》当是东坡自定拟撰之书也。惜未成。邵博《邵氏闻见后录》卷十四曰:"苏叔党为叶少蕴言:东坡先生初欲作《志林》百篇，才就十三篇，而先生病。惜哉！先生胸中尚有伟于武王非圣人之论者乎?"[②]陈振孙《直斋书录解题》卷十一曰:"《东坡手泽》三卷，苏轼撰。今俗本《大全集》中所谓《志林》者也。"[③]《东坡手泽》不传，未审其与今本《志林》之关系[④]。

今传之《东坡志林》，刻本有宋左圭《百川学海》一卷本、明万历赵开美校刊五卷本、明万历焦竑评点五卷本、明万历商濬编刻《稗海》之十二卷本。一卷本仅史论十三篇，或即东坡撰《志林》之旨欤?后人据东坡遗稿、杂钞等手泽，汇编而成《东坡志林》若干卷，且在流传过程中，或有好事者阑入其他文字，致使体例错乱，条目芜杂，真伪莫辨。

兹以《李邦直言周瑜》一条，稍作演绎。

赵开美校刊五卷本于每一条皆拟一小标题，卷首并置"目录"[⑤]。《李邦直言周瑜》条居卷四，前一条为《王嘉轻减法律事见梁统传》，后一条为《刘聪吴中高士二事》。其所对应之正文:

王嘉轻减法律事见梁统传

汉仍秦法至重高惠固非虐主然习所见以为常不知其重也至孝文始罢肉刑与参夷之诛景帝复孥戮晁错武帝罪戾有增无损宣帝治尚严因武之旧至王嘉为相始轻减法律遂至东京因而不改班固不记其事事见梁统传固可谓疏略矣嘉贤相也轻刑又其盛德之事可不记乎统乃言高惠文景以重法兴哀平以轻法衰因上书乞增重法律赖当时不从其议此如人年少时不节酒色而安老后虽节而病见此便谓酒可以延年可乎统亦东京名臣一出此言遂获罪于天其子松竦皆以非命而死冀卒灭族呜呼悲夫戒哉疏而不漏可不惧乎

李邦直言周瑜

李邦直言周瑜二十四经略中原今吾四十但多睡善饭贤愚相远如叔安上言吾子以快活未知

① 茅维《东坡先生全集》卷五十六，明万历三十四年刻本。

② 邵博《邵氏闻见后录》，刘德权、李剑雄点校，北京:中华书局，1983年，第112页。

③ 陈振孙《直斋书录解题》，清乾隆间武英殿刻本。

④《四库全书总目提要·东坡志林》:"陈振孙《书录解题》载《东坡手泽》三卷，注曰:'今俗本《大全集》中所谓《志林》者也。'今观所载诸条，多自署年月者，又有署读某书书此者，又有泛称昨日今日不知何时者，盖轼随手所记，本非著作，亦无书名，其后人裒而录之，命曰'手泽'。而刊轼集者，不欲以父书目之，故题曰《志林》耳。"其详可参王松龄点校本《东坡志林》之"点校说明"(北京:中华书局,1981年)、周先慎《〈东坡志林〉初探》(《北京大学学报》1982年第2期，第70—81页)、曾祥波《〈仇池笔记〉的成书来源及其价值——以明刊〈重编东坡先生外集〉为切入点》(《文学遗产》2022年第2期，第74—85页)。

⑤ 明万历间沈绪蕃《小引》、焦竑评点本《东坡志林》与之同，凡正文、校语亦皆依循赵氏校刊本。

孰贤与否

勃逊之

勃逊之会议于颍或言洛人善接花岁出新枝而菊品尤多逊之曰菊当以黄为正馀可鄙也昔叔向闻鬷蔑一言得其为人予于逊之亦云然

刘聪吴中高士二事

刘聪闻当为须遮国王则不复惧死人之爱富贵有甚于生者月犯少微吴中高士求死不得人之好名有甚于生者

标题前空两字，正文皆顶格。正文《勃逊之》一条，目录未出。

商濬编刻十二卷本无“目录”，正文每一条亦无拟题。《李邦直言周瑜》条居卷二（图二），其正文（含前后条）：

韩退之喜大颠如喜澄观文畅之意尔非信佛法也

世乃妄撰退之与大颠书其词凡陋退之家奴仆

亦无此语有一士人又于其末妄题云欧阳永叔

谓此文非退之莫能及此又诬永叔也永叔作醉

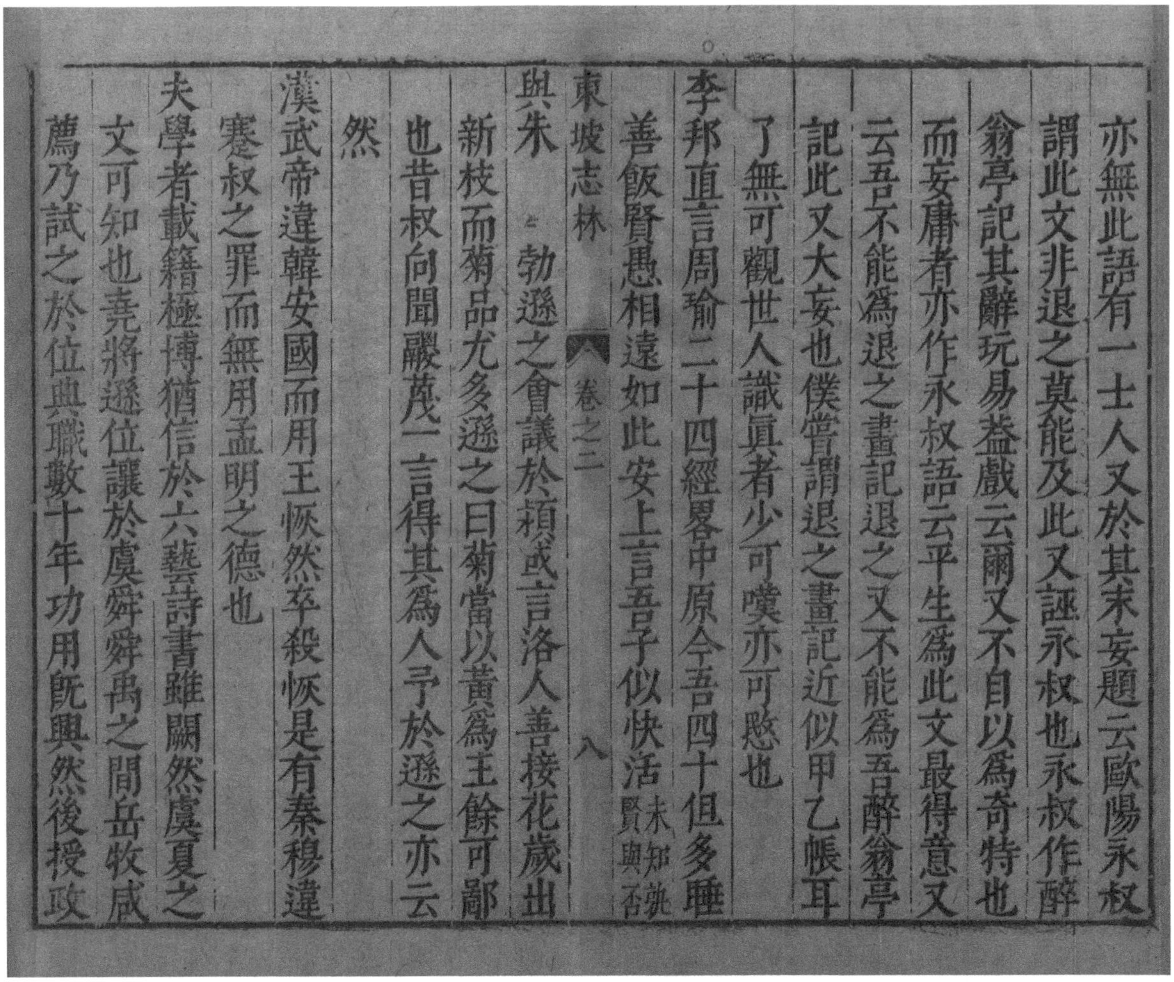
亦無此語有一士人又於其末妄題云歐陽永叔
謂此文非退之莫能及此又誣永叔也永叔作醉
翁亭記其辭玩易蓋戲云爾又不自以爲奇特也
而妄庸者亦作永叔語云平生爲此文最得意又
云吾不能爲退之畫記退之又不能爲吾醉翁亭
記此又大妄也僕嘗謂退之畫記近似甲乙帳耳
了無可觀世人識眞者少可嘆亦可愍也
李邦直言周瑜二十四經畧中原今吾四十但多睡
善飯賢愚相遠如此安上言吾子似快活未知孰賢與否
東坡志林　卷之二　八
與朱　勃遜之會議於頴或言洛人善接花歲出
新枝而菊品尤多遜之曰菊當以黄爲王餘可鄙
也昔叔向聞鬷蔑一言得其爲人予於遜之亦云
然
漢武帝違韓安國而用王恢然卒殺恢是有秦穆違
蹇叔之罪而無用孟明之德也
夫學者載籍極博猶信於六藝詩書雖闕然虞夏之
文可知也堯將遜位讓於虞舜舜禹之間岳牧咸
薦乃試之於位典職數十年功用既興然後授政

图二　《东坡志林》卷二第八叶，明万历间《稗海》后印本，国家图书馆藏

翁亭记其辞玩易盖戏云尔又不自以为奇特也
而妄庸者亦作永叔语云平生为此文最得意又
云吾不能为退之画记退之又不能为吾醉翁亭
记此又大妄也仆尝谓退之画记近似甲乙帐耳
了无可观世人识真者少可叹亦可愍也

李邦直言周瑜二十四经略中原今吾四十但多睡
善饭贤愚相远如此安上言吾子似快活 未知孰贤与否

与朱　　勃逊之会议于颍或言洛人善接花岁出
新枝而菊品尤多逊之曰菊当以黄为主馀可鄙
也昔叔向闻鬷蔑一言得其为人予于逊之亦云
然

汉武帝违韩安国而用王恢然卒杀恢是有秦穆违
蹇叔之罪而无用孟明之德也

正文每条第一行顶格，回行退一字。《李邦直言周瑜》条末，“未知孰贤与否”六字作双行夹注，占三字，适满行；“与朱”条，“与朱”与“勃逊之”间空缺两字。对比以上二本，赵刊五卷本正文溢出《勃逊之》一条，有文无目；商刻十二卷本正文“与朱　　勃逊之”云云则独立为一条。中华书局整理本以赵开美五卷本为底本，点校者王松龄于“未知孰贤与否”处出校记曰：

> 《稗海》本卷二此条与下条误合为一，作“未知孰贤与朱勃逊之会议于颍”，是则此句当作“未知孰贤”。“与”字属下条，无“否”字。[①]

今所见《稗海》诸万历印本，“未知孰贤与否”六字俱为双行小字，由此推测：点校者所见者必为初刻初印本（或试印本），其字号与前后一致，且单行，即：“未知孰”次“快活”之下，“贤与否”置“勃逊之”之上（此行行首退一字），作为一篇之内容，行内字数适相衔接也。然意思实不相干，后经校阅者指出，故《稗海》后印本即挖版改作两条矣。

曾就此事联系王松龄先生，得示曰：“我所用《稗海》本当为上海师院图书馆所藏明清刻本。”即请李玉栓兄代为翻检，发来书影（图三），其文字版式，果如予所测焉。是知商氏所据之原本，实为一条也必矣。

按，一、《志林》五卷本《王嘉轻减法律事见梁统传》条，《东坡先生全集》卷六十五“史评”、《重编东坡先生外集》卷二十“史评”题俱作《梁统议法》；《李邦直言周瑜》条，《东坡先生全集》卷六十六“题跋（杂文）”、《重编东坡先生外集》卷三十七“题跋（杂文）”题俱作《记李邦直言周瑜》；《勃逊之》条，《东坡先生全集》卷七十三“杂记”题作《记朱勃论菊》，《重编东坡先生外集》卷六十一“杂记”题作《与朱勃论菊》；《刘聪吴中高士二事》条，《东坡先生全集》卷六十六“题跋（杂文）”、《重编东坡先生外集》卷三十八“题跋（杂文）”题俱作《偶书二首》。二、《志林》十二卷本《韩退之喜大颠》条，即《东坡先生全集》卷六十六“题跋（杂文）”、

① 苏轼《东坡志林》卷四，王松龄点校，北京：中华书局，1981年，第97页。

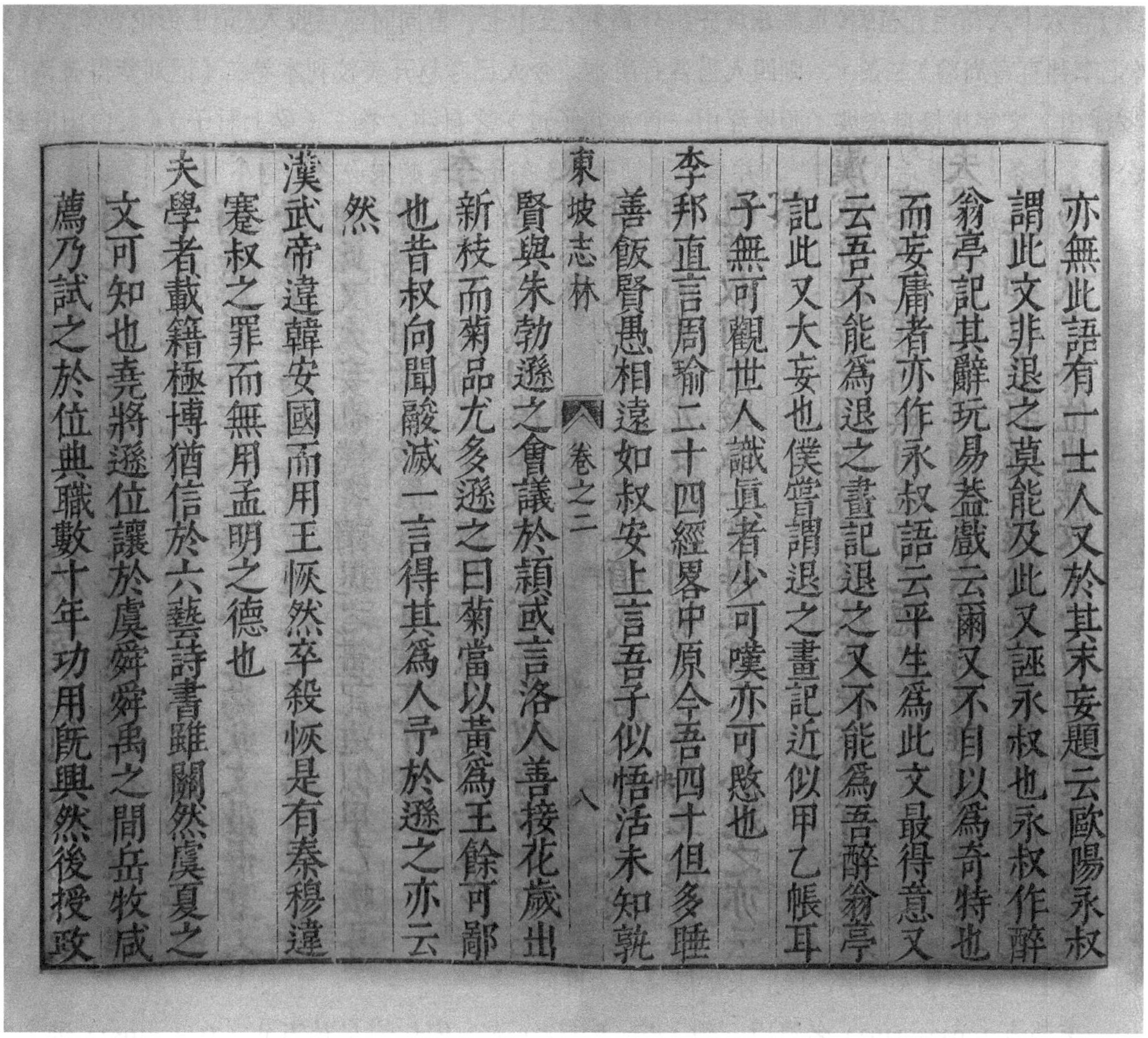
亦無此語有一士人又於其末妄題云歐陽永叔
謂此文非退之莫能及此又誣永叔也永叔作醉
翁亭記其辭玩易葢戲云爾又不自以爲奇特也
而妄庸者亦作永叔語云平生爲此文最得意又
云吾不能爲退之畫記退之又不能爲吾醉翁亭
記此又大妄也僕甞謂退之畫記近似甲乙帳耳
子無可觀世人識眞者少可嘆亦可愍也
李邦直言周瑜二十四經畧中原今吾四十但多睡
善飯賢愚相遠如叔安上言吾子似悟活未知孰
東坡志林 卷之二 八
賢與朱勃遜之會議於頴或言洛人善接花歲出
新枝而菊品尤多遜之曰菊當以黃爲王餘可鄙
也昔叔向聞鬷滅一言得其爲人予於遜之亦云
然
漢武帝違韓安國而用王恢然卒殺恢是有秦穆違
蹇叔之罪而無用孟明之德也
夫學者載籍極博猶信於六藝詩書雖闕然虞夏之
文可知也堯將遜位讓於虞舜舜禹之間岳牧咸
薦乃試之於位典職數十年功用既興然後授政

图三 《东坡志林》卷二第八叶，明万历间《稗海》初印本，上海师范大学图书馆藏

《重编东坡先生外集》卷三十八“题跋（杂文）”内《记欧阳论退之文》条;《李邦直言周瑜》《与朱勃逊之会议》二条，著录情况见前;《汉武帝违韩安国》条，即《东坡先生全集》卷六十五“史评”、《重编东坡先生外集》卷十九“史评”内《汉武无秦穆之德》条之末句。

赵开美校刊本卷首有其父赵用贤《刻东坡先生志林小序》①，于此书之梓刻曰：

> 余友汤君云孙，博学好古，其文词甚类长公。尝手录是编，刻未竟而会病卒。余子开美因拾其遗，复梓而卒其业，且为校定讹谬，得数百言。庶几汤君之志不孤，而坡翁之在当时其趑趄于世途、靰缚于穷愁者，亦略可见云。

由是可知，五卷本《志林》，实为赵用贤友人汤云孙手录并付刻者，刻未竟而汤氏病逝，后经赵用贤之子赵开美为校订讹误，遂得续刻而成。

汤氏五卷所据何本？未有交代。商氏十二卷何所从来？不得而知。且茅维编《东坡先生全

① 赵用贤（1535—1596）字汝师，号定宇，苏州常熟人。明隆庆五年（辛未，1571）进士，万历二十年（壬辰，1592）进礼部左侍郎并教习庶吉士，次年改吏部左侍郎，后移疾归。此序后收入赵氏《松石斋集》卷八，“余子开美”作“予子琦美”，“讹谬”作“訛謬”。

集》卷六十六与毛九苞编《重编东坡先生外集》卷三十七，皆同时前后收入《记王彭论曹刘之泽》《记李邦直言周瑜》二条[①]，则四人当各有所本。今人已考赵开美校刊本卷二《记刘梦得有诗记罗浮山》文字拼接自东坡《游罗浮山一首示儿子过》之自注，卷三《梁上君子》《太白山旧封公爵》诸条，亦系后人伪造[②]，并指出《勃逊之》条出自《赠朱逊之》诗小引。

以此反观《李邦直言周瑜》《勃逊之》二条，两本虽皆前后连属，然五卷本之目录与正文不一，十二卷本版刻小字与空缺并存，其所据原本皆误作一条也必矣。兹为校理二条文字如次：

> 李邦直言："周瑜二十四经略中原，今吾四十，但多睡善饭，贤愚相远如此。"安上言："吾子似快活，未知孰贤？"
>
> 与朱勃逊之会议于颍。或言洛人善接花，岁出新枝，而菊品尤多。逊之曰："菊当以黄为正，馀可鄙也。"昔叔向闻鬷蔑一言，得其为人，予于逊之亦云然。

按，"未知孰贤"下"与否"二字，实为后一条"与朱"之讹。盖因"与朱"讹作"与否"，且连上读，致"未知孰贤与否"六字不句，并复使"勃逊之"三字不词。

《与朱勃逊之》条，即东坡《赠朱逊之》诗之小引："元祐六年九月，与朱逊之会议于颍"云云[③]。朱勃，字逊之，元祐元年（庚午，1090）五月为承议郎，六年九月任京西运判。东坡与"会议"者，为陈州开八丈沟事，可参东坡《申省论八丈沟利害状二首》《奏论八丈沟不可开状》诸文[④]。

又《李邦直言周瑜》条"如此"二字，五卷本作"如叔"[⑤]，焦竑评点本即以"如叔安上言"施句读矣。然从文意言，"贤愚相远如此"盖因与周瑜作对比而发；若是"如叔安上言"，将作何解耶？即"如此"而属上读，则"安上言"亦当何解？按，"安上言"似与"李邦直言"对举，则"安上"当是某人之字，惜乎未觅得其人为谁何。

李邦直（1032—1102）名清臣，魏（今河北大名）人。宋仁宗皇祐五年（癸巳，1053）进士，调邢州司户参军、和川令。嘉祐六年（辛丑，1061）与苏轼、苏辙、孙洙等同应"贤良方正能直言极谏"科，未予秘阁试论。宋英宗治平二年（乙巳，1065）试秘阁为第一，授秘书郎，签书苏州节度判官。次年丁母忧，家居。宋神宗熙宁二年（己酉，1069）服除。正是这一年，王安石变法开启，李清臣成为变法之积极支持者与参与者。据李焘《续资治通鉴长编》[⑥]：

> 〔熙宁三年（庚戌）夏四月〕癸未，虞部员外郎苏棁、秘书丞陈睦并为秘阁校理，秘

① 一为王彭论曹操、刘备，一为李邦直论周瑜，所论皆三国人物。

② 参章培恒、徐艳《关于五卷本〈东坡志林〉的真伪问题——兼谈十二卷本〈东坡先生志林〉的可信性》，《南京师范大学文学院学报》2002年第4期，第163—173页。按，章、徐文以卷一《涂巷小儿听说三国语》条体现"尊刘反曹"之观念"不可能出于苏东坡的时代"，而与"明代情况则甚为相近"，故推定该条亦"当为后人所造"。然元刘壎（1240—1319）《隐居通议》卷二十五《小儿听古话》条，谓"《东坡别集·志林》载王彭尝云涂巷中小儿子薄劣"云，即诸本之《涂巷小儿听说三国语》条也，此条当不伪。是元人所见之《志林》，或为《东坡别集》内之一种欤？识此待考。

③《东坡后集》卷二，明嘉靖十三年江西布政司重刊本。按，此条拟题，宜如《东坡先生全集》卷七十三"杂记（草木饮食）"、《重编东坡先生外集》卷六十一"杂记（草木饮食）"题作《记朱勃论菊》。

④《东坡先生全集》卷三十三"奏议"。

⑤《东坡先生全集》卷六十六题跋作"如此"，末有"与否"二字。按，"叔"字手写，多有作"𡭔"者，与"此"字形近，盖为传钞致讹。

⑥ 李焘《续资治通鉴长编》，上海师范大学古籍所、华东师范大学古籍所点校，北京：中华书局，1992年。后引版本同此。

书郎李清臣为集贤校理，江宁府推官刘挚为馆阁校勘，大理寺丞乐咸为太子中舍。（卷二百十，第5108页）

〔熙宁三年九月〕壬子，陕西宣抚判官、度支员外郎、直舍人院吕大防兼检正中书五房公事；太子中允、集贤校理曾布，宣抚司书写机密文字、秘书郎、集贤校理李清臣，大理寺丞李承之并充检正公事，布户房，清臣吏房，承之刑房，清臣、承之仍并改太子中允。（卷二百十五，第5245页）

〔熙宁三年十一月〕壬辰，上批："陕西宣抚判官吕大防、管勾机宜文字李清臣，近除中书检正官，其敕告入递给付，以示选任之意。"从韩绛所请也。（卷二百十七，第5272页）

按，中书检正官于熙宁三年九月一日为变法所设，其职权主要有编修、详定诏敕条例，检举、督促诸司职事，提举在京百司事务，察访、处置地方事务，尤其是新法之执行情况[①]，实为政务最为繁忙之机构是也。

李清臣自谓"今吾四十，但多睡善饭"，四十则熙宁四年（辛亥，1071）时，其果"多睡善饭"、无所事事者哉？李焘《续资治通鉴长编》卷二百二十二曰：

〔熙宁四年夏四月〕丙子，中书奏：检正中书吏房公事李清臣兼编修中书条例。诏罢之。寻自太子中允复为校书郎，通判海州。韩绛既责，清臣愿还旧秩，且求外任故也。（第5410页）

揆诸《长编》所记，可知熙宁三年九月，韩绛（1012—1088）宣抚陕西，奏请李清臣为宣抚使司书写机宜文字。由于韩绛"素不习兵事"，"复以种谔为鄜延钤辖"，致使"蕃兵皆怨望"。四年三月，西夏攻陷抚宁诸城，种谔"茫然失措，欲作书召燕达，战悸不能下笔"。宋神宗不得已，"诏弃啰兀城，治谔罪，责授汝州团练副使，潭州安置。绛坐兴师败衄，罢知邓州"[②]。李清臣因之受牵连，"规自全，多毁绛"，自求外任，神宗允而"薄之"[③]。

晁补之《资政殿大学士李公行状》曰[④]：

绛之贬也，公尚以中允为检正官。公曰："我岂负韩公者！"因求还所迁秩，补外；复以秘书郎通判海州。会直舍人院孙洙出守海州，与洙同制科馆职，一时觞咏传淮海，为盛事。宽役法，免漕渠夫，去而民思之。

按，熙宁四年五月丙午，"太常博士、集贤校理、同知谏院、直舍人院孙洙知海州，从其请也"[⑤]。是知孙洙、李清臣差不多同时出任海州职务[⑥]。

据《宋史·孙洙传》，孙洙在海州，"免役法行，常平使者欲加敛缗钱，以取赢为功，洙力争之。方春旱，发运使调民濬漕渠以通盐舸，洙持之不下，三上奏乞止其役"[⑦]，其与李清臣"宽

---

① 古丽巍《变革下的日常：北宋熙宁时期的理政之道》，《文史》2016年第3辑，第209—234页。
② 陈邦瞻《宋史纪事本末》卷四十，北京：中华书局，1977年，第388页。
③ 李焘《续资治通鉴长编》卷二百四十五"熙宁六年（癸丑，1073）六月丁丑"条，第5965页。
④ 晁补之《济北晁先生鸡肋集》卷六十二，明崇祯八年诗瘦阁刻本。
⑤ 李焘《续资治通鉴长编》卷二百二十三"熙宁四年（辛亥，1071）五月丙午"，第5432页。
⑥ 唐仲冕、师承祖《嘉庆海州直隶州志》卷四职官表："知海州：孙洙，神宗时任。""通判海州：李清臣，英宗时任。"按，谓李清臣"英宗时任"实乃错读《宋史》本传所致。
⑦ 脱脱等《宋史》卷三百二十一，北京：中华书局，1977年，第10422—10423页。

役法，免漕渠夫”二事，盖合力而为政者也。

至熙宁六年（癸丑，1073）六月丁丑，王安石与宋神宗论及张吉甫事，神宗曰：“‘十室之邑，必有忠信。’吉甫虽小人，陈义甚高，贤于李清臣远矣。”① 此时李清臣犹在海州②。至于“公三为执政，遍践三省，勋封爵至上柱国、开国公，食邑实封所共加至六千九百户”云者③，此乃后话。

故曰：李清臣自三十九岁至四十二三岁之间，历任（或有同时兼任）秘书郎、集贤校理、宣抚使司书写机宜文字、检正中书吏房公事、太子中允、校书郎、海州通判，公务繁忙，决不能自称为“多睡善饭”者也。

然则自嘲“多睡善饭”者，何人耶？

检胡铨《胡澹庵先生文集》，卷十有《上张丞相书》一篇④，曰：

> 某顷自宜春违远钧席，言归庐陵，杜门却扫，读书养亲者，又一年矣。居恒自咎，以为**周瑜二十四经略中原**，相国**春秋才四十**，出入将相，身为天下重轻者十年于兹矣。**仆年三十有五，徒多睡善饭**，年来鬓发星星，览镜茫然。进不能出力补报明君，退不能取寸禄斗食以荣其亲，仅同幽蠹，日夜守蚩尤之庐，又不能效四体无骨者扫门拜尘于王公大人之前。往往枕戈待旦，志枭逆虏，其胸中耿耿者固在。
>
> 近者侧闻相国奋然以天下之重自任，四海之士，皆愿身櫜键备奔走。仆固门下士也，穷愁无聊，不获挟粮以趋。然士为知己者死，辄敢不避斧钺之诛，冒进狂瞽之说，伏惟怜其志而少加察焉。

按，胡铨（1102—1180）字邦衡，号澹庵，吉州庐陵（今江西吉安）人。张丞相即张浚（1097—1164）字德远，号紫岩，汉州绵竹（今四川）人。宋徽宗政和八年（戊戌，1118年）进士，南宋初任御营使司参赞军事，力主抗金，志在恢复。两人相差五岁。

胡铨于宋高宗建炎二年（戊申，1128）二十七岁时，以第五名进士及第，授左文林郎、抚州军事判官。张浚时任礼部侍郎，胡铨《祭张魏公文》曰：“建炎戊申，驻跸维扬。公为春官，贰卿文昌。详定殿庐，多士在庭。得铨大对，谓如刘蕡。”⑤ 故胡铨自称“门下士”。后以抵御金兵有功，转承直郎，权吉州军事判官。四年（庚戌，1130）秋，丁父忧，乡居庐陵；绍兴三年（癸丑，1133）三十二岁，服除，“无仕进意”⑥，“或勉之仕，不答”⑦。

杨万里《宋故资政殿学士朝议大夫致仕庐陵郡开国侯食邑一千五百户食实封一百户赐紫金

① 李焘《续资治通鉴长编》卷二百四十五“熙宁六年（癸丑，1073）六月丁丑”条，第5965页。

② 李焘《续资治通鉴长编》卷二百七十七“熙宁九年（丙辰，1076）九月戊寅”条：“诏……知池州郑雍、通判海州李清臣等十四人，降考、降名次各有差。”第6786页。按，是知及至熙宁九年九月，李清臣之官职仍为海州通判。

③ 晁补之《资政殿大学士李公行状》（《济北晁先生鸡肋集》卷六十二）。

④ 胡铨《胡澹庵先生文集》，清乾隆二十二年刻本。后引版本同此。

⑤ 胡铨《胡澹庵先生文集》卷二十二。又欧阳守道《题家状序》：“张魏公第其文为进士第一，既而置之第五，虽第五，然有魏公之定论在，犹第一也。”（《巽斋文集》卷十一）

⑥ 周必大《资政殿学士赠通奉大夫胡忠简公神道碑》，《周益文忠公集》卷三十《省斋文稿》卷三十，南宋刻本。日本静嘉堂文库藏。

⑦ 杨万里《宋故资政殿学士朝议大夫致仕庐陵郡开国侯食邑一千五百户食实封一百户赐紫金鱼袋赠通议大夫胡公行状》，《诚斋集》卷一百十八，南宋端平元年刻本。日本东京宫内厅书陵部藏。

鱼袋赠通议大夫胡公行状》曰：

绍兴五年，忠献魏国张公浚都督诸路兵，辟公提举荆湖北路常平茶盐司干办公事，改荆湖南路提点刑狱司干办公事。召赴都堂审察。

周必大《资政殿学士赠通奉大夫胡忠简公神道碑》曰：

绍兴五年，张忠献公都督诸路军马，辟湖北常平茶盐司干办公事，亲嫌，易湖南提点刑狱司，俱未行。召赴堂审察。

据《行状》与《神道碑》，可知右相兼知枢密院事张浚为推举之两职务，胡铨俱未往任，时胡铨三十四岁矣。然则"召赴都堂审察"何时耶？

绍兴六年(丙辰,1136)正月，张浚视师荆襄，后进驻盱眙，并命韩世忠自承楚以图淮阳，刘光世进屯合肥，岳飞进驻襄阳，准备北伐中原。一时军民之心，为之大振。胡铨上张浚书"近者侧闻相国奋然以天下之重自任，四海之士，皆愿身櫜鞬备奔走"，盖即指此而言；并将之以周瑜"经略中原"作喻，亦颇为贴切。至是年十月，胡铨始"赴召都堂"①，然犹未授予官职。

直到胡铨三十六岁，即绍兴七年（丁巳,1137）初，兵部尚书吕祉以贤良方正直言极谏科荐，"夏四月，以上殿称旨，特改左通直郎"②。据胡铨《萧先生春秋经辨序》，六月一日"某既进词业，即其日除枢密院编修官"③。爰有后来绍兴八年(戊午,1138)，胡铨上书宋高宗，直接喊出"愿斩三人头，竿之藁街"之豪壮语焉④。三人者，使臣王伦、参政孙近、丞相秦桧是也。

综上所述，"周瑜二十四经略中原，今吾四十，但多睡善饭"云者，乃好事者摘录自胡铨三十五岁时所作《上张丞相书》内文字，冠为李邦直所言，杂钞入东坡笔记（或即《志林》)，赵氏、商氏刻《东坡志林》因之，又为茅氏编入《东坡先生全集》、毛氏编入《重编东坡先生外集》。且东坡与李邦直多有往还，诗词唱和，东坡亦曾刻李氏《超然台赋》于石，并跋其后曰："邦直之言，可谓善自持者矣，故刻于石以自儆云。"⑤故于《李邦直言周瑜》条，迄未有疑之者焉⑥。

---

① 胡铨《妣焚黄文》："某绍兴六年冬十月，赴召都堂。"（《胡澹庵先生文集》卷二十二）又《祭三十五叔文》："绍兴丙辰，铨始召见。"（同前）

② 胡铨《妣焚黄文》(《胡澹庵先生文集》卷二十二)。

③ 胡铨《胡澹庵先生文集》卷十五。胡铨《祭吕尚书文》："仆在山林，公独我知。来赴阙下，首加品题。"（卷二十二）又《跋郑亨仲枢密送邢晦诗》："绍兴丁巳，公与铨同为编修，官密院。"（《澹庵文集》卷四，台北：商务印书馆，1986年，影印《文渊阁四库全书》本，第1137册，第40页）周必大《资政殿学士赠通奉大夫胡忠简公神道碑》："七年，兵部尚书吕祉以贤良方正荐。四月赐对，改左通直郎，留为枢属。"（《周益文忠公集》卷三十）

④ 胡铨《戊午上高宗封事》(《胡澹庵先生文集》卷七)。

⑤ 苏轼《书李邦直超然台赋后》，载《东坡先生全集》卷六十六，明万历三十四年刻本。

⑥ 按，前人文辞，常互为引述，焉知此语非胡铨借用李邦直者哉！或曰："若无铁证，只是姑备一说而已。"昔人所谓"孤证不立"者，殆亦此意也。然而，即从语境言，张浚以右相兼知枢密院事、都督诸路军马，拟北伐中原，故胡铨以"周瑜二十四经略中原"作喻，情状近似；而四十岁时之李邦直，所任之官职，最高不过六品，岂得有"经略中原"之现实雄心也欤？职位不相符也。且"经略中原"盖多为偏隅东南朝廷之战略思维，如东晋、南朝宋、南宋之朝廷与士人，好作此语，尤以宋高宗时为最夥。又按，李邦直四十岁时即熙宁四年（辛亥，1071），是年三月，韩绛因"兴师败衄，罢知邓州"，李清臣受牵连，五六月间，通判海州；同年七月，东坡通判杭州。可知自三月至五六月间，东坡与李邦直俱在京师，两人交好，必有过从。李属于"待安置"身份，或得无所事事，爰有"多睡善饭"云尔。

三、《东坡志林》版本考

东坡之著述，其弟苏辙《亡兄子瞻端明墓志铭》谓除《易传》《书传》《论语说》外，别有《东坡集》四十卷、《后集》二十卷、《奏议》十五卷、《内制》十卷、《外制》三卷、《和陶诗》四卷[①]，是谓"六集"；后增入《应诏集》，而成"七集"，明成化、嘉靖皆有翻刻之本（稍有变更）。

南宋陈振孙《直斋书录解题》卷十七著录《东坡别集》四十六卷，谓"麻沙书坊又有《大全集》，兼载《志林》《杂说》之类"[②]；元刘壎《隐居通议》卷二十五有"《东坡别集·志林》载王彭尝云途巷中小儿子薄劣"条[③]。今者《东坡别集》与所谓之麻沙书坊《大全集》皆不传，则《志林》除东坡自述之"史论十三篇"外，是如何逐渐演变而成为后世笔记体者，并入《东坡手泽》三卷、《僧耳手泽》一卷而成五卷欤？则十二卷本（无"史论十三篇"）又何由来耶[④]？

予曾细味茅维本《东坡先生全集》、毛九苞本《重编东坡先生外集》之序跋，及与此二本之文献来源颇为密切之焦竑所藏"钞出阁本《外集》"。简而言之，焦竑于明万历二十二年（甲午，1594）入史馆，见有东坡《外集》，遂为钞录副本，后分别借与茅维、毛九苞参考。兹录相关函札、序跋文字于次：

茅维本《东坡先生全集》

> 焦竑《答茅孝若》曰："诗文，秘阁宋刻不啻十数种，颇欲钞出，会稡为一编，以拮据史事，未果。亡何，而以谴去国，至今念之。顷仆所藏：洪熙御府本一，钞出阁本《外集》一、阁本尺牍一、长短句一。世行江右本，分前、后、续、别，是宋集之例，但先后复出，又多杂以他人之作。……洪熙本总为一集，尽去前、后、续、别之名，以诸体为序，较是妥当。而舛误亦自不少，《外集》往往有出于二本者。又分卷最为有伦，如题跋一类，游行、诗文、书画等各以类从，《志林》《仇池笔记》多散在其中。鄙意以武王、平王、始皇诸篇归之论部，馀一依其例可也。"[⑤]

---

① 苏辙《栾城后集》卷二十二，《苏辙集》，陈宏天、高秀芳点校，北京：中华书局，1990年，第1127页。

② 陈振孙《直斋书录解题》卷十七："坡之曾孙给事峤季真刊家集于建安，大略与杭本同。盖杭本当坡公无恙时已行于世矣。麻沙书坊又有《大全集》，兼载《志林》《杂说》之类，亦杂以颍滨及小坡之文，且间有讹伪剿入者。有张某为吉州，取建安本所遗尽刊之，而不加考订，中载应诏、策论，盖建安本亦无《应诏集》也。"清乾隆间武英殿刻本。余嘉锡《四库提要辨证》卷二十二"东坡全集一百十五卷"条曰："是苏峤所编《别集》，自建安本外，又尝刻于临安，至于所谓江州本，不知为何种，亦不知何人所刻也。据洪迈之言，则临安本亦不免有讹伪剿入之处，建安本当亦相同，均不得为善本矣。赵希弁《读书附志》卷下云：'《东坡别集》三十二卷，《续别集》八卷，乃苏峤刊置建安而删略者，淳祐甲辰庐陵郡庠刻。'删略云者，苏峤刊集时删去略去之文，此即陈振孙所谓张某为吉州，取建安本所遗尽刊之者也，虽仍名《别集》，实则《别集》之补遗耳。《提要》此节，意在考坡集宋时版本，惜其语意不了，今为分析指出之。"北京：中华书局，1980年，第1361页。

③ 张玉春《〈史记〉日本古注疏证》收入"日本室町时代（1336—1573）及其以前的《史记》古注"，涉及《东坡别集》二条：卷八十九"汉王之入关，五星聚东井"注引"《东坡别集》二十六《志林》云：天上失星，崔浩乃云"条，茅维编《东坡先生全集》卷六十五"史评"题作"崔浩占星"，赵开美校刊《东坡志林》题作"辨五星聚东井"；又卷九十五"天下称郦况卖交也"注引"《东坡别集》卷二十五：班固有言，当孝文时"条，未言出于《志林》，然此条茅维编《东坡先生全集》卷六十五"史评"题作"郦寄幸免"，毛九苞编《重编东坡先生外集》卷十九题作"班固不讥郦寄"。分别见济南：齐鲁书社，2016年，第481—482、520页。

④ 顷读曾祥波兄《从手稿到书籍——由〈东坡外集〉看〈东坡志林〉成书源流》文（《中国典籍与文化论丛》第二十八辑，第116—139页），探求详密，考证精审，余所虑及者俱在，余思所不能者亦比比焉，唯有存问而不作矣。

⑤ 焦竑《焦氏澹园续集》卷五，明万历三十九年刻本。

茅维《宋苏文忠公全集序》曰:“丐诸秣陵焦太史所藏阁本《外集》。太史公该博而有专嗜,出示手校,甚核。参之《志林》《仇池笔记》等书,增益者十之二三,私加刊次,再历寒燠,而付之梓。”

焦竑《刻苏长公集序》曰:“茅君孝若复取诸集,合为此编,而属余为序。为书此简端,令学者知循其本云。”

毛九苞本《重编东坡先生外集》

康丕扬《刻苏东坡先生外集序》曰:“余于京邸见一学士家,尚有《外集》一书,系钞册,非完本,字多鲁鱼,不可读;而其文往往亦多《全集》所未载。……余同年李涛川氏,前游金陵时,录一全册,寄余辽左。余携之欲授梓人久矣。岁丁未,余来淮上,因出所藏两书,令别驾毛君九苞合而校之,为刻于维扬之府署。”①

焦竑《刻苏长公外集序》曰:“苏长公集行世者,有洪熙御府本、江西本而已。……大率纪次无伦,真赝相杂。……最后得《外集》读之,多前所未载,既无舛误,而卷帙有序,如题跋一部,游行、诗文、书画等各以类从,而尽去《志林》《仇池笔记》之目,最为精覈。其本传自秘阁,世所罕睹。侍御康公以鹾使至,章纪肃法,敝革利兴,以其暇铨叙艺文,嘉与士类,乃出是集,属别驾毛君九苞校而传之,而命余序于简端。”

毛九苞《刻苏长公外集后序》曰:“直指康台奉玺书董治两淮鹾政,厘剔宿蠹,额课顿复,上下两清。暇日出所藏先生《外集》钞本二种,属苞雠校。……参考经史及先生《全集》《志林》诸书,若原本,若膳本,若刻本,凡三历心目,订定讹谬。必不可解,存旧阙疑。”

毛九苞《东坡先生外集跋》曰:“编旧集者,或摘取题跋中及诗者聚为诗话,或总取杂记与题跋而目为《志林》,皆非先生本意。今故不敢妄立品目,但曰题跋曰杂记,览者其鉴之。”

据焦竑《答茅孝若》可知:(1)当时通行者为江右本,即嘉靖十三年(甲午,1534)江西布政使重刊本,此本依“宋集之例”,“分前、后、续、别”诸集,然“先后复出,又多杂以他人之作”;(2)洪熙本虽“总为一集,尽去前、后、续、别之名”,“以诸体为序,较是妥当”,“分卷最为有伦”,然“舛误亦自不少”;(3)钞出阁本《外集》“往往有出于二本者”。故茅维本、毛九苞本:俱(1)参考焦竑所藏之洪熙本、钞出阁本《外集》(毛九苞所参另有康丕扬“所藏《外集》钞本二种”);(2)去前、后、续、别之名,总为一集,改以诸体为序;(3)每卷之下,各以类从;(4)据《志林》作增补,然尽去《志林》之“目”(即标题)。

---

① 康丕扬(1552—1632)字士遇,号骧汉,德州陵县人。明万历二十年(壬辰,1592)进士;二十二年授宝坻知县;次年调密云,在职五年,入京;三十年升陕西道监察御史,三十四年任山西巡按兼河东盐政,次年任辽阳巡按兼学政,未几(即丁未,1607)署理两淮盐政;三十七年(己酉,1609)春归里。毛九苞,据《乾隆安仁县志》卷八:“字仪仲,号水石,官塘人。由贡监中万历癸卯(1603)顺天经魁。天材颖迈,博极群书,于《苏长公外集》最为得力,亲为校正。为文典雅富丽,工诗赋,超逸绝尘,尤精于藻鉴,通判扬州。”按,焦竑《扬州修复三塘碑记》:“康公名丕扬,字士遇,山东陵县人,壬辰进士。毛君江西安仁县人,起贤科,以才为公所任使,是役其劳为尤著云。”(《澹园续集》卷四)

所谓"钞出阁本"之"阁本",即明文渊阁藏本。明英宗正统六年(辛酉,1441)杨士奇等奉敕编《文渊阁书目》[①],其卷九著录:

《苏东坡文集》,一部,三十册,残缺。

《苏东坡文集》,一部,二十四册,完全。

《苏东坡文集》,一部,二十二册,残缺。

《苏东坡文集》,一部,二十九册,完全;塾本,二十七册。

《苏东坡文集》,一部,二十六册,残缺。

《东坡别集》,一部,十五册,残缺。

《东坡后集》,一部,五册,阙。

《东坡尺牍》,一部,十二册,阙;塾本,一册。

《东坡尺牍》,一部,五册,阙;塾本,二册。

《东坡翰墨》,一部,一册,阙。

《东坡翰墨》,一部,一册,阙。[②]

《书目》内未见《外集》踪迹。

叶盛《水东日记》卷二十曰[③]:

邵复孺先生家藏《老苏大全文集》四十五卷,《东坡大全文集》:《东坡集》四十卷、《东坡后集》一十卷[④]、《东坡奏议》十五卷、《东坡内制集》十卷《乐语》附、《东坡外制集》上中下卷、《东坡和陶渊明诗》四卷、《东坡应诏集》十卷,《栾城集》五十卷、《栾城后集》二十四卷、《栾城第三集》十卷、《栾城应诏集》十二卷。(《老苏集》前书坊识云:"《东坡大全集》一百七十卷。"实则不足。杨文贞公云:"尝录于胡祭酒家,《东坡外集》起二十五卷至九十卷。"若然,则此书尚多也。)此是细字小本,《老苏》板稍大。松江启东白和尚所藏大本《东坡集》四十卷、又二十卷、《奏议》十五卷、《内制》十卷、《外制》十五卷,前有御制赐苏峤序。又有小字大本,前有《诰词》并峤《谢表》,及黄门所为乃兄《志铭》云。邵书今陈宗信

① 杨士奇(1366—1444),初名寓,以字行,号东里,吉安泰和人。明永乐初升翰林院编修,官至少保、少傅兼兵部尚书。卒赠左柱国、太师,谥文贞。杨氏历经五朝,任内阁辅臣四十馀年,担任明太祖、仁宗、宣宗三朝实录总裁。著有《东里文集》二十五卷、《东里文集续编》六十二卷、《东里别集》二卷、《东里附录》四卷等。

② 杨士奇等编《文渊阁书目》,清嘉庆四至十六年桐川顾氏《读画斋丛书》本。按,《读画斋丛书》本《文渊阁书目》实为鲍廷博据《四库全书》编定本(简称"四库本")与鲍氏家塾旧藏本(简称"塾本")合校而成;其先别有《文渊阁书目》草稿本传世,今有清初宋荦漫堂钞本(简称"漫堂钞本",国家图书馆藏,索书号:15851)。据刘仁《〈文渊阁书目〉版本系统考论》:"漫堂钞本系统时间最早,是正统六年杨士奇等初步整理文渊阁藏书时藏书的状态;四库本系统其次,是正统六年文渊阁藏书整理完毕的状态;塾本系统最晚,是万历三十三年编著《内阁藏书目录》前对文渊阁藏书进行核查时的藏书状态。"(载《文献》2019年第7期,第133页)漫堂钞本"黄"字号"子书"第二橱著录"《东坡先生志林》一册",至《读画斋丛书》本则编入"荒"字号第一橱"子杂",且注为"阙";又漫堂钞本"荒"字号"文集"第三橱有"《东坡文集》二十九册(外欠一册)、《东坡文集》二十六册(辏完)、《东坡后集》五册、《东坡内外制》四册、《东坡内外制》五册、《东坡大全集》二十二册、《东坡大全集》二十四册、《东坡文集》三十八册、《东坡文集》二十二册、《东坡别集》十五册"等十种(有部分位置亦有变动),题名与册数有别,则至少反映经万历年间检点之塾本《文渊阁书目》系统内之存、阙、残等面貌。

③ 叶盛(1420—1474)字与中,号蜕庵,自号白泉,苏州昆山人。明正统十年(乙丑,1445)进士,授兵科给事中,官至吏部左侍郎。卒谥"文庄"。著有《水东日记》四十卷、《叶文庄公全集》三十卷、《菉竹堂书目》六卷等。

④ "一十卷",明末叶重华赐书楼刻、清康熙十九年叶方蔚重修本同,应作"二十卷"。

买得，东白书今在吉安周文襄公家。[①]

杨文贞公即杨士奇。《文渊阁书目》子部类著录："《东坡志林》：一部，一册。"[②] 而《水东日记》所记"书坊识云'《东坡大全集》一百七十卷'"，以及杨士奇从胡若思（1361—1443，名俨，号颐庵，南昌人）家钞录之《东坡外集》，据《东里文集续编》卷十八"苏东坡文"条曰：

右苏东坡六册，录于胡祭酒若思。盖所录者，《东坡集》起二十四卷至四十卷，《后集》起八卷至十卷，《外集》起二十五卷至九十卷，《奏疏》《内》《外制》及诗皆未得录也。[③]

其所录者，皆文也。然所录《外集》之文"起二十五卷至九十卷"，与今毛九苞"重编"本《外集》诗文部居稍异（卷一至卷十，诗；卷八十二至八十五，词；卷八十六，附奏案），是别一本欤？抑毛氏重编之时调整卷数欤？原本未见，不得臆测。

然茅维与毛九苞参考之所谓《志林》者，必为赵开美校刊本是也。盖此本有"目"，而《稗海》本无之。颇疑五卷本编成于南宋[④]，或即原《志林》"史论十三篇"外，集《东坡手泽》三卷、《儋耳手泽》一卷暨其馀真赝相杂零碎之稿本、钞件混编而成；《稗海》之十二卷本乃好事者摘录、杂糅东坡集内题跋、杂记文字而成之一新书，故无"史论十三篇"，每条亦无拟目，如当时笔记之体，其形成之时，盖在明之中前期也欤？

今传《东坡志林》十二卷本，常见者为明万历间商濬所辑之《稗海》本。商濬又名维濬，字景哲，号阳初，师事徐文长（1521—1593），与陶望龄（1562—1609）、袁宏道（1568—1610）友善；祖廷试，嘉靖二十年（辛丑，1541）进士，官黄州知府、山东巡察副使；父为正，隆庆五年（辛未，1571）进士，官至大理寺少卿。黄宗羲《天一阁藏书记》曰："越中藏书之家，钮石溪世学楼其著也。余见其小说家目录亦数百种，商氏之《稗海》皆从彼借刻。"[⑤] 商濬《稗海叙》曰：

吾乡黄门钮石溪先生锐情稽古，广播穷搜，藏书世学楼者，积至数千函百万卷。余为先生长公馆甥，故时得纵观焉。每苦卷帙浩繁，又书皆手录，不无鱼鲁之讹。因于暇日，撮其记载有体、议论的确者，重加订正。更旁收缙绅家遗书，校付剞劂，以永其传，以终先生惓惓之夙心。凡若干卷，总而名之曰《稗海》。[⑥]

钮、商二氏为明中后期会稽望族，既富收藏，又拥豪赀。钮石溪筑世学楼，藏说部至夥。其外

---

① 叶盛《水东日记》，明弘治间常熟徐氏刻、嘉靖三十二年叶恭焕补刻本。按，邵亨贞（1309—1401）字复孺，号清溪，云间（今上海松江）人，曾任松江训导。启东白和尚名善启，字东白，号晓庵，有诗名。明永乐中参修《永乐大典》，居延庆寺。后为僧官，住持南禅，为巡抚周忱所重。周忱（1381—1453）字恂如，号双崖，谥文襄，吉安吉水人。明永乐二年（甲申，1404）进士，曾参修《永乐大典》。宣德五年（庚戌，1430）经杨士奇荐为工部右侍郎，巡抚南直隶，总督税粮。

② 杨士奇等编《文渊阁书目》卷九"荒"字号第一橱"子杂"，清嘉庆四至十六年桐川顾氏《读画斋丛书》本。按，漫堂钞本《文渊阁书目》"黄"字号"子书"第二橱著录："《东坡先生志林》，一册。"

③ 杨士奇《东里文集续编》，明嘉靖二十九年黄如桂刻本。

④ 曾祥波文曰："《东坡外集》与已经具备五卷本内容规模的南宋前期合编本《东坡志林》'各自独立地'拥有一个'共同的'源头，这一源头就是未编入宋代'东坡六集（七集）'系统的苏轼零散札记手稿文献。《外集》保存了这批札记手稿文献的文本原貌，南宋初合编本《东坡志林》对这批札记手稿文献的一种汇编形态（即《东坡手泽》）作了二次编纂，内容层面删削了手稿痕迹，框架层面加入了'六集（七集）'系统中的'志林'十三篇，书名层面以《志林》取代了《手泽》。……南宋合编本《东坡志林》体量基本相当于明刊《东坡志林》五卷本，是明刊本的源头，明刊《东坡志林》五卷本在框架结构、基本内容上并非另起炉灶，而是对南宋初合编本《东坡志林》的承袭。"（《中国典籍与文化论丛》第二十八辑，第131—132页）

⑤《黄宗羲全集》第十九册，吴光主编，杭州：浙江古籍出版社，2012年，第102页。

⑥ 商濬《稗海》卷首，明万历商氏半野堂刻本。按，初刻初印本卷首有陶望龄《稗海序》、商濬《稗海叙》二文，手迹上板；后印本无陶《序》，且改商《叙》文字为版刻体矣。

甥商濬“性喜裒集蠹鱼”，始得鸠良工，“伐枣梨”，刻“《稗海》千卷”以传[①]。

检国内各馆所藏，除《稗海》本之外，《东坡先生志林》著录为明钞十二卷本者，仅国家图书馆、湖南图书馆各有一种。兹分述如次：

1. 国家图书馆藏本（简称“国图本”），分装六册，每两卷合为一卷作一册，内不分卷，即第一册第一、二卷，第二册第三、四卷，以此类推。卷首有顺治三年（丙戌，1646）秋叶国华跋曰：

此本与虞山赵氏刻于南中者颇多异同，盖后人各取先生语为之耳。然赵本在此本之后，分门记事，终不若弇州公《外纪》之精备也。丙戌秋，再校过，书此。白泉老人。「白泉」[②]

按，叶国华（1586—1671）字德荣，号白泉，苏州昆山人。叶盛六世孙，叶重华兄。明末著名藏书家。万历四十三年（乙卯，1615）举人，授浙江定海教谕，入为国子监学录，转刑部司务，因提牢案免官。南明弘光元年（乙酉，1645）起为工部都水司主事，榷税杭州南关，为清军所俘，后得放归。

卷末复有叶氏跋文三篇。录如下：

此石川先生所藏书也。题签犹其手笔。偶从肆中得之，书以识岁月。丙辰冬日，篆竹堂。「叶氏藏书」

壬戌季秋，校过。「叶德荣甫世藏」

昔人读书，有谬误者必乙之。陆鲁望云：“得一书详熟，然后寘于方册。值本即校，不以再三为限。朱黄二毫，未尝一日去手。”予心窃慕之，以懒多废业。《志林》二册，为张石川先生旧藏，误谬不少，再三校定，故识之。「德荣」「叶国华印」[③]

可知万历四十四年（丙辰，1616）叶国华于“肆中”购得张石川旧藏之《东坡先生志林》十二卷，分装二册[④]。曾于天启二年（壬戌，1622）校一过；由于此本“误谬不少”，遂于清顺治三年（丙戌，1646）再校一过。

张石川名寰，字允清，石川其号，苏州昆山人。明正德十六年（辛巳，1521）进士，曾任济宁知州，官至通政司右参政。家有“崇古楼”，藏图书碑帖。嘉靖四十年（辛酉，1561）卒，年七十六岁[⑤]。叶氏既谓“《志林》二册，为张石川先生旧藏”，则是书之成，必在嘉靖四十年之前，故云“赵本在此本之后”。

该本因讹误较多，故叶氏“再三校定”，其校改之法，或先涂雌黄，再施笔墨，或径为增、删、改笔画，计有二百六十馀处。其于《李邦直言周瑜》条，涂雌黄改字两处（参见附图）。据原字残留笔画暨雌黄所涂后之隐约墨迹，可知“此”下原为“叔”、“否”下原为“朱”。然核诸商氏《稗海》本以及湖南图书馆藏明钞本，叶氏实非据别一种十二卷本之《东坡志林》校勘

① 商维濬《古今评录自序》，载《古今评录》卷首，明万历四十七年刻本。

② 见《东坡先生志林》卷首，明钞本。国家图书馆藏。

③ 见《东坡先生志林》卷末，明钞本。国家图书馆藏。

④ 今本分装六册，是将原二册以两卷（本即为合卷）分作一册。按，原第一册首页（即卷一、二册）、第二册首页（即卷七、八册）之右下，皆钤“叶氏藏书”印。

⑤ 参归有光《通政使司右参议张公墓表》，载《震川先生集》卷二十三，归庄、归玠校辑，清康熙十四年刻本。

者也。

叶氏藏本二册，后归常熟瞿氏铁琴铜剑楼，瞿镛《铁琴铜剑楼藏书目录》卷十六著录。瞿氏入藏后，进行了重装，今本册内保留有瞿氏原书签，署“东坡先/生志林/旧钞/六册”;“旧钞/六册”四字略小，并于其上钤“古里/瞿/氏记”白文印。然叶氏所谓书衣“题签”犹是张石川之“手笔”，惜已无觅踪影矣。

2．湖南图书馆藏本(简称“湘图本”)，一册。该本之卷册、递藏诸情况，卷末有叶启勋、叶启发兄弟二跋，叙之较详。谨录如下:

此明钞白棉纸《东坡志林》十二卷，前后无序跋，亦不著撰人姓名。每半叶十行，每行十八字。首护纸有无名氏题云:“《简明目录》子部杂家《东坡志林》五卷，旧本题宋苏轼撰，一名《东坡手泽》，后编入《大全集》中，改题此名。核其文义，亦搜辑墨迹所编也。”三行五十字。书前有“虞山钱遵王曾藏书”八字朱文长方印、“彭城世家”四字白文方印，盖经也是翁家藏，即《述古堂书目》子部小说家类所载“《东坡志林》十下脱‘二’字卷。钞”之本也。己巳冬月，余从道州何氏云腴山房得长洲何义门学士焯手校旧钞《石刻铺叙》《绛帖平》，前有大兴朱少河锡庚手跋。书中夹有购朱氏书目一纸，盖何文安灵汉购朱笥河筠父子家藏书议价之目，尚是文安手笔。目中所载之书，均先后为余所得，惟“《东坡志林》二十千”者，未之见也。辛未七月，文安曾孙诒恺持来此书，索价至百元，彼固不知书，第以先人所遗，故要高价耳。取阅向得各书之有少河手跋者，乃知此书无名氏题字，亦少河手迹，固即目中所载之书也。亟偿值藏之。盖自也是翁后，又递经大兴朱氏椒花吟舫、道州何氏云腴山房珍藏矣。两家皆无印记，特志其颠末，以示子孙知所宝重焉。除夕，灯下呵冻书此。叶启勋。「拾经楼」(引首章)「定侯」

明胡应麟《少室山房笔丛》甲部《经籍会通》四云:“凡本，刻者十不当钞一，钞者十不当宋一。三者自相较，则不以精粗、久近、纸之美恶、用之缓急为差。”盖前人好藏书者，于刻本所无之书，不惜重资购求名钞，或雇书生影写宋椠，传录孤本异书，此钞本书所以尤为人所珍秘也。此明棉纸钞本《东坡志林》十二卷，虞山钱遵王曾藏书，见于《述古堂书目》者，有“虞山钱曾遵王藏书”及“彭城世家”二印记。卷一、二通连为一卷，三、四为一卷，五、六为一卷，七、八为一卷，九、十为一卷，十一、十二为一卷。书首护纸有朱少河锡庚钞录《四库全书简明目录·东坡志林》一条，检《四库全书总目》子部杂家类著录《东坡志林》五卷，内府藏本。《提要》云:“宋苏轼撰。陈振孙《直斋书录解题》载《东坡手泽》三卷，注云:‘俗本《大全集》中所谓《志林》者也。’今观所载诸条，多自署年月者，又有署读某书书此者，又有泛称昨日今日不知何时者。盖轼随手所纪，本非著作，亦无书名，其后人裒而录之，命曰‘手泽’。而刊轼集者不欲以父书目之，故题曰《志林》耳。此本五卷，较振孙所纪多二卷，盖其卷帙亦皆后人所分，故多寡各随其意也”云云。此书世行明赵开美刊本,《说郛》本或作一卷、或作五卷，唯商濬《稗海》本则分十二卷。明人刻书，以意窜改，多不足信。此本合十二卷为六卷，当是别有依据也。遵王藏书，见于《述古堂书目》者凡三千馀种，而《读书敏求记》所载仅六百馀种，盖耑记宋椠元钞及板刻完阙古今不同之书，惜此书不载《敏求记》中，遂无从考定其分合卷第之原委耳。世无宋元佳刻，通行赵、商各本又多附入丛书印行，固不如此棉纸明钞，又递经名贤藏弆之单行本为足珍贵也。壬申中秋，叶启发。「东明」①

该本明钞白棉纸，一册，十二卷，经虞山钱氏述古堂、大兴朱氏椒花吟舫、道州何氏云腴山房、长沙叶氏拾经楼等递藏。叶启勋于辛未（1931）七月购得，除夕作跋；次年中秋，叶启发亦跋之。叶氏钤印有“定侯审定”“叶氏定侯䌷书”“拾经楼丁卯以后所得”“华鄂堂著录”“食采于叶因氏焉”“叶启发东明审定善本”；另有“湘西黄氏藏书”“湘西黄氏半园书屋东窗”两印，不知谁何。

其分卷之形式，以及每页之行数（十行）、每行之字数（十八字），国图本与之完全一致。细经比勘湘图本、国图本并参考《稗海》本，于卷六之末《雪堂问潘邠老》条窥得端倪：

其一，国图本钞于众人之手，笔迹混杂；湘图本除了《雪堂问潘邠老》条内有一页二行半笔画不一外（后补），馀皆为一人笔迹；

其二，国图本适阙湘图本第二人笔迹之一页二行半文字；

其三，国图本、湘图本于该合卷之正文末行为“颔之曰有若人哉”七字，即《雪堂问潘邠老》条之结语，其后无“东坡先生志林卷五六”之卷末行，然核诸《稗海》本，此后犹有“东坡居士移守文登”（拟题作《木石图》）、“子开将往河北”（题作《别子开》）、“昔年过洛见李公简”（题作《书杨朴事》）三条。

由是可知，湘图本，“影写”自其所据之本，惜其所据之本卷六有阙页。国图本，或“影写”自湘图本（在“雪堂问潘邠老”条补文之前），或亦“影写”自湘图本所据之本（阙者未补）。观叶国华之校定处，湘图本或未误，或与国图本俱讹。即若卷二《李邦直言周瑜》条，湘图本作“如叔安上言”、“未知孰贤与朱勃逊之”，国图本叶氏改“叔”为“此”、改“朱”为“否”（上下压扁，使“否”与“勃”之间稍留空。图四），叶氏并未参校商氏《稗海》本也明矣，实是参校了赵开美五卷本，故《李邦直言周瑜》条之结句为“未知孰贤与否”，复于“否”“勃”间画圈作分条之符，即下一条以《勃逊之》三字起，是则与赵开美五卷本一致矣。

国图本、湘图本每条皆有“目”，与赵开美五卷本同一内容之“目”，文字偶有差异，意思基本不差。前疑商濬刻《稗海》时尽去其“目”，然《稗海》所收别书亦多有具“目”者，故推测商濬之十二卷本，当别有所据（或即无“目”之本），且卷六之末亦并无阙页。

由于今茅维本《东坡先生全集》、毛九苞本《重编东坡先生外集》皆参校《东坡志林》，其所参校者五卷本也。五卷本与十二卷本皆有《李邦直言周瑜》条，如前所述，此条极有可能是伪作而阑入《志林》者，则今本《志林》内，无论五卷本、十二卷本，犹有多少实非东坡之作者耶？

---

① 见《东坡先生志林》卷末，明钞本。湖南图书馆藏。

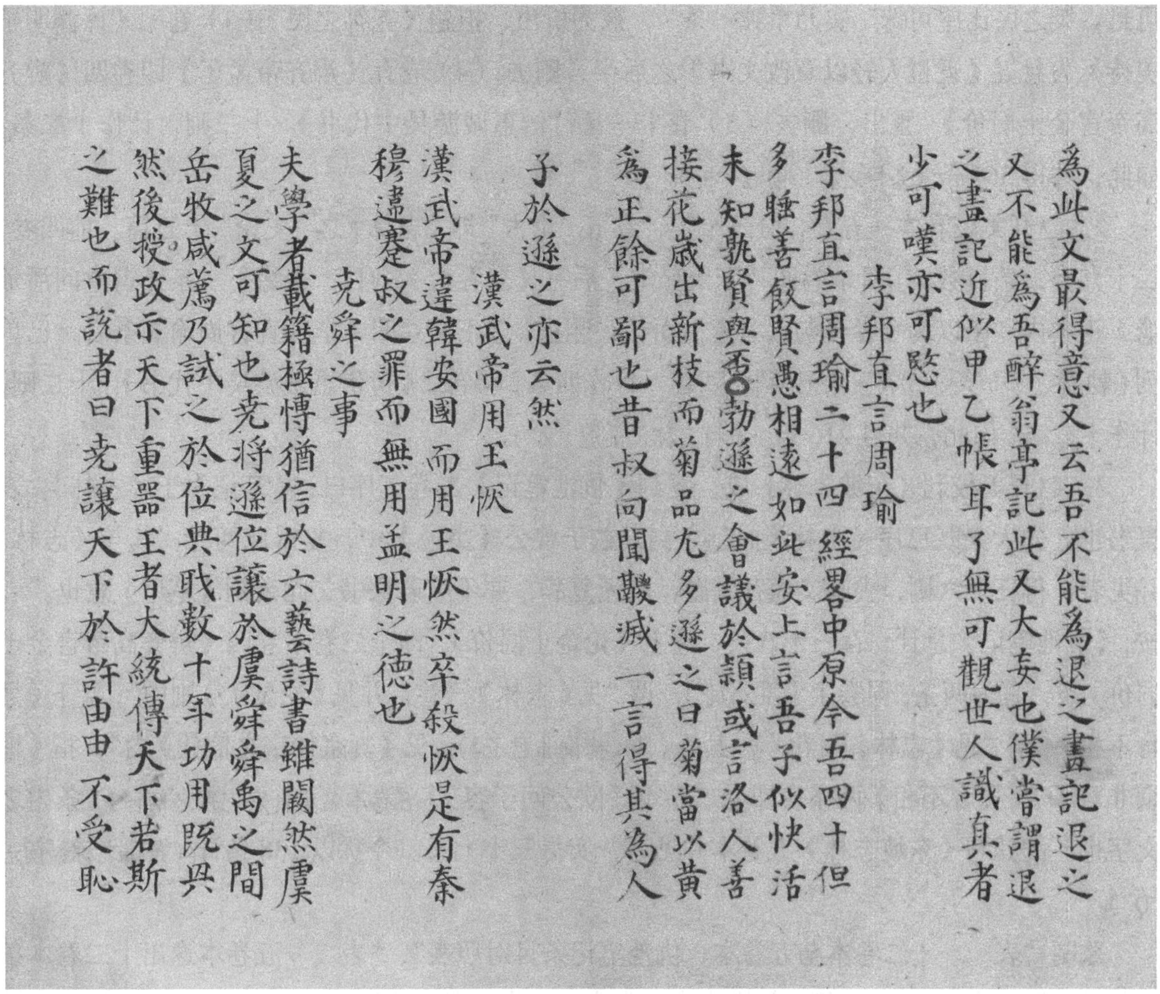
爲此文最得意又云吾不能爲退之畫記退之
又不能爲吾醉翁亭記此又大妄也僕嘗謂退
之畫記近似甲乙帳耳了無可觀世人識真者
少可嘆亦可愍也
李邦直言周瑜
李邦直言周瑜二十四經畧中原今吾四十但
多睡善飲賢愚相遠如此安上言吾子似快活
未知孰賢與否○勃遜之會議於潁或言洛人善
接花歲出新枝而菊品尤多遜之曰菊當以黄
爲正餘可鄙也昔叔向聞鬷蔑一言得其爲人
予於遜之亦云然
漢武帝用王恢
漢武帝違韓安國而用王恢然卒殺恢是有秦
穆違蹇叔之罪而無用孟明之德也
堯舜之事
夫學者載籍極愽猶信於六藝詩書雖闕然虞
夏之文可知也堯將遜位讓於虞舜舜禹之間
岳牧咸薦乃試之於位典職數十年功用既興
然後授政示天下重器王者大統傳天下若斯
之難也而說者曰堯讓天下於許由由不受恥

图四　《东坡志林》，明钞本，国家图书馆藏

四、《东坡志林》五卷本与十二卷本关系考

《东坡志林》存世诸本，十二卷本之明钞本有二，两本之分卷（两卷合作一卷，实似六卷）、编排完全一致，且湖南图书馆藏本之文本优于国家图书馆藏本；刻本有一，即商濬《稗海》本（分作十二卷）。五卷本有赵开美校刊本，以及焦竑评点本（后者文本全据前者，可视作一种）。

十二卷本之两明钞本与赵刻五卷本，皆是有目有文，且两者之拟“目”文字基本相同。据两者俱有之《李邦直言周瑜》条可知，十二卷本两明钞本与《稗海》初刻初印本，来源一致；而由五卷本“目录”缺《勃逊之》一条（正文后印本挖版后分作两条），亦可反证其文所据必也与两明钞本同。兹以《稗海》十二卷后印本与五卷本各自之题名、条目数、相应条目之编次及宋元典籍之征引，试论两者之关系。

1. 商濬辑刻《稗海》后印本，十二卷，每卷单列。条目编次，无一定之规律，非常随意。条目数:（1）卷二《李邦直言周瑜》与《勃逊之》分作两条;（2）卷四《辨齐高帝言金土同价》，《仇池笔记》卷上、吕祖谦《东莱标注东坡先生文集》卷二十四等皆作一条，然“尧之民比屋可封，桀之民比屋可诛”实乃单独一条[①]，兹为析出，拟题《尧桀之民》;（3）卷七《评渊明子美诗》为卷五《近世人轻以意改文书》之后半，删去;（4）卷九《辨齐帝孟子》即卷四《辨齐高帝言金土同价》，重出，删去;（5）卷十一《付僧惠诚游吴中代书》，十二则，计作十二条;如此，共得366条（条目之称，前冠“S”）。

2. 赵开美校刊本，五卷，分三十类，卷五“论古”即《志林》之“史论”十三篇。前四卷，二十九类，条目数：①目录卷四《陈氏草堂》后有《登春台》一目，盖缘下一条《雪堂问潘邠老》正文内“子以为登春台与入雪堂”而衍，删去；②正文卷四《李邦直言周瑜》条后，已单列《勃逊之》一条；③卷一“记梦”，四篇，计作四条；④卷二《付僧惠诚游吴中代书》，十二则，计作十二条；如此，共得216条（条目之称，前冠“Z”）。

3. 赵开美校刊《东坡志林》成，复刻《仇池笔记》二卷，序曰：“《笔记》于《志林》，表里书也。先大夫既已序《志林》而刻之矣。兹于曾公《类说》中，复得此两卷，其与《志林》并见者，得三十六则，去其文而存其题，庶无复辞，亦不废若原书，此余刻《笔记》意也。”[②]按，《仇池笔记》总计一百三十八条，卷上《论金土同价》，即十二卷本卷四《辨齐高帝言金土同价》条，宜为两条；同卷上《孟郊诗》，谓“见《志林》三卷，并见《论贫士》则中”；卷下《吴育不相》，谓“见《志林》四卷，并上条（即《梅询非君子》），见《真宗仁宗之信任》内”，指《梅询非君子》《吴育不相》两条实即十二卷本《欧公问子容》（五卷本名《真宗仁宗之信任》）条内之文字也。故其与《东坡志林》五卷本并见者，实得三十七条。今犹以138条计（条目之称，前冠“Q”）。

兹制“表一　十二卷本与五卷本、仇池笔记条目对照表”、“表二　五卷本逸出十二卷本条目他见表”、“表三　《仇池笔记》逸出十二卷本、五卷本条目表”。

表一　十二卷本与五卷本、仇池笔记条目对照表[③]

卷　次	编　号	题　名	五卷本编号	仇池笔记编号
卷一	S001	杜子美八阵图诗		Q005
	S002	退之青龙寺诗		
	S003	退之平生多得谤誉	Z048	Q008
	S004	石介三豪诗		Q011
	S005	养生难在去欲	Z020	
	S006	五代文章		Q016

① 《经进东坡文集事略》卷五十七《辩孟子说》条，郎晔注：“《后汉·杨终传》云：时太后兄惟廖谨笃自守，不训诸子。终与廖交善，以书戒之曰：‘终闻尧舜之民，可比屋而封；桀纣之民，可比屋而诛。何者？尧舜为之堤防，桀纣示之骄奢故也。’注云：‘事见陆贾《新语》。’”（上海：商务印书馆《四部丛刊》影宋刊本）

② 苏轼《仇池笔记》卷首，明万历二十九年至三十年赵开美校刊本。

③ 十二卷本的条目数及编次，据《稗海》本；每条之题名，据湖南图书馆藏明钞本。按，该钞本缺S175“东坡居士移守文登”、S176“子开将往河北”、S177“昔年过洛见李公简”三条，说见前；又题名不同者，若S068五卷本作“修身历”，S106五卷本作“真宗仁宗之信任”，S181五卷本作“记梦”。

续表

卷 次	编 号	题 名	五卷本编号	仇池笔记编号
卷一	S007	禁同省往来	Z064	Q017
	S008	文选去取失当		Q001
	S009	李善注文选		Q002
	S010	月蚀诗		Q003
	S011	肉鬃马		Q024
	S012	杜子美悲陈陶等诗		
	S013	董传善论诗		
	S014	解杜子美诗		Q025
	S015	乐天为王涯所谗		Q028
	S016	刘子玄辨文选		Q030
	S017	桃笙		Q033
	S018	叙如梦两阕		Q036
	S019	金鲫		
	S020	李陶子忽作诗		Q046
	S021	易书传论语说		Q126
	S022	汉武以方祠诅匈奴		Q061
	S023	名容安亭	Z172	
	S024	刘聪吴中高士二事	Z191	
	S025	请广陵	Z067	
	S026	韩狄盛事		
	S027	九江陈辅之		
	S028	朱氏子出家	Z083	
	S029	柳公权论研		
	S030	庞安常耳聩	Z032	
	S031	孔子诛少正卯	Z181	
	S032	张颜忠义		
	S033	郗嘉宾		
	S034	子由之达自幼而然		
	S035	人生有定分	Z050	
	S036	范蜀公呼我卜邻	Z168	
	S037	僧伽何国人	Z076	
卷二	S038	若稽古说		
	S039	班固不当洗郦寄卖友		

续表

卷 次	编 号	题 名	五卷本编号	仇池笔记编号
卷二	S040	蔡延庆李定朱寿昌		
	S041	郗超出与桓温密谋书以解父	Z192	
	S042	徐仲车有二反		Q077
	S043	寿禅师放生	Z084	
	S044	刘凝之沈麟士	Z202	
	S045	柳宗元敢为诞妄	Z203	Q058
	S046	记苏佛儿语	Z080	
	S047	马梦得同岁	Z049	
	S048	马粪巷		
	S049	朱炎学禅	Z116	
	S050	自平宫中吕太一		Q004
	S051	子由为人心不异口		
	S052	徐陵多忘		
	S053	徐则不传晋王广道	Z124	Q127
	S054	颜蠋巧于安贫	Z184	
	S055	论医和语	Z134	
	S056	乌鹊近之		
	S057	韩公与大颠书非是		
	S058	李邦直言周瑜	Z189	
	S059	与朱勃逊之	Z190	
	S060	汉武帝用王恢		
	S061	尧舜之事	Z175	
	S062	子由作栖贤僧堂记		
	S063	李赤诗		Q065
	S064	僧正兼州博士	Z085	
	S065	錞于制度		
	S066	张平叔制词	Z066	
	S067	鸡鸣歌		Q075
	S068	书杂事	Z132	
卷三	S069	管仲		
	S070	王翦取荆		
	S071	管仲与民争利而无后		
	S072	辨宰予不为叛臣		

续表

卷　次	编　号	题　名	五卷本编号	仇池笔记编号
卷三	S073	论子玉将兵		
	S074	卫瓘欲废晋惠帝	Z200	
	S075	贾氏五不可	Z150	
	S076	张华鷦鷯赋	Z197	
	S077	英雄自有以相伏		
	S078	昌邑从臣谋光		
	S079	匈奴全兵	Z059	
	S080	人主与臣下争能		
	S081	魏武袁绍成败		
	S082	赵尧设计代周昌	Z186	
	S083	辨荀卿言青出于蓝	Z183	
	S084	汲长孺不为风俗所移		
	S085	遂良对太宗飞雉		
	S086	八蜡三代之戏礼	Z057	
	S087	秦王借隋吏以杀兄弟		
	S088	黄霸以鶡为神爵	Z187	
	S089	宰予不从田常作乱		
	S090	辨直不疑		
	S091	扬雄言许由		
	S092	辨四族		
	S093	王嘉轻减法律事见梁统传	Z188	
	S094	张仪欺楚商於地	Z185	
	S095	商君祸福相偿		
	S096	刘禹锡为书自解		
卷四	S097	辨五星聚东井	Z146	
	S098	元帝诏与论语孝经小异	Z178	
	S099	房琯陈涛斜事	Z196	
	S100	史经臣思子台赋		
	S101	穰苴事		
	S102	司马相如小人		
	S103	孟嘉谢安		
	S104	本秀非浮图之福	Z088	Q117
	S105	广武叹	Z013	Q120

续表

<table>
<tr><th>卷次</th><th>编号</th><th>题名</th><th>五卷本编号</th><th>仇池笔记编号</th></tr>
<tr><td rowspan="19">卷四</td><td>S106</td><td>欧公问子容</td><td>Z180</td><td>Q118、Q119</td></tr>
<tr><td>S107</td><td>李舜举李稷贤不肖</td><td></td><td>Q121、Q122</td></tr>
<tr><td>S108</td><td>斩彭孙</td><td></td><td>Q123</td></tr>
<tr><td>S109</td><td>张芸叟西征二诗</td><td></td><td>Q124</td></tr>
<tr><td>S110</td><td>曹玮语王曮元昊为中国患</td><td>Z155</td><td></td></tr>
<tr><td>S111</td><td>高丽公案</td><td>Z157</td><td>Q125</td></tr>
<tr><td>S112</td><td>范景仁上殿定新乐</td><td></td><td></td></tr>
<tr><td>S113</td><td>张安道比孔北海</td><td></td><td>Q073</td></tr>
<tr><td>S114</td><td>孔道辅为张士逊所卖</td><td></td><td></td></tr>
<tr><td>S115</td><td>杜正献事</td><td></td><td>Q055</td></tr>
<tr><td>S116</td><td>贾婆婆荐昌朝</td><td>Z151</td><td>Q056</td></tr>
<tr><td>S117</td><td>李士衡父</td><td></td><td>Q057</td></tr>
<tr><td>S118</td><td>欧公撰范文正墓志</td><td></td><td></td></tr>
<tr><td>S119</td><td>白居易欲买伐蔡事</td><td></td><td></td></tr>
<tr><td>S120</td><td>高琼之言大略似邳彤</td><td></td><td></td></tr>
<tr><td>S121</td><td>辨齐高帝言金土同价</td><td></td><td rowspan="2">Q059</td></tr>
<tr><td>S122</td><td>尧桀之民</td><td></td></tr>
<tr><td>S123</td><td>武帝踞厕见卫青</td><td>Z177</td><td>Q078</td></tr>
<tr><td>S124</td><td>唐村老人言</td><td>Z061</td><td>Q060</td></tr>
<tr><td rowspan="14">卷五</td><td>S125</td><td>子由老子解</td><td></td><td>Q010</td></tr>
<tr><td>S126</td><td>子方虫</td><td></td><td></td></tr>
<tr><td>S127</td><td>万花会</td><td></td><td>Q012</td></tr>
<tr><td>S128</td><td>富公叹君谟小团茶</td><td></td><td></td></tr>
<tr><td>S129</td><td>高丽</td><td>Z156</td><td>Q013</td></tr>
<tr><td>S130</td><td>王元龙治大风方</td><td>Z137</td><td>Q014</td></tr>
<tr><td>S131</td><td>延年术</td><td>Z138</td><td></td></tr>
<tr><td>S132</td><td>唐人以春名酒</td><td></td><td>Q015</td></tr>
<tr><td>S133</td><td>李诚之为夷獠所畏</td><td></td><td>Q019</td></tr>
<tr><td>S134</td><td>宰相不学</td><td></td><td>Q021</td></tr>
<tr><td>S135</td><td>近世人轻以意改文书</td><td></td><td>Q022</td></tr>
<tr><td>S136</td><td>马正卿有气节</td><td></td><td>Q023</td></tr>
<tr><td>S137</td><td>成相恐是古讴谣之名</td><td></td><td>Q029</td></tr>
<tr><td>S138</td><td>原父戏介甫食姜</td><td></td><td>Q031</td></tr>
</table>

续表

卷 次	编 号	题 名	五卷本编号	仇池笔记编号
卷五	S139	五臣注文选		
	S140	裴颜对武帝	Z201	
	S141	子云论书		
	S142	石墨		Q032
	S143	田单以疑似置齐人心中		
	S144	猪母佛	Z122	
	S145	池鱼踊起	Z130	Q034
	S146	太白山旧封公爵	Z126	
	S147	黄州隋永安郡	Z159	
	S148	先夫人不许发藏	Z125	
	S149	孙抃见异人	Z131	
	S150	单骧孙兆	Z139	
	S151	僧相欧阳公	Z140	Q035
	S152	菱寒芡暖		Q037、Q038
	S153	冢中弃儿吸蟾气	Z118	Q039
	S154	石普见奴为祟	Z119	Q040
	S155	梦中作祭春牛文	Z037	
	S156	率富人出钱救不举之弊		
卷六	S157	王翊梦鹿剖桃核而得雄黄	Z123	Q045
	S158	许敬宗砚		
	S159	梦	Z043	
	S160	陈昱被冥吏误追	Z120	
	S161	鹅有二能不免烹		Q048
	S162	吾谷耗地		Q115
	S163	能动者皆佛子		Q049
	S164	脉难明		Q050
	S165	涪州朱砂	Z115	
	S166	黎穛子	Z011	Q051
	S167	盗不劫幸秀才酒	Z153	
	S168	李氏子再生说冥间事	Z110	Q114
	S169	道士张易简	Z111	
	S170	秧马		
	S171	筒竹用水鞴法	Z165	

续表

卷 次	编 号	题 名	五卷本编号	仇池笔记编号
卷六	S172	指挥使姚欢以身任监卒不及		
	S173	涂巷小儿听说三国话	Z014	
	S174	雪堂问潘邠老	Z174	
	S175	木石图（据商本补）		
	S176	别子开（据商本补）	Z051	
	S177	书杨朴事（据商本补）	Z070	Q043
卷七	S178	录李主词	Z179	
	S179	书赠郑君求字		
	S180	梦中作靴铭	Z039	
	S181	梦中语	Z040	
	S182	梦中论左传	Z038	
	S183	辨君子		
	S184	听聪师琴		
	S185	雷琴		
	S186	听林道人琴		
	S187	蜀中诗僧		Q113
	S188	铁墓厄台	Z158	
	S189	汴河斗门	Z166	
	S190	名西阁	Z170	
	S191	黄仆射	Z106	
	S192	冲退处士	Z107	
	S193	记韩玉汝		Q020
	S194	评诗		
	S195	桃花悟道	Z114	
	S196	论贫士	Z147	Q026、Q027
	S197	论渊明诗		
	S198	渊明饮酒		
	S199	评文章		
	S200	评徐寅赋		
	S201	论夫妻同葬事		
	S202	辨乐行列		
	S203	辨阳关曲		Q007
	S204	辨附语	Z112	Q041

续表

卷次	编号	题名	五卷本编号	仇池笔记编号
卷七	S205	三老语	Z113	Q109
	S206	少年不怖死		
卷八	S207	乐苦说		
	S208	杀生事		Q137
	S209	禁杀生		
	S210	子瞻文过		
	S211	酒后写字		
	S212	读晋隐逸传		
	S213	岭南气候说		
	S214	信道法智说	Z142	
	S215	评阮籍		
	S216	程奕笔		
	S217	汝南桧柏事		
	S218	判幸酒状		
	S219	蜜酒法		
	S220	僧文荤食名	Z087	
	S221	论宋玉柳公权事		
	S222	戏书愜意事		
	S223	辨或人语		
	S224	合江楼下戏	Z169	
	S225	论高帝羹颉侯事	Z176	Q134
	S226	评二生		Q071
	S227	米元章藏书		
	S228	东坡升仙	Z105	
	S229	书文甫达轩评书墨砚		Q088
	S230	评花		
	S231	芍药		
	S232	读朱晖传		
	S233	儋耳夜书	Z009	
卷九	S234	杜介求书		
	S235	论事		
	S236	李十八草书		Q087
	S237	论君谟书		

续表

卷次	编号	题名	五卷本编号	仇池笔记编号
卷九	S238	论君谟笔法		
	S239	吴越景		
	S240	曾参唯解		
	S241	判官奴状		
	S242	围棋赌书		
	S243	赤壁洞穴	Z162	
	S244	游沙湖	Z004	
	S245	王子敬帖		
	S246	别文甫子辩	Z056	
	S247	太行卜居	Z167	
	S248	论桓范陈宫	Z193	
	S249	忆王子立	Z010	
	S250	滕元发相访		
	S251	王烈石髓	Z101	
	S252	改乐天寒食诗		
	S253	白云居士	Z071	
	S254	参寥求医	Z136	
	S255	医生	Z133	
	S256	评画		Q047
	S257	张僧繇画		
	S258	海苔纸		
	S259	评李白诗		
	S260	评子厚诗		
	S261	子厚瓶赋		
	S262	夹注轿子		
	S263	录壁上诗		
	S264	服松脂法		Q072
	S265	辨杜鹃		Q133
	S266	徐州杀狗事		
	S267	煮鱼羹		
	S268	治眼齿	Z031	Q009
	S269	任介郭震		
	S270	评晋史		

续表

卷 次	编 号	题 名	五卷本编号	仇池笔记编号
卷九	S271	雌雄竹		Q136
	S272	草书禅语		
卷十	S273	费孝先	Z144	Q053
	S274	艾人		Q098
	S275	司马长卿		
	S276	辨伊尹		
	S277	李忠臣		Q092
	S278	读坛经	Z072	Q112
	S279	潞公言新义		
	S280	梦南轩	Z044	
	S281	梁上君子	Z154	
	S282	导引语	Z018	Q105
	S283	茶墨		
	S284	啜墨看茶		Q054
	S285	陈氏草堂	Z173	
	S286	买田求归	Z068	
	S287	师中庵题名		
	S288	录温峤问郭文语	Z194	
	S289	戏书颜回事	Z182	
	S292	试墨		
	S291	雪堂义墨		Q101
	S292	罢作墨		
	S293	与温公论茶墨		
	S294	论窦田		
	S295	汉讲堂	Z160	
	S296	论太息一篇送秦观归京		
	S297	论雨井水	Z016	Q052
	S298	付过		
	S299	浮屠宿桑下		
	S300	煎茶用姜		
	S301	司空表圣诗		
	S302	儿子迈诗		Q085
	S303	陶靖节诗		

续表

卷 次	编 号	题 名	五卷本编号	仇池笔记编号
卷十	S304	临皋闲题	Z171	
	S305	王夷甫事	Z199	
	S306	石崇家婢	Z152	
	S307	游白水书付过	Z006	
	S308	卓契顺禅话	Z086	
	S309	昙秀别东坡	Z052	
	S310	王子直别东坡	Z053	
	S311	石塔别东坡	Z054	
	S312	改观音咒	Z073	
卷十一	S313	荔枝何所似		
	S314	道士李伯祥诗		
	S315	问郑先辈与李公弼		
	S316	措大吃饭	Z045	
	S317	辨真玉	Z163	
	S318	论常德		
	S319	论天性		
	S320	凤咮研与王十六		
	S321	布头笺		
	S322	北归喜事		
	S323	故南华长老重辨师逸事	Z117	
	S324	罗浮题名		
	S325	栖禅题名		
	S326	赠邵道士	Z078	
	S327	唐名臣像		
	S328	论唐乐		
	S329	数随止观还定		
	S330	付僧惠诚游吴中代书01	Z089	
	S331	付僧惠诚游吴中代书02	Z090	
	S332	付僧惠诚游吴中代书03	Z091	
	S333	付僧惠诚游吴中代书04	Z092	
	S334	付僧惠诚游吴中代书05	Z093	
	S335	付僧惠诚游吴中代书06	Z094	
	S336	付僧惠诚游吴中代书07	Z095	

续表

卷　次	编　号	题　名	五卷本编号	仇池笔记编号
卷十一	S337	付僧惠诚游吴中代书08	Z096	
	S338	付僧惠诚游吴中代书09	Z097	
	S339	付僧惠诚游吴中代书10	Z098	
	S340	付僧惠诚游吴中代书11	Z099	
	S341	付僧惠诚游吴中代书12	Z100	
卷十二	S342	名何苓之		
	S343	示参寥桃符艾人事		
	S344	代茶饮子诗		
	S345	陆道士能诗	Z082	
	S346	书李若之事	Z079	
	S347	书示迈		
	S348	天台玉版		
	S349	月石屏		
	S350	乐天烧丹	Z023	Q093
	S351	文甫好古物		
	S352	王秀才好收东坡书		
	S353	八阵图	Z060	
	S354	王济王恺	Z198	
	S355	送人游浙东	Z002	
	S356	唐张镐		
	S357	舟中独饮		
	S358	怪石古木与金贾处士		
	S359	蔡公家赐纸		
	S360	得之奇男子		
	S361	麦熟禽		
	S362	东坡作陂		
	S363	贺下不贺上	Z069	
	S364	论作字		
	S365	录赵贫子语	Z019	
	S366	读管幼安传		

表二　五卷本逸出十二卷本条目他见表

卷次	分类	题名	五卷本编号	他见	茅维《全集》本
卷一	记游	记过合浦	Z001	傅藻《东坡纪年录》	卷七十一，题作《书合浦舟行》
		记承天夜游	Z003	王宗稷《东坡先生年谱》	卷七十一，题同
		记游松江	Z005	王宗稷《东坡先生年谱》/胡仔《苕溪渔隐丛话后集》卷三十九	卷七十一，题作《书游垂虹亭》
		记游庐山	Z007	阮阅《诗话总龟》卷十八/王宗稷《东坡先生年谱》/胡仔《苕溪渔隐丛话后集》卷三十九	卷六十八，题作《自记庐山诗》
		记游松风亭	Z008		卷七十一，题同
		记刘原父语	Z012	Q018/胡仔《苕溪渔隐丛话前集》卷三十八	卷六十八，题作《书黄州诗记刘原父语》
	修养	养生说	Z015	《苏沈内翰良方》卷五	
		论修养帖寄子由	Z017	《苏沈内翰良方》卷五/施清臣《东洲语》	卷六十，题作《与子由弟十首》其三
		阳丹诀	Z021	《苏沈内翰良方》卷五	卷七十三，题作《阳丹阴炼》
		阴丹诀	Z022	《苏沈内翰良方》卷五	卷七十三，题作《阴丹阳炼》
		赠张鹗	Z024	《锦绣万花谷前集》卷二十四	卷六十六，题作《书四适赠张鹗》
		记三养	Z025	赵令畤《侯鲭录》卷四/胡炳文《纯正蒙求》卷中	卷七十三，题作《节饮食说》
		谢鲁元翰寄暖肚饼	Z026		卷五十七，题作《与鲁元翰二首》其二
		辟谷说	Z027	《苏沈内翰良方》卷五	卷七十三，题作《学龟息法》
		记服绢	Z028		卷七十三，题作《服绢法》
		记养黄中	Z029	傅藻《东坡纪年录》	卷七十三，题同
	疾病	子瞻患赤眼	Z030	李祖尧《孙仲益内简尺牍》卷三	卷七十三，题作《口目相语》
	梦寐	记梦参寥茶诗	Z033	Q095/阮阅《诗话总龟后集》卷三十/胡仔《苕溪渔隐丛话前集》卷四十六	卷六十八，题作《书参寥诗》
		记梦赋诗	Z034	阮阅《诗话总龟》卷三十三/胡仔《苕溪渔隐丛话前集》卷四十一	卷六十六，有录同一诗
		记子由梦	Z035	阮阅《诗话总龟》卷三十四	卷六十八，题作《书子由梦中诗》
		记子由梦塔	Z036		卷六十，题作《与子由弟十首》其五
		记梦	Z041	《东坡后集》卷二十	卷七十二，题作《梦弥勒殿》

续表

卷次	分　类	题　名	五卷本编号	他　见	茅维《全集》本
卷一	梦寐	记梦	Z042		卷七十二，题作《师续梦经》
		题李岩老	Z046	阮阅《诗话总龟》卷七／胡仔《苕溪渔隐丛话前集》卷三十三	卷七十一，题作《书李岩老棋》
	学问	记六一语	Z047	胡仔《苕溪渔隐丛话前集》卷二十九／魏庆之《诗人玉屑》卷五／《锦绣万花谷前集》卷二十	卷六十六，题作《记欧阳公论文》
	送别	别姜君	Z055	王宗稷《东坡先生年谱》	卷六十七，题作《书柳子厚诗后》
卷二	祭祀	记朝斗	Z058		卷七十一，题同
	时事	记告讦事	Z062	朱熹《宋名臣言行录后集》卷十一	卷七十二，题作《神宗恶告讦》
	官职	记讲筵	Z063	朱熹《宋名臣言行录后集》卷十／江少虞《皇朝事实类苑》卷四	卷七，题作《书韩维读三朝宝训》
		记盛度诰词	Z065	《锦绣万花谷前集》卷十八	卷七十二，题作《盛度责钱维演诰词》
	佛教	诵经帖	Z074		卷七十二，题同
		诵金刚经帖	Z075	Q131	卷七十二，题作《金刚经报》
		袁宏论佛说	Z077	志磐《佛祖统纪》卷三十五	卷六十六，题作《记袁宏论佛》
	道释	记道人戏语	Z081		卷七十三，题同
	异事上	记道人问真	Z102	洪迈《夷坚支志》庚卷六	卷七十二，题作《徐问真从欧阳公游》
		记刘梦得有诗记罗浮山	Z103	东坡《游罗浮山一首示儿子过》自注	卷七十一，题作《书刘梦得诗记罗浮半夜见日事》
		记罗浮异境	Z104		卷七十一，题同
		臞仙帖	Z108	傅藻《东坡纪年录》	卷六十五，题同
		记鬼	Z109	Q081／胡仔《苕溪渔隐丛话前集》卷五十八／吴曾《能改斋漫录》卷十八	卷六十八，题作《记鬼诗》
卷三	异事下	记异	Z121	张君房《云笈七签》卷一百十三／陈葆光《三洞群仙录》卷十二	卷七十二，题作《道士锻铁》
		记范蜀公遗事	Z127	朱弁《曲洧旧闻》卷三	卷七十二，题作《蜀公不与物同尽》
		记张憨子	Z128		卷七十二，题作《张憨子》
		记女仙	Z129	阮阅《诗话总龟》卷七	卷七十二，题作《广州女仙》

续表

卷次	分类	题名	五卷本编号	他见	茅维《全集》本
卷三	技术	记与欧公语	Z135		卷七十三，题作《医者以意用药》
		记真君签	Z141	王宗稷《东坡先生年谱》	卷七十一，题作《题虔州祥符宫乞签》
		记筮卦	Z143	王宗稷《东坡先生年谱》	卷七十一，题作《书筮》
		记天心正法咒	Z145		卷六十六，题作《书咒语赠王君》
	四民	梁贾说	Z148	Q074	卷六十四，题同
		梁工说	Z149		卷六十四，题同
卷四	古迹	记樊山	Z161	王十朋《王状元集注分类东坡先生诗》卷五《游武昌寒溪西山寺》自注	卷七十一，题同
	玉石	红丝石	Z164	Q086（题作“凤咮研”）/ 胡仔《苕溪渔隐丛话后集》卷二十九	卷七十，题作《书云庵红丝砚》
	人物	刘伯伦	Z195	阮阅《诗话总龟》卷六 / 郎晔《经进东坡文集事略》卷五十七	卷六十五，题作《刘伯伦非达》

表三 《仇池笔记》逸出十二卷本、五卷本条目表

卷次	编号	题名	卷次	编号	题名
卷上	Q006	不忮之诚信于异类	卷下	Q094	盘游饭谷董羹
	Q042	晋人书		Q096	煮猪头颂
	Q044	古镜		Q097	蕺草诗
	Q062	字谜		Q099	治内障眼
	Q063	论墨		Q100	潘谷墨
	Q064	佛菩萨语		Q102	颜鲁公临逸少字
	Q066	论茶		Q103	欧公书
	Q067	鲁直诗文		Q104	荆公书
	Q068	论漆		Q106	搬运法
	Q069	二红饭		Q107	勤修善果
	Q070	大禹周公		Q108	众狗不悦
卷下	Q076	晋卿墨		Q110	梦韩魏公
	Q079	硬黄临二王书		Q111	真一酒
	Q080	鲁直诗		Q116	论菊
	Q082	佛受戒平冤		Q128	论金盐
	Q083	君谟书		Q129	放生池碑
	Q084	张子野诗		Q130	三鬃马
	Q089	杜甫诗		Q132	神清洞
	Q090	与昙秀倡和		Q135	论淳于髡
	Q091	与可拾诗		Q138	广利王召

据上列三表可知，五卷本前四卷与十二卷本同者一百五十条，逸出十二卷本者五十二条；《仇池笔记》与十二卷本同者九十二条，逸出十二卷本者四十六条（其中六条与五卷本内逸出十二卷本者同）；五卷本、十二卷本、《仇池笔记》俱同者二十九条（其中《仇池笔记》Q026、Q027对应《东坡志林》Z147，Q118、Q119对应Z180，以《东坡志林》条数计）。

五卷本前四卷计二十九类二百零三条，四分之三条与十二卷本同，且怀古、命分、兵略、致仕、隐逸、女妾、盗贼、夷狄、井河、卜居、事堂十一类三十条与十二卷本完全一致。且如怀古二条，其在十二卷本之编号为S105、S173；兵略二条，其在十二卷本之编号为S079、S353；致仕三条，其在十二卷本之编号为S025、S286、S363；隐逸二条，其在十二卷本之编号为S177、S253；皆为自前往后逐条摘录者；馀若道释、异事上、异事下、技术、人物诸类，收入条目较多，虽非与十二卷本依次对应，然其内局部连续之条，于十二卷本之内亦多为连续者也。由此可知，五卷本之前四卷，盖多摘录自十二卷本也明矣。

五卷本前四卷溢出之五十二条，其在宋元时之他见情况，于表二可知大概。其诸本之来源，亦各不一致，如《记游庐山》条，或谓引自《百斛明珠》，或引自《东坡诗话》[①]；然若《刘伯伦》条，《诗话总龟》与《经进东坡文集事略》皆谓引自《百斛明珠》，而王十朋《增刊校正王状元集注分类东坡先生诗》卷四《逍遥台》注曰：

> 縯："刘伶尝乘鹿车，携一壶酒，使人荷锸随之，曰：'死便埋我。'"次公："伯伦非达者也。棺椁衣衾，不害为达。苟为不然，死则已矣，何必更埋。"

按，据此则《刘伯伦》条前半为程縯之注，后半为赵次公之注，皆非东坡之文字。曾丰（1142—1224）《送王元用谒故人序》谓："曾子闻而为之说，曰：吾圣人之教，'棺椁衣衾，不害为达。苟为不然，死则已矣，何必更埋'也哉。元用不矫为刘伶之荷锸，而安为吾教之棺衾，吾所谓不害为达者是也。'"[②] 是一语而三出者。

今人多据宋元人著作之征引自《东坡志林》者，论述《大全集》本《东坡志林》三卷与赵开美校刊五卷本之关系，如王宗稷《东坡先生年谱》七条、朱熹《宋名臣言行录》三条[③]、陶宗仪《说郛》录《东坡手泽》十五条[④]，有五卷本所不载者[⑤]；馀若宋代楼钥《范文正公年

① 阮阅《诗话总龟》卷十八引《百斛明珠》，然《施注苏诗》卷二十一《初入庐山三首》注、《增刊校正王状元集注分类东坡先生诗》卷七《初入庐山三首》林子仁注，皆谓出自《东坡诗话》。若《记梦参寥茶诗》条，陈元靓《岁时广记》卷十七亦引自《东坡诗话》；《记六一语》，《锦绣万花谷前集》卷二十引自《东坡杂记》。可见东坡著作在当时编集之状况。

② 曾丰《缘督集》卷九，明万历十一年刻本。

③ 夏敬观《东坡志林跋》："考宋椠朱子《名臣言行录》引《志林》凡五则：《李沆言梅询非君子》及《吴育不相》，实一则而分载二处，五卷本《志林》所有也；《杜正献焚圣语》则见《仇池笔记》中；《孔道辅为张士逊所卖》及《欧公证范文正墓碑之误》，两书皆未载，而商刻《志林》五则悉备。"按，《李沆言梅询非君子》《吴育不相》即《欧公问子容》（《真宗仁宗之信任》），《杜正献焚圣语》即《杜正献事》，《欧公证范文正墓碑之误》即《欧公撰范文正墓志》。

④ 国家图书馆藏明钞本《说郛》数种：索书号为07557者卷二十九，录《东坡手泽》十五条；索书号为03907者卷二十九，录《东坡手泽》二十三条，即于《卦影》与《益智》间溢出《束脩二义》《星有好风》《遮说》《孔子生痢疽》《孝经引诗》《犀毗》《旬岁旬月》《史事重见》八条；而索书号为02408者，即明钮氏世学楼钞本，全书无《东坡手泽》篇，惟其卷九十五录《志林》论史十三条。按，《说郛》版本复杂，所谓溢出之八条，当为错钞而入者，其中：《星有好风》《犀毗》《旬岁旬月》《史事重见》四条，见邢凯《坦斋通编》；《遮说》条，冯梦龙《古今谭概》节引题作《董公遮》，厉鹗《南宋杂事诗》卷六谓出《坦斋通编》；《孔子生痢疽》条，东坡集内未见，何孟春《馀冬序录》卷三十五摘录，且谓"东坡曾考正之"，即指此也；《束脩二义》条，其论述文字，前人笔记多有探讨；惟《孝经引诗》条暂未觅得相关载记。故下表取十五条为说，题名则参二十三条本。

⑤ 参章培恒、徐艳《关于五卷本〈东坡志林〉的真伪问题——兼谈十二卷本〈东坡先生志林〉的可信性》，《南京师范大学文学院学报》2002年第四期，第167—168页。

谱》一条、魏天应《论学绳尺》一条、李俊甫《莆阳比事》一条、祝穆《新编古今事文类聚》二十二条①、张淏《云谷杂记》一条、洪迈《容斋随笔》一条、吴曾《能改斋漫录》一条、姚宽《西溪丛语》一条、陈长方《步里客谈》一条、萧参《希通录》一条、罗大经《鹤林玉露》一条，元代于钦《齐乘》一条、刘应李《翰墨全书》一条、刘壎《隐居通议》一条、高楚芳《集千家注杜工部诗集》十五条等，十二卷本基本收入，而五卷本或载或不载。兹制“表四 宋元时期著作征引《东坡志林》条目与十二卷本、五卷本对照表”。

表四 宋元时期著作征引《东坡志林》条目与十二卷本、五卷本对照表

书 名	题 名	十二卷本编号	五卷本编号
东坡先生年谱	退之平生多得谤誉	S003	Z048
	禁同省往来	S007	Z064
	僧伽何国人	S037	Z076
	太白山旧封公爵	S146	Z126
	道士张易简	S169	Z111
	梦中论左传说	S182	Z038
	论子厚瓶赋	S261	／
鹤林玉露	养生难在去欲	S005	Z020
西溪丛语	李善注文选	S009	／
新编古今事文类聚	改乐天诗	S252	／
	淘井	／	Z033
	召用失仪	S106	Z180
	就枕阅棋	／	Z046
	同年皆穷	S047	Z049
	退之平生多得谤誉	S003	Z048
	不持所生服	S040	／
	难在去欲	S005	Z020
	耳聋面壁	S042	／
	庞安常耳聩	S244	Z004
	杀狗当禁	S266	／
	评杜鹃诗	S265	／
	鹅能警盗	S161	／
	夸耀乡关	S275	／

① 《新编古今事文类聚》前集六十卷、后集五十卷、续集二十八卷、别集三十二卷（元泰定三年刻，元明递修本。日本静嘉堂文库藏），引《东坡志林》者五条，引《志林》者三十七条，引《仇池笔记》者一条，另有未注出处且现具十二卷本者二条、五卷本者一条，总计四十六条。然其中或别见《王直方诗话》《诗林广记》《岁时杂咏》《诗话总龟》《苕溪渔隐丛话》《侯鲭录》诸书，且如《岭南气候》《腹负将军》《颜鲁公放生池碑》《论真草行三体书》《草书有误》《笔说》《藏笔法》《墨说》《贵黑而光》《赠潘谷》数篇，或径为东坡之单篇题跋，或自他文中截出，或改写自诗作与自注，兹取其见诸十二卷本或五卷本者二十二条，稍作比对。

续表

书　名	题　名	十二卷本编号	五卷本编号
新编古今事文类聚	写记非生客	S062	／
新编古今事文类聚	论邛州盐井	S171	Z165
新编古今事文类聚	评文选去取	S008	／
新编古今事文类聚	作三豪诗	S004	／
新编古今事文类聚	夹注轿子	S262	／
新编古今事文类聚	解书为戏	S138	／
新编古今事文类聚	嘲争闲气	S343	／
新编古今事文类聚	贺下不贺上	S363	Z069
容斋随笔	錞于制度	S065	／
云谷杂记	宰予不从田常作乱	S089	／
宋名臣言行录	李沆言梅询非君子	S106	Z180
宋名臣言行录	吴育不相	S106	Z180
宋名臣言行录	孔道辅为张士逊所卖	S114	／
宋名臣言行录	杜正献焚圣语	S115	／
宋名臣言行录	欧公证范文正墓碑之误	S118	／
范文正公年谱	欧公撰范文正墓志	S118	／
能改斋漫录	富公叹君谟小团茶	S128	／
希 通 录	跋李主词	S178	Z179
论学绳尺	评文章	S199	／
步里客谈	评文章	S199	／
莆阳比事	评徐寅赋	S200	／
隐居通议	涂巷小儿听说三国语	S173	Z014
齐　　乘	木石图	S175	／
翰墨全书	示参寥桃符艾人事	S343	／
说　　郛	用兵	S070	／
说　　郛	宰我非反臣	S072	／
说　　郛	论霍光	S078	／
说　　郛	论孙卿子	S083	Z183
说　　郛	汉武帝	S123	Z177
说　　郛	巫蛊	S022	／
说　　郛	绝欲为难	S005	Z020
说　　郛	辨文选	S016	／
说　　郛	妇姑皆贤	S148	Z125
说　　郛	妻作诗送夫	S177	Z070

续表

书 名	题 名	十二卷本编号	五卷本编号
说 郛	祭春牛文	S155	／
	卦影	S273	Z144
	益智	／	／
	何国	S037	Z076
	艾人	S274	／
集千家注杜工部诗集	杜子美八阵图诗	S001	／
	肉鬃马	S011	／
	杜子美悲陈陶等诗	S012	／
	董传善论诗	S013	／
	解杜子美诗	S014	／
	桃笙	S017	／
	自平宫中吕太一	S050	／
	唐人以春名酒	S132	／
	近世人轻以意改文书	S135	／
	马正卿有气节	S136	／
	评诗	S194	／
	辨杜鹃	S265	／
	荔枝何所似	S313	／
	八阵图	S353	Z060
	唐张镐	S356	／

上列七十七条,《李沆言梅询非君子》与《吴育不相》原作一条《欧公问子容》(S106)，而《退之平生多得谤誉》(S003)、《养生难在去欲》(S005)、《僧伽何国人》(S037)、《欧公撰范文正墓志》(S118)、《评文章》(S119)、《辨杜鹃》(S265)、《示参寥桃符艾人事》(S343)七条有重出，且《益智》条今之十二卷本、五卷本俱未载（图五）[①]，实得六十八条。

按，(1)即此六十八条言，凡载诸十二卷本者，未必载于五卷本；反之，凡载于五卷本者二十二条，仅有两条(Z033、Z046)未载诸十二卷本；(2)《说郛》本《东坡手泽》、《类说》本《仇池笔记》之题名，与《东坡志林》异，而五卷本前四卷条目载诸十二卷本者，两者之题名可谓完全一致；(3)五卷本《李邦直言周瑜》《勃逊之》二条，目录里仅出前者题名，而正文中已分列两条矣，十二卷本之两明钞本暨《稗海》初刻初印本亦皆作一条；(4)赵用贤《刻东坡先生志林小序》言“余友汤君云孙博学好古，其文词甚类长公，尝手录是编”[②]，云“手录”者，盖亦摘录之谓也。故夏敬观以为十二卷本“包综赵刻《志林》《仇池笔记》几十之八九”，并“疑

① 此条见苏轼、沈括《苏沈内翰良方》卷一，题作《记益智花》，明嘉靖间康王庙前陆氏刻本，中国中医科学院图书馆藏。
② 苏轼《东坡志林》卷首，明万历二十三年赵开美校刊本。

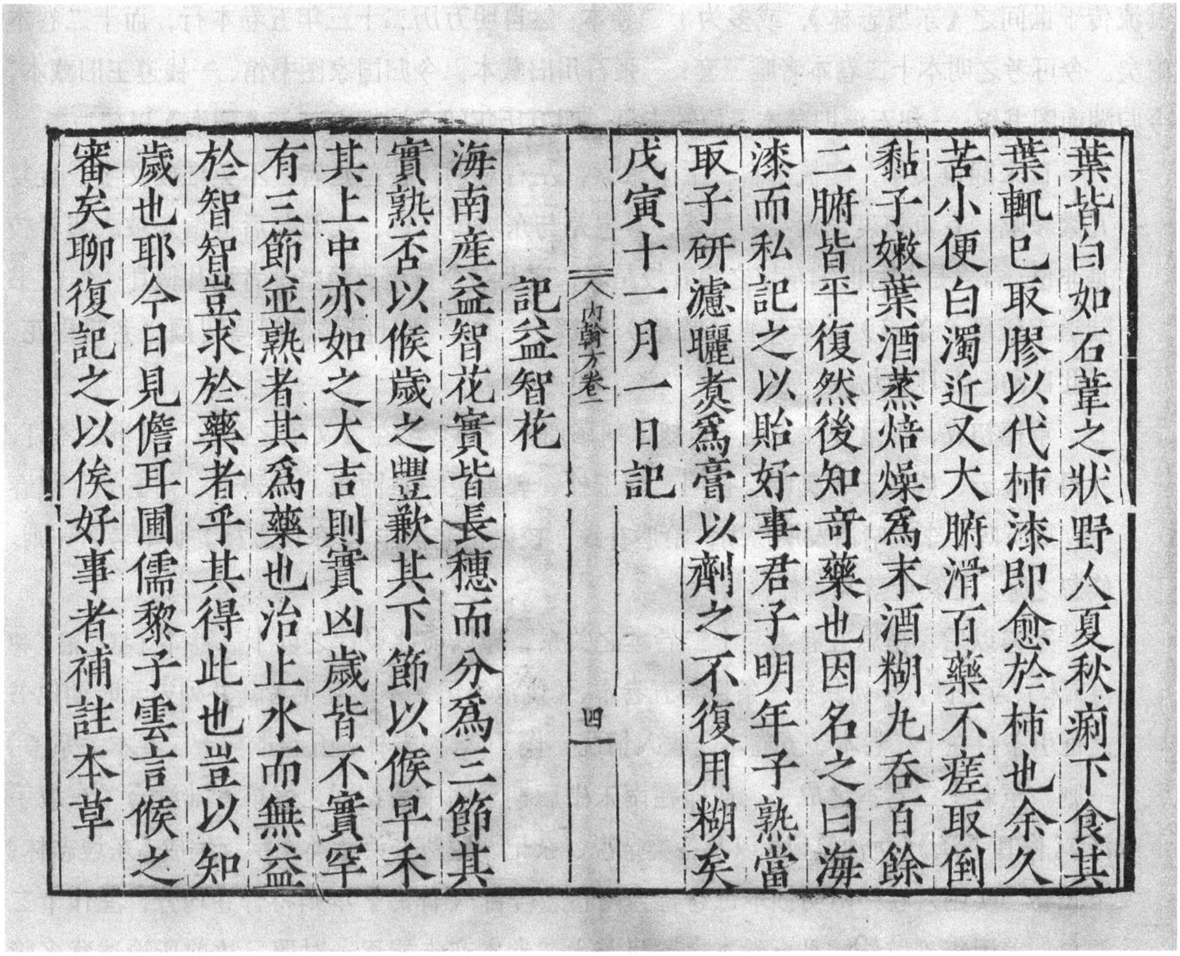
葉皆白如石韋之狀野人夏秋痢下食其
葉輒已取膠以代柹漆即愈於柹也余久
苦小便白濁近又大腑滑百藥不瘥取倒
黏子嫩葉酒蒸焙燥爲末酒糊丸呑百餘
二腑皆平復然後知奇藥也因名之曰海
漆而私記之以貽好事君子明年子熟當
取子研濾曬煮爲膏以劑之不復用糊矣
戊寅十一月一日記
內翰方卷一　四
記益智花
海南產益智花實皆長穗而分爲三節其
實熟否以候歲之豐歉其下節以候早禾
其上中亦如之大吉則實凶歲皆不實罕
有三節並熟者其爲藥也治止水而無益
於智智豈求於藥者乎其得此也豈以知
歲也耶今日見儋耳圖儒黎子雲言候之
審矣聊復記之以俟好事者補註本草

图五　《苏沈内翰良方》卷一第四叶，明嘉靖间康王庙前陆氏刻本，中国中医科学院图书馆藏

商刻《志林》为明时好事者所为”云者[①]，多属不确之辞。

再者，若比对“表二　五卷本逸出十二卷本条目他见表”与“表四　宋元时期著作征引《东坡志林》条目与十二卷本、五卷本对照表”，可以发现，两者条目并无重合[②]。据阮阅《诗话总龟》引东坡《百斛明珠》四十四条(中有二条各分作两条)，其见诸《东坡志林》十二卷本者三十条，三十条内同时见诸五卷本者三条，而十二卷本、五卷本皆未收入者十四条，是知十二卷本盖亦为摘录《东坡手泽》《儋耳手泽》及各类笔记、题跋、杂说、诗话等文字而成者也。

综上所述，可以推知：五卷本前四卷二百零三条与十二卷本三百六十六条同者一百五十条，或即汤云孙“手录”之主要来源；五卷本逸出十二卷本五十二条，其在宋元间著作之他见，已如表四所列，然犹有《记游松风亭》(Z008)、《谢鲁元翰寄暖肚饼》(Z026)、《记服绢》(Z028)、《记子由梦塔》(Z036)、《记梦》(Z042)、《记朝斗》(Z058)、《诵经帖》(Z074)、《记道人戏语》(Z081)、《记罗浮异境》(Z104)、《记张憨子》(Z128)、《记与欧公语》(Z135)、《记天心正法咒》(Z145)、《梁工说》(Z149)十三条未得他见，汤氏当别有所据。自南宋以还直至赵开美刊行五卷本之前，

① 夏敬观跋，见《东坡志林》卷末，校辑《宋元人说部书》本，上海：商务印书馆，1926 年。
② 按，五卷本之《题李岩老》(Z046)条,《新编古今诗文类聚》前集卷四十二收入，然此条文末未具出处，故可谓并不重合者也。盖此条文字，另见阮阅《诗话总龟》卷七、胡仔《苕溪渔隐丛话前集》卷三十三。

其流传于世间之《东坡志林》，或多为十二卷本；然自明万历二十三年五卷本行，而十二卷本晦矣。今可考之明本十二卷本者唯三套：一张石川旧藏本，今归国家图书馆；一钱遵王旧藏本，今归湖南图书馆；一钮石溪旧藏本，原钞未见，明万历年间商濬据之刻入《稗海》以传。

日来翻检文字，爬梳史料，上下求索，左右对勘，枝蔓延宕，不免堆砌文字，且复冗繁啰嗦，有负初衷也远矣。虽然，吾岂是与东坡辨真讹，实乃与后世编东坡之集者校是非也；吾岂是与后世编东坡之集者校是非，实乃与今日事典籍整理者论凡例耳，作《〈书陆道士镜砚〉条辨》《〈李邦直言周瑜〉条辨》二则。烈日酷暑，蝉鸣树颠，老眼昏花，识此自励。五月廿九。

草稿初成，得董岑仕为逐一审核，纠谬商榷，颇多增益。文献之翻检，史事之考订，并得刘景云、熊长云、樊昕、鲁明、李玉栓、郭惠灵、古丽巍、李碧玉、刘雪平、魏春宇、周昕晖、李成晴诸友朋协助，拾遗补缺，校误正讹，作《〈东坡志林〉版本考》一则。倏忽之际，已然叶落矣。仲秋初六。

寒露以后，稍思五卷本与十二卷本之关系，即以前此设计之以十二卷本（据商濬《稗海》本）为主目，排列其每一条目与五卷本、《仇池笔记》本之互见者，并列宋元时期他书之征引条目在十二卷本、五卷本之收入情况，作《〈东坡志林〉五卷本与十二卷本关系考》一则。至若十二卷本之成书，或即在南宋中后期至明中前期间，好事者陆续合《东坡手泽》《儋耳手泽》《仇池笔记》以及各类杂说、杂记、题跋、诗话类文字，编成《东坡志林》十二卷。实则六卷，两明钞本每卷皆为两卷之合目；《稗海》本则将合卷均分，厘作十二卷矣。盖因宋刻散佚，且五卷本之条目与十二卷本亦未能逐一对照，故前所论述犹多臆测之辞，敬祈博洽君子不吝赐教是幸。九月既望。

书讯

《汉书艺文志六艺略笺证》

徐建委著，中华书局，2020年7月

《汉书·艺文志·六艺略》的基础是刘向所校西汉秘府六艺书录，属于《汉志》目录体系的中心部分。这是最早的一份六艺类著作目录，也是早期学术史的纲目文献。本书是作者日常阅读和研究时关于《汉书·艺文志·六艺略》的考辩文字汇集，着意从学术史角度考察书籍的流变，可看成一部用注释和笺证写成的书籍史。其中有个人的研究，也兼采前人成说，考辩因需而设，要而不烦，对我们深入了解《六艺略》和早期书籍史应有助益。

无心与有志*

——《东坡易传》心性论阐微

马天威

提要：《东坡易传》是北宋蜀学易学的重要文本，无心与有志的张力结构是进入其心性论哲学的关窍。所谓无心首先是对有心的否定，取消外物对心的遮蔽，使事物得以真实呈现。其次，无心体现在个人的修养之中，剥落耳目之知显露出精神知觉之神，进而实现以神行智。最后，无心体现在《乾》《坤》两卦所标示的宇宙论中，上升为本体高度，成为实现万物自然的根本原则。有志与无心相对，但并非是对无心原则的破坏。有志首先应理解为内在自然呈现的意愿，“志气如神”是具有主动性的创造力的源头活水，而非有特定目的的主观意志。其次，志的发显需要有无心作为基础，两者相互作用，才能呈露出真正的志。最后，无法通过耳目感性观察和思维言语说明的道，可以通过无心与有志的张力结构得以体现。东坡强调实践中心性论领域有无的统一，这种思路与二程理学迥然不同。无心与有志的结构是苏轼哲学一以贯之的展现，探究其心性论对理解北宋哲学有深刻的解蔽意义。

关键词：苏轼 《东坡易传》 无心 志

《东坡易传》是苏轼最为得意的著作之一，也是北宋蜀学易学的扛鼎之作。① 苏轼自称：“某凡百如昨，但抚视《易》《书》《论语》三书，即觉此生不虚过。如来书所谕，其他何足道。三复诲语，钦诵不已。”② 书中对中国哲学最富特色的心性问题作出集中讨论，凝结了东坡毕生的哲思与洞见。

然而本书受到两极化的评价。一方面，因为思想主题的多元性，苏轼思想与文章被后世学者指责为“杂”。朱熹将《东坡易传》斥为“杂学”，认为苏轼“早拾苏（秦）张（仪）之余绪，

---

* 马天威，东南大学人文学院。

① 《东坡易传》的作者有争议。一说三苏并作，苏轼成书，因此以苏轼命名。如《四库全书总目提要》认为“苏籀《栾城遗言》记苏洵作《易传》未成而卒，属二子述其志。轼书先成，辙乃送所解于轼，今《蒙卦》犹是辙解。则此书实苏氏父子兄弟合力为之，题曰轼撰。要其成耳。”但是，目前仅能证明苏洵做《易传》，且在没有完成的时候就先去世。另有记述表明三苏在见解上有很多不一致之处。因此或可考虑家学渊源，但并不能因此消解苏轼对《东坡易传》的独立创作。

② 《答苏伯固四首·三》，茅维编《苏轼文集》，北京：中华书局，1986 年，第 1741—1742 页。

晚醉佛老之糟粕”。[①] 前者指明其讨论多聚焦于现实事务，后者强调其哲学根底杂有佛道异端。全祖望《宋元学案》中又称：“苏氏出于纵横之学而亦杂于禅。”[②] 这与朱子的看法相类。四库馆臣对《东坡易传》的评价虽不完全同意朱子，却仍将其拆解为两部分，认定其有关“性命之理”的讨论杂有异学，在阐扬理势方面颇具启发。苏轼解《易》大体与王弼相似，均属义理派，二者区别在于“弼之说惟畅玄风，轼之说多切人事”。[③] 这种批评不离一个“杂”字，否定苏轼思想中有一以贯之的、具有统摄性的形上之道。然而另一方面，苏门四学士之一秦观则认为：“苏氏之道最深于性命自得之际，其次则器足以任重，识足以致远，至于议论文章，乃其与世周旋，至粗者也。阁下论苏氏而其说止于文章，意欲尊苏氏，适卑之耳。”[④] 这明确指出苏轼思想之“深”：关于“性命自得之际”的形而上学之思才是确定不移的核心内容，其余思想则是如枝如叶，从此生发而来。“杂”与“深”两种迥然不同的判断，关键的差异在于东坡是否有一以贯之的形上之道，且能够统摄全局。

探究“性命自得之际”必须聚焦于心性论，这是苏轼易学哲学的命脉所系。宋代易学作为易学的新形态，融合北宋道学思想而超迈前代，其鲜明的特色就在于高度的哲理化。[⑤] 在后世的讨论中《东坡易传》容易被忽视，然而北宋易学争鸣的实际风貌本应更加丰富和多元，而以三苏为代表的蜀学更是其中重要一派。[⑥] 因此研究苏轼易学特别是其中心性论问题对于重审北宋易学丰富性，追溯宋易的源头活水，有着重要的解蔽意义。

一、心性论形态下的“无心”

聚焦于《东坡易传》“性命自得之际”，就会发现苏轼构建出“道－性－心”的理论框架。其一，“道”恍惚难言，不可名状。道不同于阴阳，处于阴阳未交之先，道也不是纯粹的空无，因此可以说是“非有非无”。“苏轼虽以《道德经》解释《易经》，但他不接受老子的‘有生于无’的主张，他以道不是‘无有’乃是有，只因恍惚不定，乃称为无，实则无和有为一，道是无又是有，有和无是道的两面。”[⑦] 其二，“性”与道相对应，是道与人的契合处，性同样兼具有无两个方面[⑧]。苏轼首先排除了孟子性善论之性，认为：“彼以为性者，果泊然而无为耶，则不当复有善恶之说。”[⑨] 更进一步，一切古人对性的论述，都不能够直接指涉性本身，都只是对性的

---

① 曾枣庄、刘琳主编《全宋文》第二百四十六册，上海：上海辞书出版社、合肥：安徽教育出版社，2006年，第173页。

② 黄宗羲原撰，全祖望补修《宋元学案》，北京：中华书局，1986年，第3237页。

③ 永瑢等撰《四库全书总目》，北京：中华书局，1965年，第6页。

④ 曾枣庄、刘琳主编《全宋文》第一百一十九册，第337页。

⑤ 朱伯崑《易学哲学史·第二卷》，北京：昆仑出版社，2005年，第5—9页。

⑥ 据朱伯崑先生统计，《宋史·艺文志》有易学著作六十余家。北宋道学的哲学繁荣一定有大量的思想交锋作为深厚的理论土壤。仅就东坡时代相近的义理派而言，便有荆公新学、蜀学、洛学等大端。这些流派虽然分享某些共同的问题意识，但提出的哲学思想却有着深刻的差异性。

⑦ 罗光《中国哲学思想史·宋代篇》，台北：学生书局，1984年，第442页。

⑧ 道与性的结合，有很重要的概念“命”。“命之与性，非有天人之辨也，至其一而无我，则谓之命耳。”命是无法表达的“性之至”的一种近似的说法，是人能够体现出的最纯粹的道。

⑨《扬雄论》，《苏轼文集编年笺注》第四册，李之亮笺注，成都：巴蜀书社，2011年，第281页。

比喻与提示。他强调:“古之君子，患性之难见也，故以可见者言性。夫以可见者言性，皆性之似也。君子日修其善以消其不善;不善者日消，有不可得而消者焉。小人日修其不善以消其善;善者日消，亦有不可得而消者焉。夫不可得而消者，尧、舜不能加焉，桀、纣不能亡焉，是岂非性也哉？”(《乾・彖传》注)[①] 这排除了前人对性有善恶的论说，其更重要的理论意义在于拒绝“性”的实体性、固定性，一切有形有相、可得而见闻的，都不是性。由此可见，非有非无的性与道拒绝一切与物等同的规定，也拒绝一切语言名相的直接论说，只能用否定性的方式提示和描摹。其三，道与性不能够被固化为实体，只能以精神境界的角度“活看”。对精神境界的推崇，与苏轼本人潇洒豪迈的气度不无关系，但在实际的哲学展开中“道”和“性”居于无法论说的“虚位”。因此在苏轼的心性论讨论中，心论成为实际上的中心，如果苏轼哲学形而上和形而下“一贯”，必在于心论。

《东坡易传》的心论首重“无心”。通过“无心”剥落一切心与物的复杂交涉，使得性与道的精神境界得以朗现。由此可见苏轼“无心”在北宋推究天人性命之学的时代风潮中确有其特异之处。

首先，无心最基础的意义就是对人为造作的“有心”的否定。无心不仅是与有心相对而言的概念，更重要的是，要把“无”理解为动词，如遗心、洗心、忘心。“见其意之所向谓之心”，心的概念有两个层次，一是与外物接触后引发的一般认知能力;一是特殊的精神知觉性。前者是一般的“智”，后者则称为“神”。

> 以神行智，则心不为事物之所尘垢，使物自运而已。不与，斯所以为洗心退藏于密也。(《系辞上传》注)[②]

“以神行智”的前提为洗心、无心，心达到不为事物尘垢遮蔽的空灵状态，如此才能使“神”得到充分显露。无心除去人为的成见和造作，事物自身的运行才能够呈现出来。以这种无成见的心去对待世间万物，才能如实地关照事物本身，而不是以自己固有的观念自我限隔。“以神行智”就是以无心状态的澄澈心灵统御心的一般认知能力。

其次，无心表现在君子的个人修为中，是“神”得以显露的根基。“神”在剥落对外物的耳目心知的状态下自然涌现，表现为独立超拔、卓然物外的精神境界。在对《咸》初六:“咸其拇。《象》曰:咸其拇，志在外也”的解释中，苏轼认为:

> 外，四也。咸其拇者，以是为咸也。咸者以神交，夫神者将遗其心，而况于身乎？身忘而后神存，心不遗则身不忘，身不忘则神忘。故神与身，非两存也，必有一忘。足不忘屦，则屦之为累也甚于桎梏，要不忘带，则带之为虐也甚于缧绁。人之所以终日蹑屦束带而不知厌者，以其忘之也。(《咸・初六》注)[③]

《咸》所讨论的是感通问题。感而能通的关键在于神交，而神得以发挥作用的基础就是无

---

①《东坡易传》,《苏轼文集编年笺注》第十二册，第114页。
②《东坡易传》,《苏轼文集编年笺注》第十二册，第266页。
③《东坡易传》,《苏轼文集编年笺注》第十二册，第179页。

心。只有通过无心的功夫才能够忘却身体的欲望与心智的纷扰，反之沉溺在这种对外物的求索只能使得神被压抑。以无心去除身心的桎梏，神才能获得逍遥自在、进退裕如的自由境地。对精神知觉的强调与苏轼作为文学巨匠的审美意识有相当的关联，正如他指出："见其意之所向谓之心，见其诚然谓之情。"(《复·象传》注)[①] 无心遣忘内在的意念与外在的万物以达到精神的自由，在这种境界下自然发出的情才能够成为诚然之情，才是诗人的审美意识的真正源始，也是君子理想人格的树立之基。

最后，无心的哲学意义在《乾》《坤》得到最集中的表达。苏轼借鉴玄学"独化论"以成就万物自然之意，将无心放入宇宙论的框架中予以标举。

天地之间，或贵或贱，未有位之者也。卑高陈而贵贱自位矣。或刚或柔，未有断之者也。动静常而刚柔自断矣。或吉或凶，未有生之者也。类聚群分而吉凶自生矣。或变或化，未有见之者也。形象成而变化自见矣。是故刚柔相摩，八卦相荡，雷霆、风雨、日月、寒暑更用迭作于其间，杂然施之，而未尝有择也；忽然成之，而未尝有意也。及其用息而功显，体分而名立，则得乾道者自成男，得坤道者自成女。夫男者，岂乾以其刚强之德为之？女者，岂坤以其柔顺之道造之哉？我有是道，物各得之，如是而已矣。圣人者亦然，有恻隐之心，而未尝以为仁也；有分别之心，而未尝以为义也。所遇而为之，是心着于物也人则从后而观之，其恻隐之心成仁，分别之心成义。(《系辞上传》注)[②]

上而为阳，其渐必虚；下而为阴，其渐必实。至虚极于无，至实极于有。无为大始，有为成物。夫大始岂复有作哉？故乾特知之而已，作者坤也。乾无心于知之，故易；坤无心于作之，故简。易故无所不知，简故无所不能。(《系辞上传》注)[③]

苏轼的宇宙论建构表现出道家政治哲学的倾向。而与王弼的不同在于，王弼以老子解《易》，而苏轼更多地用郭象之庄子解《易》。苏轼自由洒脱的精神气质很多受益于庄子，但是这个庄子并非先秦的庄子，而是经过魏晋时期的重新解释，集中体现在郭象注的"庄子"。[④] 苏轼多采用独化之旨，天地之间万事万物，各自处于尊贵或卑贱的地位，有柔刚、有吉凶、有变化，这并不是有一个外在意志或力量去安排摆布事物的结果，而是因为事物自身有高有低的自然状态，呈现出这样有贵有贱的价值序列。在此基础上，因为事物自身有不同的体，才有不同的用，因为有不同的性质，才有不同的名相。郭象注"罔两问景"说："夫造物者，有耶无耶？无也，则胡能造物哉？有也，则不足以物众形。故明众形之自物而后始可与言造物耳。是以涉有物之域，虽复罔两，未有不独化于玄冥者也。故造物者无主，而物各自造，物各自造而无所待焉，此天地之正也。"[⑤] 郭象不承认有一个造物主存在，事物各自的性质都是自己性分的自然展现，都是物各自造而无所待的。苏轼很明显把独化论融入自己解《易》思想中去，

① 《东坡易传》,《苏轼文集编年笺注》第十二册，第163页。
② 《东坡易传》,《苏轼文集编年笺注》第十二册，第253—254页。
③ 《东坡易传》,《苏轼文集编年笺注》第十二册，第254页。
④ 余敦康《汉宋易学解读》，北京：华夏出版社，2006年，第180—182页。
⑤ 郭庆藩撰《庄子集释》，王孝鱼点校，北京：中华书局，2012年，第111—112页。

将无心上升为宇宙的根本原则。

“乾知大始，坤作成物”在这样的宇宙论下得到了新的理解。事物的生成由虚而实，性质逐步明朗。乾居于至虚的状态，同时积蓄着统领和主导的源始力量，正因为其无心而保持创造性力量的纯粹不杂；同样，坤是一个辅助万物从生到成的养育过程，坤之所以有辅助万物成熟的能力，也正因为其无心而保证万物自己的自然本性得以充分发挥。因为无心、无为，使得世间万物如其自己地产生和成熟，而人类世界的一切价值与秩序的根源也都源于此，并非有一种独立自在的价值性作为人间秩序的源始。这种万物各自成就自身的理论与郭象的哲学暗合，乾坤不是高于物外的创造与摆布万物的力量，物与物之间的高低贵贱并非由乾坤确立出来，而是由万物自身显现出的差异。同时，正是因为乾坤秉持无心的原则，不对事物加以干涉，万物所构成的整体秩序呈现出丰富的可能性。

在郭象哲学中，无心是圣人的境界，集中体现在“游外以冥内，无心以顺有”的命题中。他指出：“夫理有至极，外内相冥，未有极游外之致而不冥于内者也，未有能冥于内而不游于外者也。故圣人常游外以（宏）〔冥〕内，无心以顺有，故虽终日（挥）〔见〕形而神气无变，俯仰万机而淡然自若。”[①] 对于郭象而言，圣人的无心有内与外两个方面。就内在而言，圣人无心不执着于是非对错的二元对立，对事物不加以裁割。“冥内”有三层意义：无心于天下、无我和无喜怒。同时需要指出，“冥内”不是如土块般的死物，而是一种精神的浑全与洞彻。[②] 就外在而言，圣人“顺有”并非将自己的无是非境界强加给万物，而是“两顺之”，同样因顺百姓各有自己是非的状态，同时强行使得万物等同于圣人的无心也是不可能的。[③] 在圣人的境界中，内与外高度统一，同时，物的自然本性与政治秩序的天然理则也因圣人而高度统一。苏轼也进一步阐释了无心状态下道与物、天与人的高度统一。

> 易简者，一之谓也。凡有心者，虽欲一，不可得也。不一则无信矣，夫无信者，岂不难知难从哉？乾坤惟无心，故一，一故有信，信故物之知也易，而从之也不难。（《系辞上传》注）[④]

> 夫无心而一，一而信，则物莫不得尽其天理，以生以死，故生者不德，死者不怨。无怨无德，则圣人者，岂不备位于其中哉？吾一有心于其间，则物有侥幸夭枉，不尽其理者矣。侥幸者德之，夭枉者怨之，德怨交至，则吾任重矣，虽欲备位，可得乎？（《系辞上传》注）[⑤]

苏轼提出“无心而一”来阐述这种道与万物自然融合无间的状态。无心易简之“一”反对是非对立之二，无心使得万物纯粹的自然本性得以彰显，信可解为出于万物自身真实本性的规律。反之，以有心的态度追求对道的把握只能适得其反，这就意味着为复杂的外物所引诱外

---

① 郭庆藩撰《庄子集释》，第 268 页。
② 杨立华《郭象〈庄子注〉研究》，北京：北京大学出版社，2010 年，第 169 页。
③ 杨立华《郭象〈庄子注〉研究》，第 154 页。
④《东坡易传》，《苏轼文集编年笺注》第十二册，第 257 页。
⑤《东坡易传》，《苏轼文集编年笺注》第十二册，第 254—255 页。

驰，失去了物性的真实本然。“一”也是圣人内心纯诚的精神状态，在此指明圣人的活动与自然节律高度的统一性，“君子之于道，至于一而不二，如手之自用，则亦莫知其所以然而然矣，此所以寄之命也”。（《乾·彖传》注）[①] 去除私己小我，至于“一而无我”（《乾·彖传》注）[②]，达到彻底的浑融。“无心而一”居于苏轼政治哲学理论结构的中心地位，特指圣人而言。圣人与万物处于其政治哲学的两极，圣人无心故而百姓的得失是非因任天理，其对圣人无感德亦无怨怼，圣人易简故百姓不难跟从圣人之治。

综上所述，无心的归旨就在于万物之自然。无心指否定有心的成见，以此自然而生的精神状态“以神行智”，进而通达不落言筌的道体。万物秩序能够得到确立，并没有外在的心作为根据，乾之所以能够统领万物的创生，坤之所以能够滋养万物的成熟，都是因无心而使得万物各得其力量。对万物自然、差异性的提示与成全，使得苏轼的无心之说得以与其他儒学流派相区别，更接近于道家的无为而治的理论，万物能够实现的根源与准则就在于自己本身，天地的秩序也在自我呈现中逐步确立，圣人所揭示的易道也由此而发。

二、“无心”与“有志”的张力结构

苏轼心论最核心的概念为“无心”，然而，苏轼同时又强调心“有志”的一面。

> 然而有魄者、有魂者何也？众人之志，不出于饮食男女之间，与凡养生之资。其资厚者其气强，其资约者其气微，故气胜志而为魄。圣贤则不然，以志一气，清明在躬，志气如神，虽禄之以天下，穷至于匹夫，无所损益也，故志胜气而为魂。众人之死为鬼，而圣贤为神，非有二知也，志之所在者异也。（《系辞上传》注）[③]

“志气如神”的命题将志与神紧密关联。无心与有志，两个面向交织在一起，呈现为一对张力结构。然而，如果强调志的重要作用，尤其当有志的原则从圣人处发出，那么圣人无心的原则是否被破坏？

余敦康先生敏锐地捕捉到此中肯綮，指出东坡心性理论强调内心的洒落放达，但是在遭遇现实蹉跎境遇下，又不失奋发有为的一面。前者即“无心”，后者即“有志”。[④]“所谓旷达，是以一种宇宙意识和超然态度关照人生，顺应自然之理，不为外物所蔽，其要点在于无心。所谓执着，是以一种忧患意识和人文情怀关心民生疾苦，急乎天下国家之用，力求发扬人事之功，拨乱反正，其要点在于有意。”[⑤] 他指出，无心与有意是自然之理与人事之功之间、天道与人道之间张力的表达。在这种结构下，北宋不同的哲学家给出的天人结合的侧重点各有不同。苏轼易学也是一个天人合一的结构，但是其特色在于自然主义的倾向，即强调无心而反对有

① 《东坡易传》,《苏轼文集编年笺注》第十二册，第114页。
② 《东坡易传》,《苏轼文集编年笺注》第十二册，第114页。
③ 《东坡易传》,《苏轼文集编年笺注》第十二册，第254页。
④ 余敦康先生表述为“有意”，然而苏轼阐述奋发有为的人生态度多以“志”言，因此表述上略作调整，但大意与余先生一致。
⑤ 余敦康《汉宋易学解读》，第183页。

意。[①]但是，在另一方面，苏轼又强调有意的维度，他指出圣贤"志胜气"，强调有志胜于旷达。余先生点出无心与有志（有意）的对立，而且也提示了这一矛盾可以归根于天道与人道之间具有根本性的张力。

无心与有志两者的贯通问题不容小觑，这关系到苏轼乃至蜀学作为完整的哲学理论是否能够成立的问题：如果有一贯的哲学理论，那么为什么会有无心与有志这种理论与实践的罅隙？后世对苏轼"杂学"的批评主要指向其形而上下的不一贯，如钱穆先生的论述颇具代表性，他认为苏轼"会合着老庄佛学和战国策士乃及贾谊、陆贽，长于就事论事，而卒无所指归；长于和会融通，而卒无所宗主"。[②]无所指归、无所宗主在心性论上的根基正是无心与有志的矛盾。如果有志"深刻的根源不在理论本身而在于现实"，那么这一面向就缺少了本体的根据，同时无心所体现的自然主义哲学也无从真正落实在大量的具体的人事讨论之中。

尽管有融合三教的思想倾向，但是蜀学确有其一以贯之之道。秦观即指出："则又安知彼之纯不为驳，而吾之驳不为纯乎？且万物历历，同归一隙；众言喧喧，归于一源。吾方与之沉，与之浮，欲有取舍而不可得，何暇是否信诞之择哉？"[③]同样，卢国龙认为："从发生学的角度探讨蜀学的内在思想逻辑，可以看到它的一个侧面，即二苏治学，有一条推阐理势的思路贯穿其中，思路发轫于早年之策论，至经学渐趋圆熟。而从理论体系结构的角度，又可以看到它的另一个侧面。比较而言，后者更要求我们深入到蜀学内部，探索其推阐理势的基本依据，亦即自立一家之言的思想基础问题。"[④]这提示我们必须重审"有志"，扫清表面上的驳杂与差异，以进入问题核心。

首先，志作为心之所向，可以有两种不同的理解。其一，"志"可以理解为由外在事物引发的情志、志向，如解释爻辞时大量出现的"志于某"。这种"志"标识主观动作的发出，也强调发出的方向与对象。然而，如果仅以这一意义来理解有志，那么有志与无心无疑是对立的：无心所反对的人为干涉与造作就是这种带有某种主观任意性的志。不能认为圣人之志是圣人以自己的主观意志去对万物进行裁割与分判，换言之，无心的首要意义就是否定无论以任何理由或根据而发出的对事物的外在干预。

其次，"志"可以理解为内在的意愿。这更强调一种从内而外的自发性动力。这种理解更溯源地观察到志在意向活动中的根本地位，即作为最原初的、富有原始创造性的本源动力。"以志一气，清明在躬，志气如神。"（《系辞上传》注）[⑤]只有在这种纯粹的本源动力中，圣人才能够获得神妙的精神知觉。气如果散乱，志也会随之散乱，东坡也多次提到其志乱就不能有所作为。只有集中这种内在力量，将之集中专注于一，才能够进入特殊的精神境界，以通达道体。这样无心与有志就是对一个体道过程的不同侧面的强调。

---

① 余敦康《汉宋易学解读》，第 186 页。
② 钱穆《宋明理学概述》，《钱宾四先生全集》第九卷，台北：联经出版事业股份有限公司，1998 年，第 28 页。
③ 秦观《逆旅集序》，曾枣庄、刘琳主编《全宋文》，第一百一十九册，第 370 页。
④ 卢国龙《宋儒微言》，北京：华夏出版社，2001 年，第 387—388 页。
⑤《东坡易传》，《苏轼文集编年笺注》第十二册，第 257 页。

再次，志与命相对而言，对命的否定体现了无心对于志的提领与纯化作用。无心的道体一定只能在具体的人事中发显出来，这个发显的过程和内在动力就是有志之所在。即使如此，上述的志的两面性依然不可忽视：志一方面当然是发自内在自然的源源不竭的动力，但是另一方面也存在被外物引逗而迷失方向的危险。换言之，志之所以在东坡的易学中并没有得到一贯的表达，并非由于东坡义理的不一贯，实则是志概念本身的二重性所致。志存在着走向造作的危险，那么在志的发用过程中，以无心摒弃一般意义的情志，正是为了内在真实自然之志的流露。

> 姤者，阴长之卦；而九五以至阳而胜之，故曰含章。凡阴中之阳为章，阴长而消阳，天之命也；有以胜之，人之志也。君子不以命废志，故九五之志坚，则必有自天而陨者，言人之至者，天不能胜也。(《姤·九五》注)①

> 水，润下者也。在泽上则居，在泽下则逝矣。故水在泽下，为泽无水，命与志不相谋者也，故各致其极，而任其所至也。(《困·象传》注)②

在与命的对举中，志作为与外在世界相对而言的本源动力得到彰显。《姤》的卦时为一阴在下，阴气开始逐步上升，阴长阳消。这种卦时是大的外部环境，可以称为命，但是君子则有坚贞不屈的品格，可以在这种困窘之始依然保持中正。这不能够看成是君子有心、有意的故意为之，而是发自内在动力的自发行为。也可以说，只有在无心所揭示出的境界中，才能够把握何为真正的志之所向，才能以强大的主动性来应对外在不同的时境。

最后，在无心所提领的有志之下，表现为圣人的政治事功。

> 知之与作，易之与简，易知之与易从，有亲之与有功，可久之与可大，德之与业，皆有隐显之别矣，此乾坤之辨也，不可以不知也。古之言贤人者，贤于人之人也，犹曰君子云尔。夫贤于人者，岂有极哉？圣人与焉。而世乃曰圣人无德业，德业，贤人也。夫德业之名，圣人之所不能免也。其所以异于人者，特以其无心尔。见其谓之圣人则隆之，见其谓之贤人则降之，此近世之俗学，古无是论也。(《系辞上传》注)③

知之与作，易之与简，易知之与易从，有亲之与有功，可久之与可大，德之与业，这些相对而言的概念在于《周易》强调乾与坤的不同作用。在苏轼的理解中，圣人与贤人是对人评价的不同维度，圣人是从心性上说，强调其澄明纯粹；贤人是从能力上说，强调其实际功业。苏轼反对俗人认为圣人和贤人是同一评价维度下的不同档次，圣人一定高于贤人，贤人可以有功业，但是圣人则不可。对他而言圣人与贤人并不矛盾，圣人并不是端默拱手、毫不作为的虚位存在，他依然可以有自己内在的创造动力，并表现为德业。正如乾坤两个方面的作用并不能机械地加以切割，圣人无心与建功立业两个面向同样不可或缺。可见实际上苏轼对于有志的强调并不与无心抵触，而是指点出实际政治中两种不同的面向。

---

①《东坡易传》,《苏轼文集编年笺注》第十二册，第209页。
②《东坡易传》,《苏轼文集编年笺注》第十二册，第214页。
③《东坡易传》,《苏轼文集编年笺注》第十二册，李之亮笺注，第254页。

综上可见，无心使万物自身的自然本性得以真实呈现；有志的提出则更进一步加深了对于性的认识。苏轼更为强调性，以及与其相联系的道，作为不竭的动力之源、无穷的创发过程的意义。无心剥落外物，并不是引领人们进入空无一物的世界之中，而是呈现出一种更加鲜活、更富活力的源初力量，以此投入到实践之中。只有这样才是真正的有志，才能够发出真实的情感，才能够欣赏和创造无穷的天地之美。同时，圣人无心也使得其自然得以真实而纯粹地展现出来，也可以从内在动力出发向外发挥出在世功业。秦观发展心与志关系的学说，他指出："夫气之主在志，志之主在心。心者，神之合也。志者，精之合也。气者，魄之合也。神亏则精不复，精弊则魄不宁。君子虚心以养志，弱志以养气，故能外探事物之奥，内安性命之情，浩然无际，与道自会。"[①] 虚心养志正是以无心显示真正的志之所在，而弱志则是消除志因偏离道体而生的纷乱。只有无心与有志在实践中的统一，才能"与道自会"，这种自然而会，既非一般意志强求所致，又在有无之间架起汇通的津桥。因此，探究这种统一性的根基，必须深入到东坡对道的讨论。

三、道在无心与有志之间

在苏轼的理论构建中，道最源始、最根本，然而道并不能够在语言中得到表达，只能以无心通达。道自然发挥和应用于万物，表现为有志。换言之，道指向的有无两个方面的统一更体现为无心与有志两者循环交进的实践。无心与有志的统一诉诸道，对这种无以用语言触及的"道"，苏轼有两种近似的说法，一是以阴阳提示道，二是以水比喻道。

其一，一阴一阳之谓道，在经典中阴阳与道的密切联系使得苏轼首先就要处理两者的关系问题。这里苏轼提出了一种不同于传统的阴阳观念。

> 阴阳果何物哉？虽有娄、旷之聪明，未有得其仿佛者也。阴阳交然后生物，物生然后有象，象立而阴阳隐矣。凡可见者，皆物也，非阴阳也。然谓阴阳为无有，可乎？虽至愚，知其不然也。物何自生哉？是故指生物而谓之阴阳，与不见阴阳之仿佛而谓之无有者，皆惑也。圣人知道之难言也，故借阴阳以言之，曰："一阴一阳之谓道。"一阴一阳者，阴阳未交，而物未生之谓也。喻道之似，莫密于此者矣。(《系辞上传》注）[②]

苏轼解释"一阴一阳之谓道"，不仅认为道是一种超越于一般感官与言相的存在，而且指认阴阳同样不能为感官耳目所把握。阴阳不是物，无论感官多么敏锐也不能够直接感受到阴阳本身，但是阴阳也不因为耳目感知不到就不存在。圣人用阴阳未交的状态来言说道，用一种反面的言说方法来为不可言说的道划定位置，这种讲法不断否定道的"物性"，但通过阴阳未交的初始状态来比喻道，架起了道突破纯空而与万物发生联系的津桥。无心剥落物性，有志发挥

---

① 秦观《浩气传》，曾枣庄、刘琳主编《全宋文》第一百二十册，第 107 页。
②《东坡易传》，《苏轼文集编年笺注》第十二册，第 257—258 页。

自然的创发力，正与之吻合。[①]

其二，水处于有无之际而近似于道，备受苏轼的青睐，其立论多以水为譬喻。在以水喻道中，苏轼巧妙地揭示出道在无心与有志之间的性质。所谓有无之际就是说水从物的角度上是阴阳一开始交汇的产物，因此带有原初而纯粹的物性，却没有任何具体的形象与性状。这与无心所达到的那种逍遥自在、旷达洒脱的精神境界相匹配。无心正是要回溯到这种原初的没有具体规定的状态中，对天地万物的源始统一性有一种亲身的体证和知觉。但是，无心不是保持在其中不动，而是要下贯到形下世界中去，体现出有志的面向。

阴阳一交而生物，其始为水。水者，有无之际也，始离于无而入于有矣。老子识之，故其言曰："上善若水。"又曰："水几于道。"圣人之德虽可以名言，而不囿于一物，若水之无常形，此善之上者，几于道矣，而非道也。若夫水之未生，阴阳之未交，廓然无一物而不可谓之无有，此真道之似也。阴阳交而生物，道与物接而生善。物生而阴阳隐，善立而道不见矣。故曰："继之者善也，成之者性也。"（《系辞上传》注）[②]

所遇有难易，然而未尝不志于行者，是水之心也。物之窒我者有尽，而是心无已，则终必胜之。故水之所以至柔而能胜物者，维不以力争而以心通也。不以力争，故柔外；以心通，故刚中。（《坎·彖传》注）[③]

水处于有无之际的状态不仅是静态的理论表述，"始离于无而入于有"更指出突破纯空入于万有的动力和方向。"水之心"将这种状态引入心性论，来强调无心下贯为有志。水本身带有来自道体的知觉，但是并没有放弃在难易有别的不同情境中坚持有志于行。这种有志的根源并不在外部，而在自身之内。必须在对道体的知觉中，才能打开无穷无尽的力量之源，不能通过外在的勉励而达到。面对事物也是如此，水所以能保持至柔，关键在于涤除了对外物的成心，故能物来顺应；水能胜物不在于努力或强力，而在于涓涓不息的有志之心。无心所表现的不以力争，可谓柔外；有志所秉持的全神贯注，可谓刚中。[④]

通过无心与有志的张力结构以通达道体的思路，与二程理学迥然有别。蜀学之道并非像二程理学那样，把本体明确为"理"或"天理"的形而上概念，而是在形而上下之间，捕捉和指引一种境界的形而上学。在理学的思路下万物的统一性在于理，每个事物虽各具其理，但在最终处都

---

① 这一讲法受到苏辙的质疑，苏辙代表更为纯粹的儒家观点，认为道就是中庸所说的率性之道，更重要的是具有伦理意义。这也体现蜀学内部的张力。苏辙引用《中庸》来解释一阴一阳之谓道："'一阴一阳之谓道，继之者善也，成之者性也。'何谓道？何谓性？请以子思之言明之。子思曰：'喜怒哀乐之未发谓之中，发而皆中节谓之和。中也者，天下之大本也；和也者，天下之达道也。致中和，天地位焉，万物育焉。'中者性之异名也，性者道之所寓也，道无所不在，其在人为性。性之未接物也，寂然不得其朕，可以喜，可以怒，可以哀，可以乐，特未有以发耳，及其与物接，而后喜怒哀乐更出而迭用，出而不失节者皆善也。所谓一阴一阳者，犹一喜一怒云尔，言阴阳喜怒皆自是出也，散而为天地，敛而为人。言其散而为天地，则曰'天地位焉，万物育焉。'言其敛而为人，则曰'成之者性'，其实一也。"参见《苏辙集》，北京：中华书局，1990年，第1224页。但在苏轼的反面定义中，道并不具有能够被规定和言说的任何性质，伦理原则的出现是"后于"道的。"道神而不显，德行显而不神，故《易》以显道神德行。"见《东坡易传》，《苏轼文集编年笺注》第十二册，李之亮笺注，第264页。

②《东坡易传》，《苏轼文集编年笺注》第十二册，第258页。

③《东坡易传》，《苏轼文集编年笺注》第十二册，第174页。

④ 苏轼经常以水为喻。如《自评文》基于水喻，提出"随物赋形"的命题。随物，即以无心之水应对各具差异的事物；而水不是空无，必因物而赋其形，表现为文学艺术创作或政论文章。由此可见，"有志"不仅如余敦康先生指出的包含指忧患意识和文人情怀，也可以在美学领域得到理解。

可通达天理。理学讲格物:“格，至也，如‘祖考来格’之格。凡一物上有一理，须是穷致其理。穷理亦多端:或读书，讲明义理;或论古今人物，别其是非;或应接事物而处其当，皆穷理也。”[①]因此在理学的框架下，每个事物实际上都在一个更高的天理中获得自身的位置，共同构成了一个大的秩序，同时，每一个事物也都可以作为通达天理的通孔，因此程子说:“须是今日格一件，明日又格一件，积习既多，然后脱然自有贯通处。”[②]作为学者而言也可以通过格物的方式去接近切近的具体事物，积累格物之后就可以脱然贯通，通达更高的总体性的天理。而苏轼所追求之“一”并非理一分殊之一。一并不是万物统一于本体天理，而相反，事物各具其性，是对这种统一的否定。一指的是性与道的统一。之所以能统一关键在于实践中无心与有志的相契，以达到对道的体证。

基于这样的哲学观点，苏轼的心论同样具有自身特色。《东坡书传》中讲到道心与人心实际上是一心而已，并不是别有一个与天理相关的存在，这也与洛学中道心人心二分的思路不同。“吾将使汝从人心乎，则人心危而不可据;使汝从道心乎，则道心微而不可见。夫心岂有二哉?不精故也。精则一矣。”而《中庸》讲的“中和”实际上就是说对这“一心”的深刻精微的体察。因此，“道心即人心也，人心即道心也，放之则二，精之则一。桀、纣非无道心也，放之而已。尧、舜非无人心也，精之而已。舜之所谓道心者，子思之所谓中也;舜之所谓人心者，子思之所谓和也”。(《大禹谟》注)[③]漆侠先生指出:“而从司马光到二程一直把人心、道心分称为二，并以道心作为克服人心中产生恶欲的根本手段。中庸之道作为司马光二程哲学的自我修养的指导方针，就是建立在这一基础之上的。苏轼所代表的蜀学与司马光哲学、二程理学之间的分歧，又在这个问题上明显地凸显出来。”[④]如果按照二分的原则，人心背后就又别有一个与万物相区别的本体，必舍弃人心才能实现道心。但是苏轼的心只有一个，只在于是否精微。换言之，只有在有无的交相转进的实践中切近道体，才是苏轼理论的真正追求。

不可察见、不可言说的道经过圣人无心与有志一对张力结构得到显示和贯彻。圣人制作《易》是以无心的态度顺应天道、揭示天道的结果。虽然与传统儒家不同，苏轼坚持道不直接包含着仁义礼智等伦理德性，需要以“无心”呈现真实自然。对道的把握也不是静态的，必须下贯到现实世界，以有志的创发精神投入到具体的伦常。作为学者学习易道，就应该逆推圣人做《易》之本意，以无心的状态知觉道体，对无以言喻的道体有亲身的体知和把握。体察道体不仅仅是精神的提升，同时也打开内在自然中的无穷动力。而后投入到实践中，以有志应对万物，从更高的境界之中对世间万物有更为深刻的理解，也能够发自内在地坚持正道，矢志不渝。内在主动性是无心与有志交汇运动作用的枢纽，使得这个张力结构可以彻上彻下，由天道性命之学贯彻到日常具体的政治策论中，共同呈现出一派生机勃勃的昂扬气象。由此也可以看出，蜀学卷帙浩繁的政治策论文章，实际上有着一贯的哲学基础，应在其驳杂的表象背后窥见其统一性。

---

① 程颢、程颐《二程集》，北京:中华书局，2004年，第188页。
② 程颢、程颐《二程集》，第188页。
③《东坡书传》，《苏轼文集编年笺注》第十二册，第313页。
④《漆侠全集》第六卷，保定:河北大学出版社，2009年，第404页。

舒亶及其词新论 *

沈松勤

提要： 舒亶在履职御史期间，弹劾苏轼以诗文讥讪新法，“指斥乘舆”，伙同同僚炮制“乌台诗案”，被后人视为“甘心为人鹰犬”的“小人”；因恶其人，故陋其词，在当代诸多宋代词史论著中，也几乎不及其词。其实，舒亶的这一政治行为，并非道德层面的“小人”人格所驱使，而是基于作为御史的职责与作风，以及特定时期的政治需求，具有深层的历史性内涵与意义。舒亶在李煜、冯延巳、晏殊、欧阳修、苏轼、秦观、晏几道诸家小令外，以其“极为清婉”的七绝入词，开辟新的创作路径，别具一格，在令词演进或词的雅化历程中，不乏推进之功，占有不可忽视的地位。

关键词： 舒亶 “乌台诗案” 令词特色 词史地位

以人废言，或以道德绑架文学，是中国文学批评史上的一种常见现象。其中被废之人大致有两种类型：一种是无论其当下的所作所为，抑或以后世的评判标准来衡量，都是十恶不赦的小人；一种是出于其当下历史的某种需求而不得不为，却被后世视为了无道德底线的小人。北宋词人舒亶属于后者；而在后世学者看来，舒亶小人形象主要体现在炮制“乌台诗案”的行为中，故历来恶其人，陋其词。近三十余年来，学界虽开始关注舒亶及其词，但对其小人形象的历史内涵及其词的历史地位，尚待进一步认识。

一、舒亶小人形象的历史内涵

舒亶（1041—1103），字信道，号懒堂，明州慈溪（今属浙江）人，英宗治平二年（1065）进士，试礼部第一。元丰年间，权监察御史里行，徽宗时，起知南康军，累官至龙图阁待制，六十二岁奉命讨伐蛮叛，收复二州，边功卓著，次年殁于军中。有辑本《舒懒堂诗文存》三卷、《信道词》一卷。元丰二年（1079），舒亶伙同御史李定、何正臣指控苏轼以诗文讥讪新法，炮制并勘治“乌台诗案”，为人唾弃，所以“世知其为凶狡无赖，而不知皆留意文学者”，导致“文集百卷，仅

* 沈松勤，杭州师范大学。

存者千百之什一耳”。[1] 丁绍仪又说：“因其倾陷坡公，己亦不免被斥，恶其人，并陋其词。此如蔡京之书，严嵩之诗，马士英之画，初不让蔡君谟、王元美、董香光诸公。今词坛艺苑中，绝无齿及者。在小人得志之秋，率意径行，非不炫赫一时，卒之身败名裂。”[2] 但也有论者因舒亶词艺之高而为之动心，难禁评论的冲动，但其评论的动力却来自对词体的维护。如清初王士禛说：

“空得郁金裙，酒痕和泪痕。”舒亶语也。钟退谷评阊丘晓诗谓：“具此手段，方能杀王龙标。”此等语乃出渠辈手，岂不可惜。仆每读严分宜《钤山堂诗》至佳处，辄作此叹。[3]

“空得”二句是舒亶《菩萨蛮》的歇拍，因其警策，王士禛深赏之，但又因出自舒亶之手而惋惜不已，并将舒亶为人与杀害王昌龄的闾丘晓，以及奸佞严嵩相提并论。近人易大厂集舒亶、苏庠、曹组词为《北宋三家词》，朱孝臧点评。朱氏认为：“舒亶乃奉权邪，密意与李定锻炼坡翁诗案者。览其文辞，亦非士俗下才，乃甘心为人鹰犬，遂自侪于蟊贼鬼蜮，哀哉！复何及矣。”所以评舒亶《虞美人》“芙蓉落尽天涵水”一阕云：

如此等雅词，倘出太虚、无咎之手，便觉神骨俱仙，乃辱以舒信道乎。

又评舒亶《一落索》“正是看花天气”一阕云：

亶当日考讯坡公，退而曰：“子瞻真天下才。”亶能隐服坡公，固应有此吐属。卒甘心为小人，故君子尚德，浮华有文，非道所贵。[4]

由此等等，虽与王士禛一样突破了“以人废言”的陋习，对舒亶的词作了不低的评价，体现了评论者应有的文学价值的判断能力，但均以为舒亶是缺德的小人，玷污辱没了优美的词体，并为此痛惜不已，深致哀叹。这看似维护词的尊严，实则使词体包括对词的文学判断淹没在人云亦云的道德判断中，变得缥缈虚无。

据载，舒亶“博闻强记，为文不立稿，尤长于声律。程文太学，词翰秀拔，为天下第一”；[5] 又“生而魁梧，博闻强记，为文不立稿，登治平二年进士第，授台州临海县尉。县负山濒海，其民慓悍，盗夺成俗。有使酒逐其叔之妻者至亶前，命执之，不服，即断其首，以令投檄而去。留诗云：‘一锋不断奸凶首，千古焉知将相材。’丞相王安石闻而异之，欲召用。”[6] 可见舒亶才思敏捷，颇具文学才华，但其为官，却属于干吏，甚至不乏酷吏性格与作风，与其秀拔的文学才性判若天壤。然而，舒亶参与指控苏轼以诗文讥讪新法，炮制“乌台诗案”，却与他的酷峻性格并无内在联系，而是其台官的身份与责职所致。

在宋代，履职御史与谏院的官员合称台谏。作为帝王的“耳目”，宋代台谏因拥有“风闻言事”的特权，养成了随意弹劾官员的习性。譬如：在“濮议之争”中，宰相韩琦、参知政事欧阳修遵仁宗遗旨，追尊英宗生父赵允为“皇亲”；司马光、王珪、范纯仁等台谏官则主张称“皇伯”，引起了震动朝野的一场政坛风波。司马光等台谏为了坚持自己的主张，上疏指控韩琦

① 张寿镛《舒懒堂诗文存序》，《舒懒堂诗文存》卷首，《丛书集成初编》，第101册，第941页。
② 丁绍仪《听秋声馆词话》卷二，唐圭璋编《词话丛编》，北京：中华书局，1986年，第2597页。
③ 王士禛《花草蒙拾》，唐圭璋编《词话丛编》，第678页。
④ 朱祖谋《彊村老人评词》，葛渭君编《词话丛编补编》，北京：中华书局，2013年，第3273页。
⑤ 张津《乾道四明图经》，《宋元方志丛刊》，第5册，北京：中华书局，1990年，第4897页。
⑥ 罗浚《宝庆四明志》卷八，《中国地方志集成》，第574号，第5165页。

"交中官"，欧阳修"盗甥女"，无中生有，诋毁政敌，侮辱对方人格，况且"交中官"又是杀身重罪。在庆历以后的北宋朋党之争中，台谏扮演推波助澜的角色，在相当程度上毒化了政治，阻碍了文学与学术的发展。[①]不过，舒亶、李定等台谏指控苏轼以诗文讥讪新法，并非"风闻言事"。熙宁四年（1071），苏轼通判杭州之前，作《上神宗皇帝书》，指陈新法之非；[②]在通判杭州期间，神宗命前往两浙访察的沈括探望苏轼，了解其在杭行实。在探望中，沈括得到苏轼"手录近诗一通"，回京后，将苏诗上呈神宗，声称"词皆讪怼"。[③]所谓"近诗"，就是苏轼在杭期间所作《钱塘集》中之诗。《钱塘集》继承儒家诗学中"刺"的传统与主张，批评新法在实施过程中的种种弊端。元丰二年（1079），王安石已退居金陵，神宗全面主持变法新政，而新法的弊端日趋严重，反对新法的声音也日趋强烈，加诸西北边事的困扰，给试图通过实施新法，富国强兵，解决西北边事的神宗带来了严峻的挑战与考验。[④]这是台谏炮制"乌台诗案"的背景和前提。在儒学正趋向中兴的北宋，以诗歌作为证据，治诗人之罪，显然是思想领域里一种反动，但在现实政治领域中，勘治"乌台诗案"，却不失为抑制异论，保证新法实施的一种举措。因此神宗不惜背负以言罪人的恶名，以"特欲申言者路"[⑤]——怂恿台谏，广开言路为由，指控苏轼以诗文讥讪新法；换言之，勘治"乌台诗案"既是台谏的权益与职责，又出于神宗新政之需。在立案后的三堂会审中，御史台审定苏轼讥讪新法是"指斥乘舆"，属于《宋刑法》"十恶不赦"中的第六恶"大不敬"，应予"特行废绝"；大理寺却遵循法理，判苏轼"当徒二年，会赦当原"，应予赦免；审刑院也支持大理寺的判决。然而，苏轼的生死予夺，无论御史台抑或大理寺，还是审刑院，均无权决定。苏轼贬谪黄州，最终取决于神宗超越法理的"特责"。[⑥]

上述不难看出，舒亶参与指控苏轼，炮制"乌台诗案"的历史性情境与意义；而"历史性更深层次的重要意义就在于：人无法脱离历史，因为他正在历史之中、并通过历史而成其所是的东西"。[⑦]台谏炮制"乌台诗案"而"成其所是的东西"就是帝王的"耳目"形象，以及为弊端日现的神宗新政清除异论的功能。这是舒亶小人形象中深层次的历史内涵。对此，舒亶也不乏反思。其《浣溪沙·和仲闻对棋》云：

---

① 说详拙文《北宋台谏制度与党争》，《历史研究》1998年第4期，第27—45页。

② 详见孔凡礼校点《苏轼文集》卷二十五，北京：中华书局，1986年，第729—741页。

③ 李焘《续资治通鉴长编》卷三百一，北京：中华书局，2004年，第7336页。

④ 按：熙宁新法由王安石具体策划，得到神宗的倾力支持，王安石对内变法，神宗对外用兵，互为倚重，是熙宁新政的两个重要侧翼。据王铚记载，"神宗初即位，慨然有取山后之志。滕章敏首被擢用，所以东坡诗云：'先帝知公早，虚怀第一人。'盖欲委滕公以天下之事也。"（《默记》卷中，北京：中华书局，1981年，第20页）自熙宁三年始，为了复河湟、取西夏，连年发兵西征。十余年的西边战事，神宗还对前线将帅亲自一一发令指挥。陈师道《古墨行》："睿思殿里春夜半，灯火阑残歌舞散。自书细字答边臣，万里风云入长算。"任渊注："元祐中，苏辙等上所编《神宗皇帝御制集》。内四十卷，皆赐中书、密院及边臣手札，言攻守秘计。哲宗为之序曰：其指授诸将，应变制宜，虽在千万里外，而尽得其形势之要；先后缓急之机，皆如在目前，而无遗画云。"（冒广生《后山诗注补笺》，北京：中华书局，1995年，第186—187页）从中可见神宗之用心。

⑤ 据李焘《续资治通鉴长编》卷三百一载，苏轼刚入狱，直舍人院王安礼向神宗进言："自古大度之君，不以语言谪人。"神宗却说："特欲申言者路。"并告诫王安礼："第去，勿漏言。"

⑥ 朱刚根据宋代"鞫谳分司"制度，详细条理了"乌台诗案"的审与判的具体情形，并以审刑院"准圣旨牒，奉敕，某人依断，特责授检校水部员外郎，充黄州团练副使，本州安置"的判决为依据，对《宋史·苏轼传》关于"御史李定、舒亶、何正臣摭其表语，并媒蘖所为诗以为讪谤，逮赴台狱，欲置之死，锻炼久之不决，神宗独怜之，以黄州团练副使安置"的表述作了纠正，认为苏轼被贬黄州并非出于神宗的"独怜"，恰恰相反，是神宗超越法理而采取的一种"特责"即特别惩罚。详见氏著《"乌台诗案"的审与判——从审刑院本〈乌台诗案〉说起》，《北京大学学报》2018年第6期，第87—95页。

⑦ 理查德·E. 帕尔默《诠释学》，潘德荣译，北京：商务印书馆，2012年，第152页。

黑白纷纷小战争。几人心手斗纵横。谁知胜处本无情。　　谢傅老来思别墅，杜郎闲去忆鏖兵。何方谈笑下辽成。[①]

元丰六年（1083），舒亶因“不晓法意”被劾，追官停勒，[②]退居故里近二十年之久。该词作于退居故里期间。作为干吏，舒亶能恪守职责，且行事果断，不乏政绩，颇得神宗赏识。据载，“权监察御史里行舒亶为集贤校理，以上批‘亶优于辞学，详于吏治’，自丞属宪府，能以先后左右朝廷政事为已职责故也”。[③]在退居故里以前，舒亶有两次“战争”被后世视为“小人”行为：一次是以“朝廷政事”为原则，弹劾于己有恩的张商英；一次就是参与指控苏轼，炮制“乌台诗案”，尤其是后者，不仅治了苏轼以诗文讥讪新法之罪，而且惩罚了与苏轼有关联的司马光、苏辙、黄庭坚等一众官员，予以罚铜处分，成了其小人形象最为突出的标志。上列《浣溪沙》开篇以“对棋”比喻曾经参与的政治斗争。“几人心手斗纵横”二句，则从职责与人情两个方面，反思自己，包括自己以台谏的身份参与勘治“乌台诗案”。从私人情感上，舒亶与苏轼并无宿仇新恨，且如前引朱孝臧语所谓隐服“子瞻真天下才”；在公职或责任上，则须恪守台谏的职责，遵从圣意，指控与法办苏轼，最终作为台谏的“心手”胜出，成就了现实政治中的“所是”，充满人性温度的情却无能为力，被扼杀于无形，令之感慨不已。这是身处无法脱离当时“本无情”的“战争”而参与打击他人，后也被他人打击的亲历者所发出的感慨，局外人是无法品咂其中的况味的。闲居故里，舒亶对“本无情”的政治已深感疲倦与无奈，即其《与吕少府帖》所说：“向以狂妄见黜于朝，毁于乡人，身自退宿，不求闻达也。”[④]舒亶罢官后，迁居鄞县月畔湖，名其居曰“懒堂”，并自号“懒堂”，其用意也就是“不求闻达”。下片“谢傅老来思别墅”二句，化用谢安、杜牧典故，书写经历政治上升降沉浮后的闲适心境，也昭示了作者告别往日的“战争”，祈求回归人情、游艺人生的心声。

从无法摆脱政治斗争而参与指控他人到“胜处本无情”的自我反省，再到被政敌打击后“不求闻达”而祈求回归人情，是解读舒亶不可或缺的一个前提和途径。假如罔顾这一点，将炮制“乌台诗案”与苏轼被贬黄州，简单归咎于舒亶等人的“邪恶”本性，是小人迫害君子的产物，显然失诸偏颇；进而恶其人，陋其词，或因佳词出于舒亶之手而深感痛惜，为之哀叹，更非词学研究应持的态度。

二、舒亶词的历史地位

在北宋中后期的朋党之争中，炮制文字狱，不仅是小人，而且也是君子打击政敌常用的手段，成了司空见惯的一种政治现象。[⑤]因此，当时士大夫社会指斥文字狱的炮制者主要基于政

① 唐圭璋编《全宋词》，北京：中华书局，1986年，第366页。

② 据李焘《续资治通鉴长编》卷三百三十五神宗元丰六年“六月己酉”条：“诏：通直郎、试御史中丞、权直学士院舒亶免除名，止追两官勒停……亶不晓法意，误谓当别置录目，因言尚书省不置录目，不奉法。尚书省办论既明，亶犹固执。他日，上谕都省，令取亶台中所置录目，必无之。亶果不置，仍以他簿书增写‘录目’字与寮属书押送都省，坐此被劾。”

③ 李焘《续资治通鉴长编》卷二百九十七，北京：中华书局，2004年，第7216页。

④ 曾枣庄等编《全宋文》卷二千一百八十，第100册，上海：上海辞书出版社等，2006年，第75页。

⑤ 详见拙著《北宋文人与党争》，北京：人民出版社，1998年。

治立场而非道德标准。舒亶参与炮制“乌台诗案”后，并无来自纯粹的道德层面的评价与抨击。约至南宋刘克庄，舒亶在道德层面的小人形象开始确立。刘克庄出于自己的《梅花》诗被炮制“梅花诗案”的经历，作《病后访梅九绝》，其三云：“区区毛郑号专精，未必风人意果然，犬彘不吞舒亶唾，岂敢与世作诗笺。”[①] 痛斥舒亶为猪狗所唾弃，不啻道德人品之低下。在此之前，舒亶却作为词坛“名公”受人尊重。

绍兴十六年（1146），曾慥所编《乐府雅词》三卷、《拾遗》二卷问世。该书共选录了欧阳修以来50家“名公”之词，为宋人选编宋词而流传至今的最早的一部词总集。曾慥说：“余所藏名公长短句，裒合成编，或先或后，非有诠次，多是一家，难分优劣，涉谐谑则去，名曰《乐府雅词》。”又说：“当时小人或作艳曲，谬为公（按：欧阳修）词，今悉删除。”[②] 可见其心目中的“雅词”并不包括“艳曲”或“涉谐谑”之作。据此，《乐府雅词》则又是较早以选人存史的方式倡导“复雅”的一部词学文献，旨在昭示北宋词的“复雅”历程。其中不录柳永、晏殊、晏几道、苏轼、黄庭坚、秦观等人词，[③] 却选录舒亶词48首之多，舒亶词也赖此得以传世。暂且不论这一取舍是否合理，但至少表达了对舒亶这位词坛“名公”的认可与敬重，以及舒词在雅化历程中的地位。

《全宋词》据易大厂校勘劳权抄本《信道词》，录舒亶词50首。其中慢词3首，余皆小令。诚如薛砺若所说：“舒亶词仍具《花间》神韵。”[④] 譬如《菩萨蛮·别意》：

> 江梅未放枝头结，江楼已见山头雪。待得此花开，知君来不来。　风帆双画鹢，小雨随行色。空得郁金裙，酒痕和泪痕。[⑤]

代言女子盼归，是温庭筠以来“花间词”最为常见的一个主题，该词虽为代言，但突破通常运用的以香艳为氛围的闺阁空间，将女子“待得此花开，知君来不来”的盼归心绪与“空得郁金裙，酒痕和泪痕”的别后心境置于宽广的江天飘雪、楼阁梅枝、画船风帆等自然清新的景象之中，虽不失“《花间》神韵”，却少了一份《花间》绮丽，多了一种自然清新，使词的意境变得清雅深婉。而将离情与盼归情思置于宽广清新的空间，营造意境，则是舒亶小令的一大特色。如《菩萨蛮》云：

> 画船捶鼓催君去，高楼把酒留君住。去住若为情，西江潮欲平。　江潮容易得，只是人南北。今日此尊空，知君何日同。[⑥]

该词不仅跳出了香艳的闺阁，而且波澜开合，曲折层深，摇曳多姿。“画船”二句在一“催”一“留”中，传达欲去未忍、欲留未能的矛盾心绪。“去住”二句借江潮这一自然景象，诉说行者的惜别情愫：尽管去留两难，情有不堪，但江潮已欲平岸，征棹出发在即，除却挥泪而去，别无选择。“江潮”二句则又接续江潮景象，抒发送者的离情别绪：江潮虽去，犹有来时；离人一去，则难重逢。歇拍二句呼应开篇，将惜别之情与盼归之意寄托在杯中，并出诸“知君

---

① 傅璇琮等主编《全宋诗》卷三千四十二，北京：北京大学出版社，1991年，第36276页。对舒亶的人品与文品一并予以否定，但这与他自身陷入“梅花诗案”不无关系。

② 曾慥《乐府雅词引》，金启华等《唐宋词集序跋汇编》，南京：江苏教育出版社，1990年，第352页。

③ 按：《乐府雅词》不选苏轼词，也许因为曾慥同时编有《东坡词》《东坡词拾遗》。

④ 薛砺若《宋词通论》，南京：凤凰出版社，2017年，第137页。

⑤ 唐圭璋编《全宋词》，北京：中华书局，1986年，第364页。

⑥ 唐圭璋编《全宋词》，第362页。

何日同”的怅问，情韵尤为深长。

舒亶小令除个别如《木兰花·次韵赠歌妓》外，绝大多数以清新的景物替代香艳的闺阁，形成了清雅深婉的体性特征，而且多数又淡化或模糊了代言体的女性身份。如《菩萨蛮》：

杜鹃啼破江南月，香风扑面吹红雪。赋就缕金笺，黄昏醉上船。　年华双短鬓，事往情何尽。明日各天涯，来春空好花。[①]

从“明日各天涯”二句观之，既可视为代言女子的离别情怀，也可视为作者的自我言说，导致抒情主体的模糊。抒情主体的模糊，则使“花间”小令在保持原有语体与体性特征的同时，获得了新的抒情空间。该词不仅冲破了闺阁氛围的限制，而且也少了上述《菩萨蛮》“空得郁金裙，酒痕和泪痕”的女性情态，全由自然景象兴起，抒发个体的生命感伤，深化了小令的体格内涵，不啻清雅深婉。沿着这一书写路线，舒亶以传统的“花间”小令自言情思，也就成了自然而然之事。

从作者代言女性情感到言说自我情思的转变，早在李煜笔下就已完成，在晏殊尤其在苏轼的笔下得到全面的体现。但舒亶小令在言说自我情思中，既无晏殊的浓丽富贵与情理圆融，又无苏轼“诗人之雄”的创设，而是在吸纳与变化“花间词”的构成要素的同时，融入了其七言绝句醇远清疏的意境格调。

现存舒亶126首诗，多半为七言绝句。张邦基为其中“香满钓筒萍雨夜，绿摇花坞柳风春”“空外水光风动月，暗中花气雪藏梅”“宿雨阁云千嶂碧，野花弄日一村香”“万壑水澄知月白，千林霜重见松高”等一系列“警句”所折服，由衷感叹：“信道清才而诗刻削有如此者！”又认为舒亶《村居》“水绕陂田竹绕篱，榆钱落尽槿花稀。夕阳牛背无人卧，带得寒鸦两两归”，逼肖“极为清婉，无以加焉”的王安石七绝。[②]舒亶在政治上被列为新党，在文学上被视为王安石门人，其七言绝句与王安石晚年于自然景物寄托情思的清婉雅丽、精工隽永的七绝多有近似之处。张邦基的品鉴说明了这一点。而纵观舒亶的小令，也主要以清丽的自然景象为画面；换言之，舒亶小令以清新的景物替代香艳的闺阁，就是以绝句的作法写小令，将其绝句清雅深婉的意境与格调融入小令之中。上述诸词均体现了这一点，再看其《虞美人·寄公度》：

芙蓉落尽天涵水，日暮沧波起。背飞双燕贴云寒，独向小楼东畔、倚阑看。　浮生只合尊前老，雪满长安道。故人早晚上高台，赠我江南春色、一枝梅。[③]

张宏字公度。据舒亶《游山题壁记》，建中靖国辛巳年（1101），“鄞江张宏公度、吴升潜道至自郡，留一夕，往象山……独辛巳晴和，登山为斗草之剧余，辄雨雪……皆欲往而不果，而公度约余道奉川境上游安岩，且不复至，亦遗憾焉。”[④]故舒亶写了这首《虞美人》，表达与张宏的惜别之情。上片“芙蓉落尽天涵水”二句，水天一色，沧波粼粼，呈现出一派清隽深邃之气象；“背飞双燕贴云寒”二句，在燕子成双，背抵寒云的景象中，目送友人离去，犹如其绝句《村居》“夕阳

① 唐圭璋编《全宋词》，第362页。
② 张邦基《墨庄漫录》卷六，孔凡礼点校，北京：中华书局，2002年，第37、180页。
③ 唐圭璋编《全宋词》，北京：中华书局，1986年，第360页。
④ 舒亶《戊辰游山题壁记》，《舒懒堂诗文存》卷三，民国《四明丛书》本。

牛背无人卧，带得寒鸦两两归”，写景达意，“婉曲回环，删芜就简，句绝而意不绝”。[①] 下片“浮生只合尊前老”二句，说友人远去，只能与酒相伴，并将人生离别写成如同铺展无垠的雪地般无声的悲凉；“故人早晚上高台”二句，在写对友人的期许的同时，化用范晔赠梅诗句，寄托情思。全词所运用的语象常见于《花间集》，其体性虽“仍具《花间》神韵”，但其情思却出诸水天一色，云燕渐远，一派白雪无垠的醇远清疏的景象；换言之，在吸纳“花间词”绮丽语体与婉约体性的构成要素中，注入了作者的主体意识，在江山自然之景中，抒发人生境遇的“不得已”之感，即所谓“吾听风雨，吾览江山，常觉风雨江山外有万不得已者在。此万不得已者，即词心也。而能以吾言写吾心，即吾词也。此万不得已者，由吾心酝酿而出，即吾词之真也”，[②] 且意境空灵浑成，清雅深婉，难怪朱孝臧读之“便觉神骨俱仙”（引见上文）；而这种意境格调则常见于舒亶的七言绝句。

舒亶七言绝句的意境格调赖以形成的一个技术原因，就是锻字炼句。舒亶《题灵桥》诗说：“沧海一时传丽句，天才真实杜陵翁。”对杜诗仰慕不已。杜甫诗境自然浑成，虽不见刻削之痕，但“非特意语天出，尤工于用字”，[③] 刻削而又自然浑成。舒亶在仰慕杜诗的同时，其绝句也取径杜甫诗“丽句”的锻字炼句之法。在取径中同样“尤工于用字”而不见雕琢之迹，故“丽句”即警句频出，令张邦基赞叹不已。这一锻字炼句之法同样被用于其词意境格调的创造，如上述《菩萨蛮》“杜鹃啼破江南月，香风扑面吹红雪”，《虞美人》“芙蓉落尽天涵水，日暮沧波起”。又如《菩萨蛮》“画檐细雨偏红烛，疏星冷落排寒玉”，同调“斜日下汀州，断云和泪流”，同调“楼前流水西江道，江头水落芙蓉老”，同调“愁斛若为量，还随一线长”，同调“露湿井幹桐，翠阴生细风”；[④]《蝶恋花》“短鬓潘郎，斗觉年华换”，《木兰花》“点衣柳陌堕残红，拂面风桥吹细雨”。[⑤] 在现存舒词中，几乎每首都有经过锻字炼句而形成的此类“丽句”。锻字炼句不仅止于“一字得力，通首光彩”，[⑥] 而且如胡仔所说：“前人评杜诗，云：‘红豆啄残鹦鹉粒，碧梧栖老凤凰枝。’若云‘鹦鹉啄残红豆粒，凤凰栖老碧梧枝。’便不是好句。余谓词曲亦然……舒信道有曲云：‘十年马上春如梦。’或改云‘如春梦’，非所谓遇知音。”[⑦] 质言之，锻字炼句是整首词的意境格调赖以形成的重要一环。舒亶将其七言绝句所运用的刻削而又自然浑成的锻字炼句之法，用于小令的意境格调的创造，在唐五代北宋词坛并不多见。

诚然，舒亶词“思致妍密，要是波澜小”，[⑧] 但舒亶在李煜、冯延巳、晏殊、欧阳修、苏轼、秦观、晏几道诸家的小令以外，以其“极为清婉”的绝句入词，开辟了新的创作路径，使其词在“仍具《花间》神韵”而不失“本色”的同时，赋予空灵浑成、清雅深婉的新的意境格调，别具一格，推进了小令的发展，既为北宋小令繁荣的标志之一，又为南宋雅词导夫先路。

---

① 杨载《诗法家数》，何文焕辑《历代诗话》，北京：中华书局，2004年，第732页。
② 况周颐《蕙风词话》卷一，王幼安校订，北京：人民文学出版社，1984年，第10页。
③ 蔡梦弼《杜工部草堂诗话》卷一，何文焕辑《历代诗话续编》，北京：中华书局，2006年，第195页。
④ 以上见唐圭璋编《全宋词》，北京：中华书局，1986年，第362—364页。
⑤ 以上见唐圭璋编《全宋词》，第365页。
⑥ 先著、程洪《词洁辑评》卷四，唐圭璋编《词话丛编》，北京：中华书局，1986年，第1359页。
⑦ 胡仔《苕溪渔隐丛话》前集卷五十九，北京：人民文学出版社，1984年，第406页。
⑧ 王灼著、岳珍校正《碧鸡漫志校正》，北京：人民文学出版社，2015年，第26页。

宋代中枢体制中的宰属
——以中书检正官为起点 *

尹 航

提要： 熙宁年间，北宋朝廷拟增设中书门下属官以解决中书之务不清之弊。所谓“宰属”，是指历史上的中枢机构属官。王安石提出宰属应是有权分工处理政务，能接受宰相咨询、顾问的中层官员。而神宗等人坚持防范宰属假借中枢权力，主张宰属职能应为监督吏员与管理机构运作。王安石主政时，中书检正官实现了他对宰属的设想，扩张了中书门下的权力。神宗亲自掌握政局后，将检正官的职能调整为监督机构运行。元丰改制中，三省属官的职能设计贯彻了神宗的意志。至南宋，为迅速应对军事和财政压力，以检正、都司为宰属的情况又回到加强中枢机构能力的思路。宰属成为宋人习用的概念，中枢中层官员也稳定存在于中枢机构中，影响着中枢权力的形态。

关键词： 宋代　宰属　中书检正官　中枢体制

宰属是两宋时代常见的说法，学者也使用这一概念称呼宰相和中枢机构的特定属官，标识他们在体制中的特殊性。李涵先生较早注意到宰属与中枢权力的联系，认为自熙宁时的中书检正官至南宋的检正、都司，宰属的地位不断上升，权力不断扩大，与宰相权力的不断扩张相表里[①]。宰属在中枢体制中的重要性不容忽视。

然而，若将宰属视为制度概念，其产生背景、基本含义以及对宋代中枢体制的影响，尚未得到充分检讨。据笔者所见，宰相属官虽然一直存在，但“宰属”这一说法则是在北宋熙宁三年（1070）设置中书门下属官的讨论中方明确出现。王安石与宋神宗等人以“宰属”为名，设想了不同形态的中书属官，意图解决当时中书门下存在的结构问题。此后，中枢机构属官始终存在于神宗朝以降的中枢体制中，成为制度运转不可或缺的部分，对“宰属”的不同设想则影

* 尹航，四川大学历史文化学院。
本文是国家社科基金青年项目“南宋中枢体制的形成和演变研究”（19CZS022）阶段性成果。文稿曾在河南大学“西园研史：第二届唐宋史青年学者论坛”提交讨论，蒙师友赐教，不胜感谢！

① 李涵《试论宋朝的检正与都司——从宰相属官的变化看相权的扩大》，《刘子健博士颂寿纪念宋史研究论集》，京都：同朋舍，1989 年，第 63—68 页，后收入李涵《宋辽金元史论》，成都：四川人民出版社，2022 年，第 287—299 页。

响着中枢机构属官的职能与形态。

在这一过程中，熙丰中书检正官的意义尤为重要。检正官的创设是宰属在政治场域中出现的契机，检正官的设置和调整亦体现了对宰属的不同认知，影响着此后的中枢机构属官。学者业已在政治史视角下厘清了中书检正官与变法运动的密切联系[①]。本文在宋代中枢体制变迁的线索之下重新考察中书检正官，从检正官创设的背景与目标，其职能设计对目标的实现与其对于中枢权力的塑造入手，结合王安石罢相和元丰改制之后中枢机构属官的变化，探讨中枢属官的职能和定位对于中枢机构运转与中枢权力构造的影响。

一、"宰属"构想下的中书检正官

在中枢政治层面，熙宁年间制置三司条例司、编修中书条例所与中书检正官的先后设置，对应了王安石掌控中枢权力的过程。王安石拜相后无须利用制置三司条例司绕开中书门下，于是扩展了编修中书条例所职能，设立了正式的中书属官——检正官。这一系列举措在当时被标榜为"清中书之务"，但实质上超出了将宰相从繁冗的事务性工作中解脱出来的目标，出于推行新法的需求，扩张了中书事权，令中书门下能够处理更多的事务[②]。

若从更长时段的制度变迁来观察，熙宁年间能够通过设置属官等中枢机构的调整实现"清中书之务"，并造成中书之权扩增的现实，在于其切中了当时中书门下缺乏中层官员的缺陷。中枢机构调整不只出于一时需要，此后的影响也不限于神宗一朝。

唐开元以降，政事堂从宰相会议之所转变为决策与行政合一的中枢机构中书门下，下设五房，"分曹以主众务"[③]。中枢机构的变化，加之唐后期使职行政体系的发展与省部寺监的相应闲废，导致宰相对行政事务的干预增强，令中枢机构承担了大量日常政务。刘后滨将这一现象称为宰相的"政务官化"，视之为宋代宰相的基本特征[④]。

三省制之下，中央政府通过以门下省为中心的奏钞与以中书省为中心的制敕两种行政运作，配合尚书都省裁决部分庶务并确定政务适用的处理方式，实现政务的分层处理。三省属官给事中、中书舍人、左右丞、左右司郎官在政务处理过程中提供支持。而相应明晰的政务分层处理机制在北宋的中书门下却长期缺位。

---

① 有关中书检正官的研究，见熊本崇《中書檢正官：王安石政權のにないでたち》，《東洋史研究》47（1），1998年，第54—80页；迟景德《宋神宗时期中书检正官之研究》，《宋史研究集》第29辑，1998年，第213—273页；裴汝诚、顾宏义《宋代检正中书五房公事制度研究》，《宋史研究论丛》第5辑，2003年，第83—106页；陈克双《熙丰时期的中书检正官——兼谈北宋前期的宰属》，北京大学硕士学位论文，2007年；宋靖《北宋中书检正官考论》，《山西大学学报》2007年第5期，第61—65页；李国强《北宋熙宁年间政府机构改革述论》，《中华文史论丛》2010年第3期，第169—186页。此外，罗祎楠《论元丰三省政务运作分层机制的形成》（清华大学硕士学位论文，2005年），古丽巍《宋神宗元丰之政的形成与展开》（北京大学博士学位论文，2011年），也涉及了中书检正官的产生及其在中央政府中的作用。

② 相关过程的梳理，见迟景德《宋神宗时期中书检正官之研究》，第214—218页；陈克双《熙丰时期的中书检正官》，第20—25页；李国强《北宋熙宁年间政府机构改革述论》，第171—178页；方诚峰《北宋晚期的政治体制与政治文化》，北京：北京大学出版社，2015年，第38—40页；古丽巍《变革下的日常：北宋熙宁时期的理政之道》，《文史》2016年第3辑，第209—234页。

③ 欧阳修、宋祁《新唐书》卷四十六《百官志一》，北京：中华书局，1975年，第1183页。

④ 详细论述参见刘后滨《唐代中书门下体制研究：公文形态·政务运行与制度变迁》，济南：齐鲁书社，2004年，第60、262—305页。

北宋熙宁以前，中书门下（简称中书）的内部构造难以实现政务的分层处理，也缺乏属官支持决策。中书门下以正副宰相同平章事与参知政事为长贰，下设孔目房、吏房、户房、兵礼房、刑房五房承接各类政务，又置生事、勾销二房，生事房确定政务处理部门，勾销房负责机构内部的催驱、监督。其中，五房为首者为堂后官，各房有录事、主书、守当官，员数不等。在诸房之上，又有提点中书门下五房一员，一般由资深的堂后官转任。堂后官是诸房的核心，尤为要切。中书门下堂后官在五代及宋初每房设三员，共十五人，至宋太宗淳化四年（993），将堂后官的员额减为六人，其中五人各掌一房，一员充当提点五房公事，更趋科层化。每房三员堂后官时，三人分别负责“承受批凿圣语、定押敕草”“点检书写熟状、呈押进入”“对读、印押、发放”，即御前决策完成后转入施行的出敕环节，为一般事务草拟处理意见的熟状环节，以及文书核对、用印并确定文书发放去向[①]。堂后官员额削减以后，堂后官的职能必然更偏向于管理、核验，一定程度上成为各房的负责人[②]。

堂后官的人选资质在熙宁以前总体上不断提升。五代宋初，堂后官从在京百司中拣选吏人充任[③]。太祖开宝六年（973）五月，为防止堂后官和吏员擅权、奸赃，开始选任幕职州县官担任堂后官[④]。此后在雍熙元年（984）的五月、十二月，又开启了选任京官、朝官为堂后官的先例[⑤]。此后，堂后官人选基本参用选人、京官、朝官，尽管存在为避免贪渎而“参用士人有科第、历外官者”[⑥]的记载，但多数见于记载的堂后官并无进士出身[⑦]。

北宋前期对堂后官人选资质要求的提升，体现出对堂后官以及中书门下吏员管理的重视。然而，这类重视的底色仍是蔑视。朝廷重视堂后官人选的出发点在于防范中书吏属擅权、贪渎，企图以士人身份理应具备的操行遏制吏职的弊病。士人充任堂后官没有改变其“吏属”的本质。尽管堂后官及提点五房公事出职授差遣享有优待，但是北宋的重要官员中全不见曾任堂后官者，这与传统上宰相属官的仕途前景截然不同。而在元丰改制以后，中书门下被拆解，堂后官亦不复存在，此后“堂后官”一词被宋人用以称呼三省的高级吏员——诸房的都事、录事[⑧]，可见堂后官的职务属性一贯为吏。

总之，熙宁以前的中书门下里，除了少数几员宰执便是诸房中的大量吏员。吏职堂后官居中统辖诸房，但自身也处于严格防范之下。宰执机构内部中层官员的缺位，造成了中枢体制运转的许多问题。一方面，中书门下是唯一主掌民政的中枢机构，决定政务处理方式、草拟熟事处理意见、落实高层决策的文书以及与政府各层级的文书沟通，都在中书门下进行，机构内

① 徐松辑《宋会要辑稿·职官》三之二二、二三，刘琳、刁忠民、舒大刚、尹波等校点，上海：上海古籍出版社，2014年，第3038—3040页。
② 中书门下堂后官的建制、职能等，参见陈克双《熙丰时期的中书检正官》，第7—20页。
③ 李焘《续资治通鉴长编》（下简称《长编》）卷三十六，淳化五年七月，北京：中华书局，2004年，第790—791页。
④ 徐松辑《宋会要辑稿·职官》三之二二，第3038页。
⑤ 徐松辑《宋会要辑稿·职官》三之二二，第3039页。
⑥ 李焘《长编》卷三十六，淳化五年七月，第791页。
⑦ 元丰改制前堂后官来源与本官的统计，参见于士倬《宋代宰府僚吏研究》，华东师范大学博士学位论文，2016年，第72—78页。进一步可从堂后官出职后所得本官判断其有无科举出身。
⑧ 李心传《建炎以来朝野杂记·甲集》卷一十二“堂后官”，徐规点校，北京：中华书局，2000年，第250页。

汇集了海量的文书工作。另一方面，诸房堂后官与宰执的阶级差异过大，堂后官的职能被限定在文书工作上，无法主动、制度化地参与政策的讨论和制定。这样的机构设置决定了中书门下充斥了纷繁的政务，无力系统应对国家面临的问题。

在上述制度现实之下，从中书门下属官和内部组织入手，在“清中书之务”的名义之下改善中书门下的行政能力，成为神宗君臣自然的选择。然而，新设中书属官的人选与职能在熙宁年间尚存不同意见。熙宁二年四月，礼官拟定同天节典礼失误，王安石认为问题出在中书事务“猥并”又缺少属官分层处理。神宗与宰执由此展开了中书属官人选的讨论：

上谓富弼曰：“今欲治当自中书。中书置属，宜精选小官。”

曾公亮曰：“丞相府宜用敦朴人，故本朝不用进士，但用学究。”

安石曰：“当选在下豪杰之士，令编修条例、点检文字。”①

宋神宗“精选小官”的意见为臣僚讨论奠定了基调。在此之下，曾公亮与王安石对中书属官的选材存在明显分歧。曾公亮维护堂后官不要求进士出身的现状，将警惕堂后官群体弄权而限制其政治前景、令其远离决策的做法，文饰为任用“敦朴人”。

王安石对中书属官的期望与此截然不同。王安石对中书属官职能的设想是编修条例与点检文字。以此为职的官员，参与国家行政立法与中枢政令审核，是宰执的施政助手。熙宁年间随后的政治走向也显示，新设的中书属官绝非不涉及决策、无政治前途的吏职，也越过了宋神宗“精选小官”的限制②。

此后，王安石着力推行他对中书属官的设想。当年九月先以李常、吕惠卿看详中书编修条例③，又在熙宁三年九月设置中书检正官，“编修条例”与“点检文字”直接体现在了中书属官的官名上。

王安石关于中书属官选材和职能的观点源于他对唐宋中枢体制演变的认识，可在熙宁三年九月前后中书检正官设立时他与宋神宗有关“宰属”的争论中窥见。君臣表面上的分歧是检正官的待遇，宋神宗延续“精选小官”任中书属官的立场，不愿给予检正官较高的礼遇，理由是朝廷遴选人才普遍困难，检正官不可能得到最好的人选，既然如此，“不杀其礼，即恐分权害事”。而王安石认为：

中书属官，须精择可以备谏官、侍从者。若杀其礼，则自爱重者不肯为，非自爱重者乃可忧其招权害事。宰属用士人，自古尧、舜以来如此，前代圣人岂不熟计利害？然至屏远士人而专用曹史，则止自姚元崇、常衮始，而二人后皆为曹史所累，此即前事之监也。④

上述争论实质上是君臣二人对中书属官定位分歧的延续。宋神宗注重防范检正官“分权害事”，与堂后官的选任思路一脉相承。王安石提出“宰属”的说法以为反驳，这是“宰属”一

① 徐松辑《宋会要辑稿·职官》五之八，第3124页。
② 宋神宗、曾公亮与王安石对中书属官的不同认识，熊本崇亦有讨论，见熊本崇《中書檢正官：王安石政権のにないでたち》，第60—61页。
③ 徐松辑《宋会要辑稿·职官》五之九，第3125页。
④ 李焘《长编》卷二百一十五，熙宁三年九月戊子条，第5230—5231页。

词首次在宋代政治布局中出现。“中书属官”与“宰属”在此均指酝酿中的中书检正官，此前已经出现的“中书属官”表明了其在当时制度中的机构隶属，而“宰属”不仅在构词上强调与宰执的关系，且被王安石赋予了超越现实体制的意义。王安石认为，士人充任宰属是“自古尧、舜以来”的传统，是圣人“熟计利害”的良法。而宋代以吏职堂后官作为宰属的现实[①]，被斥为“屏远士人而专用曹史”，是制度崩溃的结果。在宰属的衰败史中，唐代的姚元崇、常衮二人须负主要责任。

姚元崇即姚崇，武周至玄宗朝多次任相；常衮于代宗大历十二年（777）至十四年任相。二人任期内对中书舍人职责的调整，当是王安石批评的缘由。姚崇在开元二年（714）将中书舍人参议表章的方式从“六押”改为“五花判事”[②]，刘后滨揭示了其中意义。中书舍人此前参议表章，以六员中书舍人每人押一行，各决所分，是为“六押”。姚崇改革后，各位中书舍人对同一事件各执己见，再由宰相定夺呈上，称为“五花判事”。“五花判事”下，中书舍人意见的重要性显著降低，自高宗武则天时期发展起来的中书舍人参议表章之职，一定程度上遭宰相削夺[③]。《通典》称姚崇改革之后：“舍人唯知撰制，不复分知机务。既文书填委，遂令书录，委之堂后人。”[④]宰相精力有常，从中书舍人手中收回权力后，宰相转而依靠属下的吏员“堂后人”处理政务。中枢机构的吏员首领最终在制度上演变为北宋前期的堂后官。

常衮改变了宰相与中书舍人的关系。常衮在门下侍郎、同平章事任上，与中书侍郎、同平章事争夺中书门下的控制时，发现对手能够在属官中书舍人的帮助下扩张行政能力，于是闭塞了政事堂通往中书舍人院的后门，阻碍中书侍郎和中书舍人的联系。此后，常衮又趁中书侍郎暂缺，进一步剥夺了中书舍人在中书省内的职权，并故意曲解“同中书门下平章事”的意涵，接管了中书省的政务[⑤]。

宰属所指对象是中枢机构内部隶属宰执的官员，这在当时的制度环境下与此前讨论中的“中书属官”一致，但宰属的说法承载了王安石对于中枢机构属官应然状态的多方面期待。在王安石的眼中，唐三省制下的中书舍人是宰属的典范，而北宋中书堂后官是宰属不尽人意的现实。将中书舍人与堂后官置于同一脉络中乍看之下有悖常识。不同于一般制度文献以时间顺序呈现机构和官职的沿革变化，“宰属”概念揭示了中枢机构属官的角色及其与宰相的关系。本文难以全面梳理唐宋中书舍人与堂后官职能的演变，然而从上文的讨论能够看到，王安石所看重的，正是中书舍人在姚、常二人更革之下失却的要素。其一，以“六押”为代表，中书

---

① 在此之前，宋代文献中也出现过“宰属”一词，主要在制词的修辞中。如吕溱在转官制词中称欧阳修所转的本官“吏部郎中”为“中台宰属之重”，延续了东汉以降视尚书台发展出的行政组织为宰相机构的传统，见胡柯编《欧阳修年谱》，《欧阳修全集·附录》卷一，李逸安点校，北京：中华书局，2001年，第2607页。王安石在起草外制时，将堂后官称作“宰属”，《堂后官大理寺丞张庆随右赞善大夫余如故制》称：“尔等职为宰属。”见王安石《王安石文集》卷五十五，刘成国点校，北京：中华书局，2021年，第965页。同为修辞，但王安石的指称更贴近北宋熙宁以前的制度现实。

② 王溥《唐会要》卷五十五，上海：上海古籍出版社，2006年，第1109页。

③ 刘后滨《唐代中书门下体制研究》，第168页。

④ 杜佑《通典》卷二十一《职官三》，“中书舍人”条，王文锦等点校，北京：中华书局，1988年，第565页。

⑤ 刘昫《旧唐书》卷一百一十九《常衮传》，北京：中华书局，1975年，第3446页。常衮在中书门下体制形成中的作用，参见刘后滨《唐代中书门下体制研究》，第228—233页。

舍人有能力和权限分工处理中枢机构的政务。其二，常衮以前，中书舍人与在中书省任职的宰相关系密切，是宰相制定政策时的咨询对象。而中书门下的吏职堂后官接替中书舍人成为宰属，在王安石看来是宰属的衰败。设置中书检正官，正是期望扭转这段历史。

北宋前期中书政务的丛脞，熙宁年间“清中书之务”与“增中书之权”的关系，均可借助宰属概念来理解。政事堂到中书门下的变化，令宰相收拢了更多的权力，但以吏职为中层的机构设置令宰相难免过度分心细务。编修条例以“清中书之务”一定程度减轻了中书门下日常政务的负担，但为了增强宰执和中枢机构的治理能力，服务于系统性的政策制定和推行，还必须重建宰属，令之具备官员身份，有权草拟政务处理方案，并能够制度性地参与政策制定。中书检正官在王安石主导之下应运而生。

二、检正官职能与中枢权力变动

中书检正官的创设，寄托了王安石对于宰属乃至中枢机构的设想。而他的设想是否化为现实，需检视熙丰年间中书检正官的职能设置，厘清检正官对当时中枢权力变动的影响，予以评估。然而，对于检正官在中书门下的基本职能以及这些职能实现的方式，官制史料与现代学者仍缺少清晰的描述和概括。

朝廷诏令与职官史料对中书检正官职能的记载大多语焉不详。熙宁三年九月，诏令设检正中书五房公事一员，后又称都检正；中书门下五房，每房设检正公事二员[①]。都检正和检正拟以朝官担任，但在实际除授时，也常以京官出任。此后又出现了资格要求更低的习学公事，允许以选人充任。诏令详细规定了检正官的员额和待遇，却不见对职能的描述。职官文献描述检正官职能时也较笼统，如《神宗正史·职官志》称“清中书之务”[②]，《宋史·职官志》云“掌纠正省务”[③]。其他各类对于检正官职能的记载，形成时间多距熙丰检正官的活跃时段较远[④]，难以从这类描述判断中书检正官的职能。

现代学者限于史料，多从检正官参与的行政活动归纳其职能。迟景德将检正官的职能分为规定与兼差两类讨论，认为诸房检正各主一房职务，检正中书五房公事则总诸房之务。检正官的兼差是事权的扩增，包括编敕修法、兼中央官司职务、兼地方察访职任几类。后来的研究者大体沿袭了分检正官职能为本职和内、外兼职的思路，具体的分类和职能归纳稍有不同[⑤]。检

① 徐松辑《宋会要辑稿·职官》三之四六，第3064页。

② 徐松辑《宋会要辑稿·职官》一之七四引《神宗正史·职官志》，第2978页。

③ 脱脱等《宋史》卷一百六十一《职官一》，北京：中华书局，1985年，第3786页。

④ 如建炎三年设置中书门下省检正时追溯为“检举催促”（徐松辑《宋会要辑稿·职官》三之四七，第3065页），南宋中期陈居仁称“检核厘正”（潜说友纂《咸淳临安志》卷四“行在所录”，《宋元方志丛刊》第四册影印清道光十年钱塘汪氏振绮堂刊本，北京：中华书局，1990年，第3396页），多是对南宋中书门下省检正官的印象。

⑤ 裴汝诚、顾宏义将检正官的职能大体上归纳为制定、整理朝廷文书条规，督视各司的具体执行，以宰属身份出使，巡视各地政务民情，见裴汝诚、顾宏义《宋代检正中书五房公事制度研究》，第99—106页。陈克双将检正官的职能归纳为编修敕令、条例，检举、督促诸司职事，提举中央官司事务和提举、查访地方事务四个方面，见陈克双《熙丰时期的中书检正官》，第41—52页。

正官的内外兼职，如古丽巍所指出的，减少了新法实施的阻力[①]。

学者已然揭示了检正官参与事务的门类和广度，但对于检正官在中书门下以内的“本职”尚无明确的认识，更不及其职能如何履行。然而，王安石对宰属的设想多基于其在中枢机构内的作用，检正官在中书的职能是其中关键，不容忽视。

笔者以为，熙宁八年御史蔡承禧对检正官在中书门下职能的归纳，是进一步考察的基础：

> 臣伏详朝廷置检正官之意，盖须经术文雅，足谋国体，多识前言往行，以助宰相有所不知，得以咨访。至于点检文字、推行文字，尤为下等。[②]

蔡承禧将检正官职能归为两类，其一是“助宰相有所不知，得以咨访”，指能够备宰相咨询、顾问，帮助宰执制定政策；其二是“点检文字、推行文字”，是中书门下的日常工作[③]。以下分别展开。

检正官为宰执提供咨询和顾问意见，在实际的政治运作中，大致包含接受宰执委任草拟政策法令、与宰执面议襄助决策、日常行政中书面发起动议三类。首先，检正官直接受命制定法令，以曾布最为典型，他在新法密集出台的时期先后任户房检正、都检正，深入参与了各项新法的制定。制定役法时，曾布在吕惠卿丁忧后，说服王安石变“助役”为“免役”[④]，养马法和保甲法也据称主要出自曾布之手[⑤]。曾布因仕途显赫留下了更多记载，其余检正官，可以推断也不同程度地参与了诸项新法的制定。

其次，检正官与宰相的面议对于决策的影响，可以熙宁八年闰四月神宗与宰执围绕张谔升任都检正的争论为例。在“以田募役”的决策分歧中，皇帝与宰执在御前会议中难以达成一致，王安石退至中书门下与各检正官商议。接纳张谔的意见后，王安石将之带入御前会议讨论，成为决策的依据。张谔不“希合圣意”“临职事又肯争议，不避执政”成为他得到升迁的理由，表明检正官在参与议政时不只是奉行高层意志[⑥]。

最后，检正官也可书面发起决策动议。以往认为，检正官在中书发起动议的做法受到批评和限制，但其主要依据的两条记载值得辨析。其一是熙宁四年二月，御史中丞杨绘的批评：

> 近者进奏院班下四方及流内铨牓示条贯，其首但云据某房检正官申具，其末又云进呈奉圣旨依检正官所定，首末并以检正官为文，若不曾经中书门下，殊失朝廷号令之体。

此后中书将文书内检正官的名目改为中书某房，反激起杨绘更强烈的反对，认为“胥吏之曹名”相比检正官更加“失体”[⑦]。杨绘的记述从文书流程证实了检正官在中书门下政务处理中

---

① 古丽巍《变革下的日常：北宋熙宁时期的理政之道》，第229—233页。

② 李焘《长编》卷二百六十六，熙宁八年七月辛巳，第6531页。

③ 裴汝诚、顾宏义在《宋代检正中书五房公事制度研究》中认为“点检文字”是“制定、整理朝廷文书条规，以‘助宰相有所不知’”，“推行文字”是“督视各司的具体执行”，以及“奉使出京，巡视各地政务民情”。这一方面忽略了检正官在中书门下的日常工作，另一方面也忽视了蔡上奏的上下文。蔡明言检正官立意根本是“助宰相有所不知，得以咨访”，下等才是“点检文字、推行文字”，两部分不可能重合。

④ 司马光《涑水记闻》卷十六，邓广铭、张希清点校，北京：中华书局，1989年，第312页。

⑤ 陈均《皇朝编年纲目备要》卷一九，熙宁五年五月，许沛藻等点校，北京：中华书局，2006年，第453页。

⑥ 李焘《长编》卷二百六十三，熙宁八年闰四月癸丑，第6448—6449页。

⑦ 李焘《长编》卷二百二十，熙宁四年二月甲子，第5346页。

的职责。在中书行政流程中，检正官负责拟定处理意见，宰执若无异议，该意见会被进呈并批复，检正官的名目因而出现在文书首尾。杨绘的批评针对行下文书的文字中出现检正官或诸房，对检正官在中书行政运作中的实际作用没有意见，朝廷随后的更改亦是如此。

其二是熙宁五年，宋神宗指出中书画旨施行的文书中，有一些“止用申状，或检正官取索到文字”，属“事体不便”，于是重申了熙宁三年唯有“急速公事方得用申状施行”的限制[①]。神宗批评和限制的是宰相据下级申状直接批状处理事务的行政运作，并最终在熙宁十年八月彻底废止了不经禁中画可行出申状的做法[②]。神宗的系列行动反映了出令程序中皇权对宰相的限制，流程处在申状呈上之后，检正官在中书内部的动议环节不会因此受到影响。检正官在中书内部提议，获准后以正常程序出令，在熙宁年间是比较常见的现象，对此并无直接的批评或限制。

接下来将目光投向中书门下的日常政务。首先，检正官在中书门下日常政务处理中负责草拟熟状和出敕。中书门下向皇帝进呈日常政务的处理意见以及覆奏御前会议所得旨意，以熟状呈入禁中。熟状的草拟此前主要由堂后官负责，检正官设立之后，即成为草拟过程的重要角色[③]。由于日常政务的熟状多由堂后官和检正官拟定，宰执常只是照例签署，上呈后禁中惯例画可行下，检正官实际需要为熟状内容承担责任。熙宁四年，中书门下熟状进董毡明堂加恩有误，结果检正官上簿、堂后官责降，承担了主要责任[④]。面奏或入熟状进呈的事务经过禁中的批示或画可，返回中书门下形成文书，即是出敕。出敕也需要经过检正官，熙宁八年，吕惠卿之弟吕温卿因强买民田被罚，而中书所降的处罚敕文，不顾吕惠卿经勘后与此事无关的结论，仍提及惠卿姓名，最终朝廷以“出敕差误”为名，处罚了检正官、堂后官[⑤]。在类似处罚中，最终签押行下的宰执都未受追究，显示检正官是日常政务的直接责任人[⑥]。进熟状与出敕是中书门下诸房的主要职责，也是中书内部文书上行与下行两端，所谓“点检文字，推行文字”，即就此而言。检正官掌握二者，意味着获得了分工处理政务的权限。

其次，检正官在中书门下还负责吏员的选补、管理和考核。熙宁三年十一月，中书门下条例所完成堂吏保引、补试、赏罚相关规定的制定，“逐房检正厅置功过簿一扇，手分点检得差错公事，候改正上簿”[⑦]。各房吏员差错的记录，由本房检正官记录、掌管。同月，又规定堂后

---

① 李焘《长编》卷二百二十九，熙宁五年正月壬寅，第5572页。
② 有关申状上行后以批状下达的运作，参见张祎《中书·尚书省札子与宋代皇权运作》,《历史研究》2013年第5期，第62页；周佳《北宋中央日常政务运行研究》，北京：中华书局，2015年，第191—193页；王化雨《申状与宋代中书政务运行》，收入邓小南、方诚峰主编《宋史研究诸层面》，北京：北京大学出版社，2020年，第295—301页；曹家齐《南宋“三省合一”体制下尚书省“批状”之行用》,《学术研究》2020年第11期，第110—114页。
③ 有关熟状，见王化雨《两宋熟状考述》,《首都师范大学学报》2015年第6期，第15—22页。
④ 李焘《长编》卷二百二十七，熙宁四年十月癸亥条注文引《司马光日记》，第5527页。
⑤ 罪检正官等事，见李焘《长编》卷二百七十六，熙宁九年六月丁酉，第6747页；此事本末见李焘《长编》卷二七五，熙宁九年五月己巳条注文引《吕惠卿家传》，第6728—6729页。
⑥ 中书检正官出现后，堂后官依然存在，在熟状草拟和出敕中，检正官、堂后官通常共同出现，共同承担责任，其中检正官和堂后官的分工，尚缺乏更有力的材料说明。
⑦ 徐松辑《宋会要辑稿·职官》三之二五，第3042页。

官通过南郊保引亲属成为中书低级吏员时，需“各随状领赴都检正厅集，检正官呈验人才、书札，堪任习学公事，即佥书保状，引诣聚厅处公参讫，批状送房收系”①。检正官负责核验吏员身份、签署保状、评估才能，承担了选补流程中的关键环节。上述几例显示了中书检正官参与中书吏员管理的若干片段，其中涉及方面甚广，且中书内部别无其他属官，可以推断，吏员日常考核、赏罚，当也是由都检正和诸房检正负责。

学界以往认为，熙宁年间“清中书之务”的主要举措是通过编修中书条例将繁冗事务划归有司②。然而在此之外，检正官负责入熟状、出敕与吏员管理，提升了中书日常行政效率，也维系着机构的正常运转，令宰执不必过多躬亲细务。这同样服务于增设中书属官的核心目标，构成了“清中书之务”的另一面。

回到增设中书属官的目标及王安石对宰属的设想。一方面，检正官通过受命制定法令、与宰相面议以及主动提议，作为宰执的顾问、咨询班子，广泛参与政策制定。另一方面，中书检正官在中书门下掌握各房的方案草拟和文书落实，以官员身份获得了分工处理政务的权限。同时，检正官也管理和监督中书吏员。上述几个方面，既令宰执得以从中书日常抽身，也为宰执投入政策讲论提供支持。总体上，中书检正官达成了王安石对宰属的期待，并兼顾了防范和限制吏员的传统关注。

中书检正官在创设之后，迅速影响了宰执之间的权力格局，受到时人的关注。熙宁四年，杨绘批评检正官处理政务只与王安石一人商议，导致“权柄专归于一门”，其余执政只是签押已定之事③。吕惠卿在参知政事任上也称检正官“作文字皆不与臣议”④。在检正官分房处理政务与顾问咨询之职的支持下，中书内部的权力分配彻底向王安石倾斜。在王安石罢相，神宗直接掌控政府后，失衡的权力分配格局渐被拆解。检正官影响的这一面向，学者论之甚详。

笔者更为关注的是，中书检正官的出现，改变了中书门下与有司的分工方式，令这一时期的中枢权力接近王安石的设想。学者指出的创设检正官导致“增中书之权”，正出于此。这在制度和政治层面是如何化为现实的？

大体上，中书检正官的设立为中书门下补充了精选的中层官员，中书门下有能力更为主动地推进议程及回应中外上报的各类事务。时人感受到中书门下的控制力增强，不断介入原先由有司实际掌握的事务。

检正官向有司扩展权限，依仗其在中书门下的职能。检正官对中书与有司分工的影响主要体现为两点：其一是通过动议立法直接变更行政事务的管辖权限和处理流程，将原本由有司处理的事务划归中书，或是在流程上增添中书的审核与决策；其二是利用中书诸房在政务处理流程中居有司之后的位置，变更有司拟议，实质上获得处理权限。分别见于以下两例。

---

① 徐松辑《宋会要辑稿·职官》三之二六，第3043页。

② 邓广铭《熙宁时代的编修中书条例所——熙宁新法述论之一》，《邓广铭全集》第七卷，石家庄：河北教育出版社，2005年，第334—339页。

③ 李焘《长编》卷二百二十，熙宁四年二月甲子条，第5346—5347页。

④ 李焘《长编》卷二百六十八，熙宁八年九月乙酉条，第6573页。

熙宁四年正月，刑房检正李承之提议：

乞自今令刑部月具已覆过大辟案，逐道申中书，委检正官覆详，大限十日、小限七日，如有不当或无故稽留者，取旨责罚。①

提议随后获准。检正官提议立法更改政务处理流程，在刑部详覆之后又加入检正官审核的环节。在这一例中，刑房检正官动议赋予自身审核刑部事务的权限并获得准允，扩大了中书对相关司法案件的控制。

中央政府的日常政务处理相对较少见于史料，兹举一例。程颐弟子张绎回忆：

张子厚罢太常礼院归关中，过洛而见程子。子曰："比太常礼院所议，可得闻乎？"子厚曰："大事皆为礼房检正所夺，所议惟小事尔。"子曰："小事谓何？"子厚曰："如定谥及龙女衣冠。"子曰："龙女衣冠如何？"子厚曰："当依夫人品秩，盖龙女本封善济夫人。"②

熙宁十年张载同知太常礼院，当年笃疾罢归，行至潼关病逝，此番对话即发生在归途中。张载的回答显示，礼房检正官收回了部分相对重要事务的裁决权力，此外太常礼院能够议定的事务诸如龙女衣冠，多依据格法和惯例拟定（引文中即依据龙女封号的品秩），礼官无甚裁量空间。

礼房检正官得以改变与太常礼院的分工，源自处理中书礼房政务的职权分工。中书门下在政务处理流程居有司之后，权威亦在其上，原本即可变更有司的拟议。但此前的诸房堂后官身为吏职，缺乏主动调整的正当性，而检正官享有中层官员的身份与宰执的信任，有充分的动力和权限推翻有司原议。中书礼房与太常礼院的关系也存在于中书各房与职能对应的各有司之间，其余各房检正官同样可以依托中书各房的职能向有司扩张权力。

另一方面，也需要澄清检正官能够从中书影响甚至直接指挥有司的观点。例如，学者多将熙宁九年十月神宗下令检正官所行"帖子"③需先向诸执政禀报视为对检正官权力的限制，并由此推断检正官能以独立的文书帖子影响有司④。需指出，帖子不是指挥、处分政务的文书。对帖子的用途、性质，宋人惟《朝野杂记》中提到一类"官帖子"，用于"上司寻常追呼下司吏属"，"只以片纸书所呼叫因依，差走吏勾集"⑤。雷闻对唐代帖文书的研究可供借鉴：唐代的"帖"用于日常政务，使用灵活，强调时效，多涉及日常事务的勾追日限⑥。综合推断，检正官下帖，并非直接指挥有司，而是督促中书门下工作中事涉百司的文字"取索"。元丰改制之后

① 李焘《长编》卷二百一十九，熙宁四年正月乙未，第5323页。
② 程颢、程颐《二程集·河南程氏遗书》卷二十一上，王孝鱼点校，北京：中华书局，2004年，第270页。
③ 熙宁九年，神宗令检正官下帖子当先禀执政，并置簿登记，每五日报告，可见检正官下帖当是日常多见的现象，见《长编》卷二百七十八，熙宁九年十月戊申，第6806页。宋代文献多混用"帖子"与"贴子"，然解释这类文书的文字多称"帖子"，笔者以此使用"帖"。
④ 如裴汝诚、顾宏义《宋代检正中书五房公事制度研究》，第105页，陈克双《熙丰时期的中书检正官》，第56页，古丽巍《"无论于旧，不间于新"：论北宋熙丰之际的政局转换》，《中华文史论丛》2020年第3期，第184—185页。
⑤ 赵升《朝野类要》卷四，王瑞来点校，北京：中华书局，2007年，第85页。
⑥ 雷闻《唐代帖文的形态与运作》，原载《中国史研究》2010年第3期，第89—115页，后收入邓小南、曹家齐、平田茂树主编《文书·政令·信息沟通》上册，北京：北京大学出版社，2012年，第47—83页。

宰属、枢属使用帖子的一些情况也支持这样的判断[①]。

又如，有学者认为检正官有权检举督促诸司职事[②]。其主要证据亦需辨析。其一为前述的熙宁四年令刑房检正官覆详刑部已覆的大辟案件，是针对特别事务的措置，不具备代表性。其二是熙宁七年户房检正张谔的建议：

> 准朝旨，权提点诸路监司所申巡历状，乞监司官岁分州县互巡，次年正月十五日以前具已巡历上中书。经一年不巡者，委中书点检官申举。[③]

张谔的建议是基于朝旨授予的“权提点诸路监司所申巡历状”这一临时差遣，而不是他检正官的本职。建言中负责申举监司巡历的“中书点检官”并非检正官，而是指在行政流程中负责点检文书差误的官吏，在各类行政运作中由不同的职位承担。熙宁时期尚不存在令检正官系统地检举督促诸司职事的制度。

总结来说，中书检正官设置之后，以中书门下属官的身份，依托动议权和诸房的进熟状、出敕职能，在中书与有司的分工中呈现出积极有为的倾向，占据了部分原属有司的政务裁决权限，从而实现了中书权力的扩张。无论是检正官的职能，还是其对于宰执权力与中枢权力的影响，都符合王安石对于宰属的设想。高层意志决定的中枢权力格局，经由中枢机构属官的设置化为现实，并得到了制度的保障。

三、王安石罢政后宰属的调整

熙宁九年十月王安石二次罢相后，政局进入宋神宗亲自把控的时期。与皇权伸张的新形势相适应，原先有利于王安石集中权力、推行新法的一些制度和人事安排遭废止，中书检正官也受到影响。既有研究显示，检正官的内外兼职停止，员额遭到削减，与其他机构的交流遭到限制，并被置于更严格的行政程序之下。总体上，检正官从王安石的控制中书、推行新法的班底转变为一般的中书门下属官，直至在元丰改制中被废置。笔者在此希望说明的是，神宗主政期间对检正官的调整、裁撤与元丰改制中三省属官的设置，更清晰地呈现了神宗不同于王安石的宰属设想。此后宋代中枢机构属官的设置，亦应当在这两种宰属的框架中理解。

神宗对于检正官的调整，多着眼于规范检正官在中书的行政活动，完善针对检正官的监督机制。王安石罢相后二日，神宗下令检正官行帖子前需要先向执政禀报，并留下记录，每五日核验[④]。元丰二年（1079）九月，又令执政负责为检正官处理政务确立时限[⑤]。针对检正官涉嫌

---

① 如乾道六年（1170）九月十六日诏中称“应三省枢密院诸房并属司，今后应押官帖子下六曹百司取索文字”。乾道八年二月二十五日诏中称“三省今后取索三衙文字帖子，令检正、都司印押圆备，方得给发，见徐松辑《宋会要辑稿·职官》一之六二至六四，第2971—2972页。两宋史料中，实不乏长官使用帖子直接处分政务的记载，尤其是未经规范用印和签押程序的“白帖子”。但在绝大多数情况下，以帖子处分政务被视为不合制度的擅权之举，并因此受到批评。

② 裴汝诚、顾宏义认为中书检正官的基本事权之一为“协助宰府督察诸司公事”（裴汝诚、顾宏义《宋代检正中书五房公事制度研究》，第100页）。陈克双承袭了这一观点，见陈克双《熙丰时期的中书检正官》，第42页。

③ 李焘《长编》卷二百五十四，熙宁七年六月庚午，第6206页。

④ 李焘《长编》卷二百七十八，熙宁九年十月戊申，第6806页。

⑤ 徐松辑《宋会要辑稿·职官》三之四六，第3064页。

请托、信息泄密、与其他机构交通的处罚，也明显多于此前①。

检正官的职能或也出现了变化。元丰元年九月检正官员额削减为共四员，其中户房检正二员，刑房检正一员，其余吏、礼、孔目三房以一员兼管，已无法在每房都设检正官专管②。且元丰年间除授情况显示，四员检正亦时常不满③。以这样的配备状况，检正官对诸房草拟熟状及出敕的掌控，当难与熙宁年间等同。神宗还加强了中书检正官对诸房的核查，在元丰四年六月令检正官为中书门下各类“应相度、定夺、分析、体量、勘会、驱磨、点检”事务置簿登记管理，“量紧慢给限”④。可以推断，神宗有意将检正官的职能从依托诸房分工处理政务，转向监督管理中书门下诸房的工作。

回到检正官设立之前神宗与王安石关于宰属定位的分歧。神宗的一系列调整，正贴合他对宰属“精选小官”“恐分权害事”的认识：在神宗的设想中，中枢机构属官不当因能够影响宰相而具备特殊的权威，也不应凭借在中枢机构分工处理政务的职能获得过高的权力。神宗理想中的宰属，被限制在中枢机构之内，为中枢机构整体运转提供支持，既严格防范基层吏员，同时又受到中枢高层的监督。

元丰五年，宋神宗全面更新官制，中央政府的民政主管机构设置大体恢复到《唐六典》中记载的状况，中书门下被拆分为中书、门下、尚书三省，检正官作为中书门下属官亦停止存在。宋神宗对于宰属的认识，更加彻底地反映在三省属官的制度设计中。

中书检正官在元丰改制后三省－枢密院体制中的承继职位存在不同的说法。据《神宗正史·职官志》，检正官罢设之后，其“职务分归中书舍人、给事中、左右司郎官”⑤。但新旧体制转换时官员的去向，却是在任的两员检正官吴雍与王震分别充任左司郎中与右司员外郎⑥。且在元丰改制至北宋末年，多以宰属为左右司郎官的指称。陈克双认为，这样的参差是由于检正官的职能只有小部分划归给事中与中书舍人，而左右司郎官与宰执关系密切，不同于给舍的封驳之职易与宰执异议⑦。

笔者以为，宰属用作官职的代指，有修辞的功能，因而必然受到官职等阶次和历史渊源的约束。宰属概念从围绕中书检正官的讨论开始进入宋代政治，在元丰改制之前是检正官的代指，而检正官的阶次处于侍从、台谏之下，给事中、中书舍人改制前可充执政本官，改制之后作为职事官亦位列侍从，官居正四品，阶层明显更高，不能以宰属代指，体制转换时也不可能以检正官转任。在各类制度文献中，给舍的核心职能乃封驳与草制，二者在北宋元丰以前分别由知制诰与通进银台司掌握，也与检正官无关。因此，宰属用作代指，只包括左右司郎官，不及给舍。

---

① 如，刘奉世干涉大理断案落职（李焘《长编》卷二百九十，元丰元年六月辛酉，第7090页），曾伉泄露中书信息罚铜（徐松辑《宋会要辑稿·职官》六六之六，第4826页），张商英因干请落职（徐松辑《宋会要辑稿·职官》六六之六，第4830页）。

② 元丰二年五月又改为户房检正通管礼房，见徐松辑《宋会要辑稿·职官》三之四六，第3064页。

③ 统计见于士偉《宋代宰辅僚吏研究》，第112—113页。

④ 徐松辑《宋会要辑稿·职官》三之四六，第3064页。

⑤ 徐松辑《宋会要辑稿·职官》三之四六引《职官志》，第3064页。

⑥ 李焘《长编》卷三百二十五，元丰五年四月甲戌，第7826页。

⑦ 陈克双《熙丰时期的中书检正官》，第57—60页。

然而，宰属概念的核心是对中枢机构属官职能和定位的设想。无论是在宋人的观念里还是在三省属官的职能设计中，中书舍人、给事中、左右司郎官三者都有着相同的定位。

先看北宋人眼中的三省属官。元祐五年（1090）四月，御史中丞梁焘针对三省文书处理迂缓，建议三省宰执“各诚属官分察滞事，如门下省委给事中，中书省委舍人，尚书省委都司，亲阅簿书，点检结绝”[①]，建议随后获准。给舍、都司在各自隶属的中枢机构里被赋予相同的职责。宣和二年（1120）的诏令中亦称:“先帝肇正三省，诏给、舍、都司以赞省务。”[②]给舍、都司均为三省属官，不因等级差异而有别。

苏轼元祐元年的《谢中书舍人表》更在中书舍人的历史沿革中，将检正官的设置视为元丰改制的先声：

窃以词命之职，古今所难，非独取之于文，盖将试之以事，至于机务，亦或与闻。虽四户擅权，非当时之公议；而五花判事，亦前代之美谈。及夫三字之除，乃是一切之政，但谓内朝之法从，安知宰相之属官。既任止于训词，故权移于胥吏。恬不知怪，习为故常。

先皇帝道冠百王，法垂万世。建六官而修故事，辟三省以待异人。典章一新，名实皆正。遂申明于四禁，俾分领于六曹。远则追直阁之司，近则通检正之任。虽未闻政而闻事，盖须有德而有言……[③]

王安石熙宁年间流露出的对于宰属历史的观点，在苏轼笔下得到进一步阐发。从南齐的中书通事舍人（四户）分掌机要，到唐代的中书舍人有权参议表章（五花判事），参与“机务”是中书舍人所归属的“词命之臣”的核心职能，而到了北宋前期以知制诰（三字之除）为外制，沦为单纯的词臣，脱离中枢政务，权力流向中书门下吏员。神宗行元丰改制恢复三省，扭转了上述过程，元丰中书舍人的近源，正是中书检正官。

更为重要的是，元丰体制下中书舍人、给事中、左右司郎官职能的设计，更加彻底地实现了神宗对宰属的认识。

传统上对给舍的关注，侧重于中书舍人起草外制和给舍的封驳之职。但也应注意到，制词起草与命令审核并非给舍的全部职责。元丰改制将给事中与中书舍人置于独特的制度设计之下，给、舍不随门下、中书两省的宰执及吏员在两省机构办公，而是单辟门下、中书后省，分别以给、舍为长。除了在草制、书读、书行环节起草和审核两省拟定的政令，给舍还负责“签押前省诸房文书”[④]以及两省吏员的选补考试及工作考核[⑤]。具体来说，给舍与两省内的开拆、点检、催驱等房联系，监督两省内部的行政规范，确保机构管理信息的产生，并负责确定两省吏员的考核结果。两省与后省的区隔和给舍的职能设计，令给舍既能监督、管理两省的

① 李焘《长编》卷四百四十一，元祐五年四月辛丑，第 10618 页。
② 马端临《文献通考》卷五十一《职官考》五“左右司郎中”，上海师范大学古籍所、华东师范大学古籍所点校，北京：中华书局，2011 年，第 1484—1485 页。
③《苏轼文集》卷二十三《谢中书舍人表》，孔凡礼点校，北京：中华书局，1986 年，第 662—663 页。
④ 徐松辑《宋会要辑稿·职官》一之七八，第 2980 页。
⑤ 徐松辑《宋会要辑稿·职官》三之一五，第 3031—3032 页。

运行，又始终与两省诸房的政务处理保持距离，无法获得分工处理政务的权限[①]。

左右司郎官在尚书都省也有着相似的职掌。左右司郎中、员外郎额定四人，但实际常不满员。左右司郎官在都省主要依托都省诸房确定政务的处理方式和部门，审核吏员工作，协助仆射、丞管理检核六部事务[②]，也在诸房和六察御史等的协助下试补和考核吏员[③]。与给舍在两省的职能类似，侧重于监督管理都省运行。尚书都省内的部门设置也贯彻了对左右司郎官的限制，为避免左右司"独创吏员，分为别司"，不设置郎官能直接控制的吏员，且在诸房处理的文书完成拟议前不得离开诸房[④]，这避免了左右司郎官获得都省政务处理的权限，成为诸房和仆射、丞之间的权力层级。因此，在元丰改制至北宋末年，左右司郎官身为宰属，在政治上却没有与此前检正官及其后南宋检正、都司官员相仿的影响力。

总之，尽管元丰改制以后，给舍不像左右司郎官一般被称为宰属，但三者同为三省属官，共同实现了神宗的宰属设想。神宗的核心关切在于，中枢机构的中层官员不应存在"分权害事"的风险，不当获得完整的政务处理权限，其职能的重点在分担中枢机构的管理，防范吏员在行政中可能出现的差错。三省属官给、舍、都司的职能以及围绕他们的各项机制贯彻了神宗的理念。在元丰改制后的"三省－枢密院制"中，三省属官的设置，与分班奏事的御前会议机制、宰执分任三省长贰以拆分权力的制度设计相配合，在不同层面限制了熙宁时期形成的过度膨胀的中枢权力。在北宋后期，宰相无法通过中枢机构属官控制中央政府，给、舍、都司与相权的关系远不如中书检正官密切，亦不享有超越其职能的特殊政治地位。

南宋初年，宰属的设置又因应宰相官名和中枢机构的变化而调整。建炎三年（1129）四月，门下、中书两省合并为中书门下省，当年五月即设置了中书门下省检正诸房公事，名称仿熙丰检正官，待遇参照左右司郎官，职能为"检举催促"中书门下省诸房文字，与元丰改制以后左右司郎官的职能相仿。此后，中书门下省检正与左右司郎官（合称检正、都司）被认为是宰属。在军政和财政压力突出的南宋时期，对决策效率和响应速度的渴求压倒了对宰属和吏员的防范。最迟在绍兴末年，检正、都司的职能就已经转变为分工草拟中书门下省和尚书省诸房的政务处理意见，同时还掌握着机构内部的管理监督，完整掌握了中枢机构的中层权力，主导了中枢机构的日常政务处理。自嘉定初年史弥远执政，决策的中心被拉回到中枢机构，检正、都司作为宰属突破了日常政务的限制，参与到重要的政务处理和政策制定中。宰相依靠检正、都司执政，扩张了中枢机构的控制能力，有司权力也相应受到挤压，这样的执政方式一直延续到史弥远去世之后[⑤]。南宋时期，宰属的职能和定位逐渐回向熙宁的中书检正官，与宰相的联系日趋紧密。南宋中期以降，宰相同样通过赋予宰属分工处理政务和制定政策的权限，塑造了更强势的中枢权力，以应对沉重的边防和财政压力。

---

① 相关讨论参见尹航《两省、后省与给舍——元丰官制中枢政务运行之一端》，《宋史研究论丛》第28辑，第26—41页。

② 参见古丽巍《北宋元丰改制"重塑"尚书省的过程》，《中国史研究》2015年第2期，第69—87页。

③ 徐松辑《宋会要辑稿·职官》四之一九引《神宗正史·职官志》，第3104页。

④ 徐松辑《宋会要辑稿·职官》四之二〇，第3105页。

⑤ 参见尹航《宰属与史弥远专权》，《文史》2019年第2辑，第183—204页。

四、结论

宋代的“宰属”概念，发端于熙宁三年讨论增设检正官为中书门下属官之时。王安石以宰属指代不同时空的中枢机构属官，从中提炼出他心目中的理想类型。君臣关于中枢机构属官的讨论与后续的制度实践，呈现出两类宰属。其一是王安石设想的宰属，以唐前期的中书舍人为标准，在中枢机构有权分工处理政务，且能作为宰相的咨询、顾问班底参与决策。王安石二次罢政之前，中书检正官的职能与定位大抵与之相符。其二是神宗设想的宰属，职能偏重管理、监督中枢机构的运作，兼掌吏员的考核、管理。王安石罢政后检正官的职能向神宗设想的宰属调整，至元丰改制时，相同的思路又贯彻于三省属官给事中、中书舍人、左右司郎官的职能设计中。两类宰属在神宗朝之后的宋代中枢体制中交替出现，北宋后期的给事中、中书舍人、左右司郎官延续了注重省内管理监督的制度设计，南宋的检正、都司则回到分工处理政务并扩张中枢机构权限的思路上。在中央官制中的稳定存在与朝野上下的持续讨论，不断丰富着宰属的内涵，使之最终成为宋人习用的说法，泛见于各类文献。

学界以往对于中枢体制的讨论，集中于宰执权力与中枢机构职能。近年来行政流程与政务运作的研究取径，从还原行政流程入手，将传统上一体化叙述的机构职能拆解为各机构、各流程环节的信息处理与责任分工。相应地，宰执与中枢机构的意志和行动，是由处于不同层级的宰执、宰属与诸房吏员以各类分工、核查、管理机制卯合构成的。机构中长贰与基层吏员的职责相对固定，宰属作为中枢机构中的灵活变量，其与宰执、与诸房的勾连方式，承载着中枢体制当中立体、丰富的内涵。

宋代宰执权力与中枢机构属官职能的发展轨迹显示，二者的对应关系不止是单一尺度下职权的强弱，其演变过程也并非同一趋势的不断增强。宋代的宰属，在不同的阶段，以各自的职能和定位，参与塑造了形态各异的中枢权力。北宋熙宁三年以前中书门下不设属官，中枢权力没有流向下属之虞，然而也因此缺乏分层处理机制、无人监督检查，妨碍了行政和决策的效率。王安石主政时的中书检正官与南宋的检正、都司都与宰相联系紧密，有利于实施变革与应对压力，但同时一定程度上助长中枢权力的膨胀而忽视对宰属权力的制衡。神宗调整之后的中书检正官以及元丰改制至北宋末年的给舍、左右司郎官，将中枢机构置于精密的监督之下，配合了“三省－枢密院制”分割、制衡宰执权力的思路，但由此亦导致行政效率低下。宰属的设置与职能，体现了时人从中层入手调整中枢体制的思路，也是观察中国古代中枢体制的必要视角。

传统文化研究 Vol.1, No.4
2023年第4期（总第4期） December 2023

论宋代行政事务中的“保明”

吴淑敏 *

提要： 为了保证信息的真实性，宋代行政事务中广泛地采用了“保明”的方式。所谓“保明”，主要指当职的官司机构或个人对上呈信息进行核验、担保并承担相应法律责任的一种行政程序。其文书被称之为“保明状”。为了防范保明作伪，宋廷还经常勒令不同官司对同一信息进行多重保明，通过互相监管的方式进一步保证信息的可靠性。不过保明也有影响行政效率、受政局影响较大等问题和局限。宋代以后，行政事务中的保明程序便大量减少，不复两宋之盛。

关键词： 保明　保明状　保官　核实　时效性

信息是国家决策的依据，故而历代的统治者都极尽所能地采取各种制度化的措施以确保下情如实上达，如广开言路、增设特务机构等等。① 决策者们在收集信息时，一方面希望建立多元和通畅的信息渠道，另一方面也希望获得的信息是真实的、可靠的。关于王朝的各类信息渠道以及防范壅弊的举措等话题，学界已有较为丰硕的成果。② 然在如何保证信息可靠性的问题上，相关的专题讨论则不够充分。③

在宋代的史料中，我们常能看到“保明”“结罪保明”“保明诣实”这样的行政术语。通过阅读相关文字可知，宋代的“保明”正是行政事务中确保信息真实性的一种担保程序。遗憾的是，或许“保明”在宋人眼中是一个习以为常、不言自明的词汇，文献记载中鲜有关于“保明”的解释或讨论，“保明”究竟是怎样的一种担保形式，尚需进一步厘清。郑铭德较早地注意到宋代“保明”的问题，认为保明是指官员、胥吏、百姓在文书上对人、事、物具名的保证文书。

---

* 吴淑敏，武汉大学历史学院。

① 以宋代为例，朱瑞熙曾指出，宋朝皇帝和宰执、百官决策的依据和传递渠道，大致有二府分班和合班奏事、臣僚章疏、大臣留身奏事、台官的“月课”、监司和帅司以及走马承受的奏报、经筵官的议论、士民上书等。此外朱氏还指出，宋朝皇帝还从皇城司的探报、皇太子的报告处等得到许多信息。参见朱瑞熙《决策的依据和信息传递渠道》，《中国政治制通史·宋代卷》，北京：社会科学文献出版社，2011年，第102—121页。

② 相关研究可参见朱瑞熙先生《决策的依据和信息传递渠道》；李全德《宋代的信息沟通与文书行政述评》，邓小南主编，方诚峰执行主编《宋史研究诸层面》，北京：北京大学出版社，2020年，第20-83页；邓小南主编《政绩考察与信息渠道——以宋代为中心》，北京：北京大学出版社，2008年；高柯立《宋代地方的官民信息沟通与治理秩序》，北京：国家图书馆出版社，2021年；邓小南《信息渠道的通塞：从宋代“言路”看制度文化》，《中国社会科学》2019年第1期。

③ 不可否认的是，信息渠道的多样化本就是确保信息真实可靠的一种手段。

同时郑文还特地讨论了保明影响行政效率的问题。[①] 郑文无疑增进了学界对宋代“保明”的认识，但也存在一定的不足：其一，郑文把“保明”和宋代的另一种担保方式——保官制度混淆在一起讨论，与相关史实不符；其二，保明在行政实践中暴露出的缺陷也不限于影响行政的时效性。鉴于此，本文希望通过具体实例和相关法令条文进一步厘清“保明”的含义和特征，并在此基础上探讨保明在宋代行政中的作用及其在实际行政运作中的局限和问题。

一、宋代“保明”的含义及其与保官制度的区别

“保明”一词，最早见于《诗经·周颂·访落》：“绍庭上下，陟降厥家，休矣皇考，以保明其身。”关于“以保明其身”一语，郑玄解释作“以此道尊安其身，谓定天下，居天子之位”。《毛诗正义》在郑注的基础上进一步解释道：“尊安其身，则以保为安，明为尊”，即是将“保”“明”二字分别解释作“安”“尊”之义。[②] 清代的马瑞辰、王先谦则认为“保明”当训为“保勉”，“休矣皇考，以保明其身”即是“以皇考之休美保勉其身也”。[③] 无论如何，此处“保明”并无担保的意思，与宋代的保明相距甚远。

魏晋以降，史料中的“保明”开始有了担保证明之义。东晋史学家孙盛所著《魏氏春秋》记载，曹魏时期，吕巽与其弟吕安妻徐氏私通，且诬蔑吕安不孝。吕安被囚禁，遂找与吕氏兄弟相熟的嵇康作证，“康义不负心，保明其事”。[④] 又如西晋《江表传》所载：“（诸葛）瑾之在南郡，人有密谗瑾者。此语颇流闻于外，陆逊表保明瑾无此，宜以散其意。”[⑤] 唐代景龙政变（707）后，杨元琰受李多祚案牵连入狱，史载“赖中书侍郎萧至忠保明之，竟得免罪”[⑥]。以上三例中的“保明”皆是以个人名义担保、证明的意思，使用比较随机，尚难称之为一种制度。

唐代张鷟《龙筋凤髓判》载：“诸州贡举悉有保明，及其简试，芜滥极多，若不量殿举主，或恐奸源渐盛，并仰折中处分。”[⑦] 唐代科举与“保明”相关的史料，笔者仅见此一条，此处“保明”何指，并不明确。按照唐制，各地举子在参加礼部试前，为审查应举者的人品德行，要求举子之间结款通保，谓之“合保”。[⑧] 而上述“保明”明显与举主相关，必非指举子相互担保的行为。钱大群推测《龙筋凤髓判》此案对应的是《唐律疏议》中“贡举非其人”的罪名。据相应注文，“非其人”指“德行乖僻，不如举状者”和“试不及第”者。[⑨] 又唐代舒元舆曾言：“臣

---

① 郑铭德《宋代制度中的“保明”初探》，“10至13世纪中国史国际学术研讨会暨中国宋史研究会第十七届年会”会议论文，2016年8月20日至21日。

② 孔颖达《毛诗正义》卷十九，阮元校刻《十三经注疏》，北京：中华书局，2009年，第1290页。

③ 马瑞辰《毛诗传笺通释》，陈金生点校，北京：中华书局，1989年，第1095页；王先谦《诗三家义集疏》，吴格点校，北京：中华书局，1987年，第1040页。

④《三国志》卷二十一《嵇康传》裴松之注，北京：中华书局，1982年，第606页。

⑤《三国志》卷五十二《诸葛瑾传》裴松之注引，第1233页。

⑥《旧唐书》卷一百八十五《杨元琰传》，北京：中华书局，1975年，第4811页。

⑦ 张鷟著、郭成伟校注《龙筋凤髓判》卷一《考功》，北京：中国政法大学出版社，1996年，第26页。

⑧ 吴宗国《唐代科举制度研究》，沈阳：辽宁大学出版社，1992年，第46页。

⑨ 参见钱大群《唐律与唐代法制考辨》，北京：社会科学文献出版社，2013年，第286页。

又见每岁礼部格下天下，未有不言察访行实无颇邪，然后上贡，苟不如格，抵罪举主。”① 也就是说，原则上，举主为考生书写举状，需要切实访察其德行，若考生出现问题，就须承担连带责任。这样，举状事实上就具有了担保的性质。由此推测，此处的“保明”当指举主的担保，落实到文书上，即指具有担保意义的举状。

到了五代，“保明”一词在行政事务中已经较为常见了，其文书被称作“保明文状”，此时的“保明”成为一个固定的行政术语。此处选取三个例子来讨论。后唐天成二年（927）的敕令规定，街坊百姓以及军人之家有人亡故以及奴婢有非自然死亡时，要经府县或军队差人核验才能殡葬。因有些人家居所狭窄，又暑天闷热，尸体难以长时间停留以等待报官检查，朝廷只好采取权宜的办法，“本户可便唤四邻看验，如无他故，便任本主遂殡，仍具结罪保明文状报官。若有枉有伤害致死，邻人妄有保明，本户并保人勘责不虚，各量罪科断”。② 这句话的意思是：死者的邻居可以代替官府核实死者信息，并以担保的方式提交“保明文状”，如有问题，邻居也要被处罚。后唐长兴二年（931）的敕令，丢失告身的官员为确认身份需要“别取命官三人保明施行”。③ 后晋天福十二年（937）十二月的敕文规定，僧人剃度须“取本乡里五人已上耆宿保明文状，其言已前实是良善，兼须结罪，如为僧之后别行恶事，即罪甘连坐”。④ 在以上三个不同的事例中，邻里、命官、乡里耆宿的“保明”都有两层含义：一个是查验核实；一个是“结罪”担保，即承担连带责任。在官方获取和验证信息相对困难时，保明成为一种保证信息真实、防范欺弊的手段。

宋代的“保明”承五代余绪，又呈现出新的变化。兹据“保明”一词出现的场合列举具有代表性的9个案例，并在此基础上，归纳宋代“保明”的特点。

表一　材料中涉及“保明”的案例举隅

	行政事务	史料	保明者	保明内容
1	童行出家	自今诸寺院童行，令所在官吏试经业，责主首僧保明行止，乃得剃度。如百属试验不公，及主首保明失实者，并置重罪。⑤	主首僧	童行行止
2	除放逋欠	户部言：“承买场务，界满有欠，已根究承买人自己财产及保人抵当纳官外，尚有欠数，承买人委无可纳者，如无情弊，县、州、监司次第保明，除放讫，申本部。”⑥	县、州、监司	承买人无法还清欠款的情况
3	军功旌赏	蕃兵就委本族蕃官首领教阅，遇将官巡按，如武艺精熟，人马骁锐出众，即令将官保明，申经略司旌赏。⑦	将官	教阅功绩

① 舒元舆《上论贡士书》，董诰等编《全唐文》卷七百二十七，北京：中华书局，1983年，第7488页。

② 王溥编《五代会要》卷八《丧葬上》，上海：上海古籍出版社，1978年，第134—135页。

③ 王溥编《五代会要》卷二十二《杂处置》，第354页。

④ 王溥编《五代会要》卷十二《杂录》，第199页。

⑤ 李焘《续资治通鉴长编》（以下简称《长编》）卷八十，大中祥符六年二月乙酉诏，北京：中华书局，2004年，第1819页。同书校勘记称，疑“百”字有误，《宋会要》作“如是（试）验不公”。

⑥《长编》卷四百八，元祐六年十二月丙子条，第11187页。

⑦《长编》卷三百三十七，元丰六年七月壬戌条注文，第8130页。

续表

	行政事务	史料	保明者	保明内容
4	赈济灾荒	建炎二年七月十九日御批：大水飞蝗为害最重之处，仰百姓自陈，州、县、监司次第保明奏闻，量轻重与免租税。①	州、县、监司	灾害情况
5	防范考试中代笔	这个（按，指举子身份）须从保伍中做起，却从保正、社首中讨保明状。②	保正、社首	举子身份
6	太史局学生迁补	据太史局供到状，其节次迁补系本局保明，具申秘书省差拨充填。③	太史局	学生信息
7	官员叙复	若于法当叙，自合召保于所在州保明，申尚书刑部。④	所在州	叙复符合法律规定
8	官员补官	枢密院送到录黄一道，为御前书写文字薛淙补官，臣茫然不知所从。欲乞行下薛淙所属官司，取见入役年月，据实保明，委及十年，方与取旨补官，则臣有凭据，乃敢书行。⑤	所属官司	年资
9	安置弃儿	（按，被弃儿童）今仰店铺人欲收为使唤，或买卖人有欲收为过卖，及或有宗族亲旧自欲收录，或民间欲收养为子，并仰经坊长求四邻保明申上，本司……⑥	四邻	弃儿情况

考察以上9个例子，我们可以看出宋代保明具有以下两个特点：

第一，保明的内容非常宽泛。保明作为一种行政程序，在宋代行政事务中的应用非常广泛，保明的内容也因具体事项的不同而呈现出多样性。郑明德认为，按照保明的对象，可将保明文书分为两类，一是对人，一是对事物。⑦若从信息的角度看，凡是宋代官方需要确保真实的人、事信息（既包括个人信息，也包括具体某事的信息），宋人都有可能采用保明的手段增加其可靠性。

第二，通常保明者与保明对象具有一定统属关系。在表1所举的9个案例中，做出保明的主体既可以是官司机构，如材料中的县、州、监司、太史局；也可以是个人，如材料中的主首僧、保正、社首、将官、四邻。无论主体是官司还是个人，除案例9的“四邻保明”外，大体上保明者与保明对象有一定统属关系。宋代史料中涉及保明者时，常见“本局”“所在州”“所属官司”等表述，某种程度上也印证了这一点。比照现代，宋代的保明类似于在今天的一些行政流程中，需要找所在单位开的证明。

翻检更多史料，笔者发现，宋代的保明主要是官方保明（即保明者为官司或官员个人）。

① 董煟《救荒活民书（附拾遗）》卷一，《丛书集成初编》，上海：商务印书馆，1936年，第20页。
② 黎靖德编《朱子语类》卷一百零九《论取士》，王星贤点校，北京：中华书局，1986年，第2695页。
③ 蔡幼学《育德堂奏议·缴钱晋臣补太史局学生指挥状》，收入《中华再造善本》影宋刻本，北京：北京图书馆出版社，2006年，第6—7叶。
④ 蔡幼学《育德堂奏议·缴钱晋臣补太史局学生指挥状》，第8—9叶。
⑤《陈傅良先生文集》卷二十二《缴奏白身彭焘补官状》，周梦江点校，杭州：浙江大学出版社，1999年，第310页。
⑥ 黄震《晓谕遗弃榜》，张伟、何忠礼主编《黄震全集》，杭州：浙江大学出版社，2013年，第2231页。
⑦ 郑铭德《宋代制度中的“保明”初探》，“10至13世纪中国史国际学术研讨会暨中国宋史研究会第十七届年会”会议论文，2016年8月20日至21日。

需要指出的是，宋代保明在实际应用时具有相当的灵活性，在一些特定场合下，一些个人（如案例9中的“四邻”）或社会组织的首脑（如案例1中的“主首僧”）也会出具保明。

在求实的目的和承担责任方面，宋代的保明和五代并无本质区别，在制度设计上则变得更为严密。宋廷的各项诏令、文书都会规定，开具保明要做到“验实”“诣实”“反复得实”[①]。也就是说，做出保明前要有一个核实的过程。相关的官司或官员通常采用勘验文书、“体量”“访闻”[②]甚至“躬亲阅视”[③]等多种手段对信息进行核实，然后才会上报。核实的过程和依据还会被写入保明的文书中。

保明形成的文书称之为“保明状”（亦可简称“保明”），因使用场合的不同称谓也稍有出入，常见的有“保明奏状”“保明功状”等等。编于南宋的《庆元条法事类》中就保留了不少行政事务中保明文书的格式样板。

宋朝诏令、法条也明确规定保明要承担相应的法律责任，文书中常有“结罪保明”或“同罪保明”的术语，若保明不实就会受到相应处罚。如表1（案例1）所引大中祥符六年（1013）二月乙酉诏令就称“主首保明失实者，并置重罪”。在《庆元条法事类》中也有很多相关规定，如“诸保明功赏及阵亡之类，不取索真本付身勘验，致隐匿不实者，徒二年，未行者，减三等”。[④]又如“诸弃毁亡失付身，补授文书，官司保明不实者，杖一百”。[⑤]

综上所述，“保明”本义为担保证明，到五代、两宋时，其在行政事务中则具有了特定的含义。宋代的保明指相关的官司机构或官吏个人（个别情况也有包括一些民间组织的首脑或个人）对上呈信息进行核验、担保并对其真实性承担相应法律责任的一种行政程序。也可以说，保明可以被看作是宋朝防范欺弊，确保下情如实上达的一种技术手段。

值得注意的是，在宋代科考、封赠、功赏、荫补等行政流程中，还存在着保官制度，即官员个人对某人、某事担保事实，并承担连带责任。[⑥]保明和保官都具有担保求实的作用，且都有官员个人担保的情况，适用场合也有一定的重合，故而二者常易混淆。在宋代的行政术语中，保明形成的文书通称“保明状”，保官制度形成的文书通称为“保官状”（或简称“保状”），足见宋人对二者有着明确的区分。另外，前面已经提到，宋代保明通常由具有统属关系的官司或官吏来开具；保官制度虽对担保官员的身份有一定要求，但保官与所保对象无须统属关系，找哪位官员做保有较为自由的选择空间。对比保明和保官的文书格式我们能更精准地把握二者的区别。

---

① 陈襄《州县提纲》卷二《请佃勿遽给》,《丛书集成初编》，北京：中华书局，1985年，第16页；另外，原书“请”作“清”字，从清涵海本改。

② 关于宋代的“访闻”和“体量”，参见邓小南《“访闻”与“体量”：宋廷考察地方的路径举例》，第125—161页。

③ 徐松辑《宋会要辑稿·职官》三十之十，刘琳等校点，上海：上海古籍出版社，2014年，第3796页。

④《庆元条法事类》卷十二《职制门九·恩泽·职制敕》，戴建国点校，杨一凡、田涛主编《中国珍稀法律典籍续编》，哈尔滨：黑龙江人民出版社，2002年，第222页。

⑤ 戴建国点校《庆元条法事类》卷十七《文书门二·毁失·杂敕》，第367页。

⑥ 魏峰《宋代印纸批书试论》,《文史》2013年第4辑。

《庆元条法事类》所载保官状、保明状格式[1]

保明中大夫至带职朝奉郎遇大礼乞荫补状

某州

据某官、职、差遣姓名状，（云云。）今召到保官具位姓名等二员，委保所有某出身以来告敕、印纸真本及录白，并朝典家状及所奏人家状、保状，并连粘在前。其付身乞降付某处，申州乞差官点对，勘验保明，缴申吏部施行。见在本州或属县寄住，或见任本州或属县差遣，须至申闻者：

右所据某官、职、差遣、姓名状在前，寻委当职官某人点对勘验去后据当职官某官位、姓名状勘会，今来本官录白到出身以来告敕、印纸文字与真本点对，并皆一同，别无诈冒不实及漏落差误。州司除已批书保官逐人印纸讫，及照验得各系当年第几次作保，契勘某官系在本州或属县寄居，或见任本州或属县差遣，并勘验得所奏人的系是何服属，委是正身，即无诈冒诸般违碍，保明并是诣实，所有录白、告敕、印纸（或缴真本。）并供到家状、保状等，并连粘在前，谨具申尚书吏部，伏乞依条施行。谨状

年月　日依例程

中大夫至带职朝奉郎遇大礼乞荫补保官状

保官具官姓　名书字

保官具官姓　名书字

右某等，各年未七十，与某人非缌麻以上亲并相容隐人，历任无赃罪及私罪徒，亦不是分司、致仕、不理选限、进纳、归明偁人若流外官。今委保某人昨于某年月日出仕，于某年月日初任某差遣，于某年月日因某事转至见今官，实及十五年以上，经赦日即无诸般事故，并不系降任官观及通判以下职任冲替轻未及一年之人，（若见任官观，即保因何事，某处陈乞，准敕差授，系自陈，即不是责降。）亦无去失告敕、付身，如有，即逐一称说委保。及自出身以来并无脏私罪犯。今伏遇冬祀大礼，（余大礼各言其名）合该荫补。乞奏某亲某人于文资内安排，的系是何服属，委是正身，即无诈冒及不曾犯笞刑经决，亦无雕青剪刺。某与本人委因何处相识，或同任乡里，某今所保本人，各系今年的实第几次委保，并是诣实，如后异同，甘伏朝典。谨状

年月　日保官具官姓　名书字等状。

我们以中大夫至带职朝奉郎遇大礼乞荫补所需的保官状和保明状为例进行比较，根据上述内容可作如下分析：

其一，从文书抬头看。保官状的抬头是两位保官姓名。同时，保官状中还要求写明保官与乞荫补官员的关系，即双方“委因何处相识，或同任乡里”，这也说明原则上保官要与被担保的官员相熟相知才能为其担保证明；保明状的抬头是“某州”，之所以由该州出具保明状是因为保官（而非乞荫补官员）“见在本州或属县寄住，或见任本州或属县差遣”，这也又一次证明了保明州与被保明的官员存在地域上的统属关系。

其二，从文书主要内容看。保官直接陈述和证明奏乞荫补官员及其亲属的各类信息符合大礼荫补的诸项规定，且保证“并是诣实，如后异同，甘伏朝典”。州司保明核实的内容则分为

① 戴建国点校《庆元条法事类》卷十二《职制门九·荫补·荐举式》，第246、248页。

两个部分：一要勘验保官的告敕、印纸，核实保官的个人信息并将保官的担保记录“批书”到该官的印纸上。有保状内容的批书印纸被称为“委保印纸”（出土的《徐谓礼文书》中就保留着33份委保印纸）[①]；二要核验受恩荫人员的个人身份并确保没有违反相关规定。

总的来看，保官状是官员以个人信用为基础做出的担保文书，重在证明。而保明状则是相关行政机构在核验确实之后开具，以官方信用为基础向上级官司申明，重在核实，故而也写明了核验的过程和依据。在宋代，有时保官状未必可靠，甚至出现“印纸多留书铺，一遇召保，书铺径将印纸批上，而保官初未必知也”[②]的情况。因此，州司保明，即对相关信息的二度核验，就显得尤为必要了。宋朝在官员选任、恩赏等领域，常常保官和保明同时使用，形成一种“双重保险”。例如，为了防范恩荫中冒名顶替的现象，南宋官员韩元吉就曾建议，“召升朝官委保及州军等处结罪保明，所保不实者，与犯人同罪”[③]。

二、保明在行政事务中的应用

前文已述，保明作为一种担保程序，在宋朝行政事务中应用广泛且颇具灵活性。保明重在核实，国家需要精确信息的领域，常常会采用保明。保明的应用可分为制度化和非制度化两种。

在军功奖赏、科举取士、官员选任和荫补等场合，保明被嵌入到这些行政事务的具体流程中，有着严格的格式规范，固定成为某些行政环节中不可或缺的程序，其文书（保明状）也变成了一种必要凭证。如朝廷恩赦除放逋欠，老百姓需要得到所属州县和转运司的保明才能得到除免。[④]蔡襄《端明集》记载，潮州长史卢侗族满两考之后，要有转运司的保明才能赴中央参加铨选。[⑤]嘉祐四年（1059），宋廷曾下令：“走马承受得替，令涿州军保明无违越事件以闻，方得酬奖。”[⑥]文彦博也曾提到，对于朝廷除免逋欠的政令，三司曾以“未见保明文字”为由拒不执行。[⑦]

也有一些保明的应用是相对随机的，没有固定的规范。有时朝廷为了了解一些地方信息，会要求地方官司人员保明申奏。例如，景祐四年（1037），为了解黄河河堤的修缮情况，宋仁宗曾下令河北转运司“计度从何处修塞，河势从何处赴海，有无壅滞，保明复奏”[⑧]。有时则是地方主动将信息保明呈上，希望朝廷能给予相应的政策。包拯任京东转运使时，登州铁冶户姜鲁等十八户陈状，“家贫无力起冶，递年只将田产货卖，抱空买铁纳官”。包拯亲巡登州、确认是实情后，累次保明申乞，希望朝廷可以予以除免。[⑨]

---

① 参见包伟民、郑嘉励编《武义徐谓礼文书》，北京：中华书局，2012年。
② 徐松辑、刘琳等校点《宋会要辑稿·职官》八之五十五，第3263页，标点有改动。
③ 韩元吉《南涧甲乙稿》卷九《集议繁冗虚伪弊事状》，《丛书集成初编》，北京：中华书局，1985年，第157页。
④ 杨国宜校注《包拯集校注》卷三《论放欠》，合肥：黄山书社，1999年，第168页。
⑤《蔡襄集》卷二十五《奏乞推恩卢侗状》，吴以宁点校，上海：上海古籍出版社，1996年，第434页。
⑥《长编》卷一百八十九，嘉祐四年五月戊午条，第4567页。
⑦ 申利校注《文彦博集校注》卷十六《答御札手诏》，北京：中华书局，2016年，第616页。
⑧《长编》卷一百二十，景祐四年十二月戊辰条，第2840页。
⑨《包拯集校注》卷二《乞开落登州冶户姓名》，杨国宜校注，第96页。

对一些上呈信息要求官方保明是宋代信息传递的一个特色。那么，有保明程序和无保明程序到底有什么区别呢？这一点，通过宋与其他朝代的对比，就会看得更为清晰。我们姑且以自然灾害的上报为例。唐德宗《恤水灾诏》曰：“其诸道应遭水损州县，令委本道观察使速具条疏闻奏，当有处分。”① 在表1（案例4）中，宋高宗的御批称：“大水飞蝗为害最重之处，仰百姓自陈，州、县、监司次第保明奏闻，量轻重与免租税。”比较两道诏令，唐代朝廷仅要求直接奏闻，宋代则要多几道保明的程序，看起来更为烦琐。常理而言，官员上奏，本就隐含着一个原则，即官员上报的信息应该据实闻奏，如若上奏不实，往往会有相应的法规惩罚。如《唐律疏议》就规定：“诸对制及奏事、上书，诈不实者徒二年。”② 这么一想，宋廷特地要求官员保明，似有些多此一举。那么宋人增加一道保明程序，到底用意如何呢？我们需要从一些具体的事例中寻找答案。

庆历八年（1048），黄河在澶州决口，向东北汇入御河（今南运河），至今天津市区入海，被称为“北流”，黄河原来的故道被称为“东流”。仁宗、神宗、哲宗三朝关于黄河的治理方略有维持“北流”和恢复“东流”两种尖锐对立的意见，两派又与当时朝堂党争相牵连，朝廷的政策时而“东流”时而“北流”，并无固定持久的方针。③ 元祐三年（1088），朝廷一度采纳“东流”说，准备动工恢复黄河故道。主张“北流”的范纯仁上奏道：

> 臣闻孔子论为政曰：“先有司。”今来河议可否，工料多少，并未经水官保明，及将来大河既回之后，亦未保他处无危急决溢之患，须令差官复行按视，俟灼见利害，然后施行，如此则深合必“先有司”之意，兼圣心易为裁决。伏望圣慈详臣前奏事理，将近降批旨收回，一切付之群臣有司，如此则将来成败各肯任责。若使水官等先知朝旨决欲回河，则恐心有所顾，虽令保明，亦不能周尽利害，将来小有败事，却虑以元降朝旨为辞，不肯当责。如圣心不欲收回，则乞传宣执政，所有前降批旨未得宣示水官，且令尽心相度保明。此与向来边事正同，乞圣慈深察。④

范纯仁对《论语》中“先有司”的阐释恐非其原旨，⑤ 他将“先有司”释为以有司为先，意在表示只有经过治水官员调查、计算、衡量并保明实情，详尽利害后朝廷才能做出决策。简言之，范氏认为合理的决策方式是：先充分了解实情，后下旨推行政策。而了解实情的一个重要方式正是来自地方或专职官司的保明。此外，保明还有一个作用——事后追责，因为有相关官司的担保，所以“将来成败各肯任责”。范氏指出，朝廷没有经过治水官员保明就贸然颁旨施行，不仅违背了先周知下情再决策的理政原则，还可能诱使治水官员做出迎合既下朝旨的保明，使朝廷不能“周尽利害”，也给了相关官员日后推卸责任的借口。这样看来，宋廷对某些特定信息要求官员保明闻奏，用意有二：一有助于更为准确地把握实情，二有助于事后追究责

---

① 王钦若等纂、周勋初等校订《册府元龟》卷一百四十七《帝王部·恤下第二》，南京：凤凰出版社，2006年，第1644页。

② 刘俊文《唐律疏议笺解》卷二十五《诈伪·对制上书不以实》，北京：中华书局，1996年，第1705页。

③ 参见邹逸麟《北宋黄河东北流之争与朋党政治》，张其凡、李裕民主编《徐规教授九十华诞纪念文集》，杭州：浙江大学出版社，2009年，第480—498页。此文又收录于邹逸麟《椿庐史地论稿续编》，上海：上海人民出版社，2014年，第66—89页。

④《长编》卷四百一十五，元祐三年十月戊戌条，第10091页。

⑤ 关于“先有司”的具体含义学界一直未有统一看法，参见代生《孔子为政“先有司”思想再探》，《孔子研究》2017年第4期。

任。和普通上奏相比，在一些特定事件上要求保明闻奏，更为强调核实的重要性，权责关系也越加明确，故而理论上经过保明的信息更为可靠，更适合作为政治决策的依据。

在宋朝，为了防范欺弊，对保明流程的利用和监管也颇费心思。信息自下而上的传递，很多时候要求多个机构组合保明。

纵向上看，从地方到中央，有时需要不同层级的官司层层"次第保明"。如元祐三年(1088)，朝廷颁布一道政令，对承买场务商人的盈亏情况，要求"县相度减定，保明申州；州委官体量，保明申转运司；转运司体量得实，依所减定施行讫，保明申省"①。即到达中央户部的消息，要经过县、州、转运司三级行政机构的核实和保证。

横向上看，在同一层级上，有时要不同性质的官司或官吏"共同保明""连衔保明"。绍兴二十五年（1155），朝廷下诏，各路无人愿就的知县空缺，需要"本路帅臣、监司共同保明，辟差一次"②。宋代犒赏军功主要以将帅的保明功状作为依据，也常有"大将诈伪，不以实闻"造成"赏功太滥"的情况。③为了摸清战争中实际的军功情况，宋朝往往采取多司保明，相互牵制的方法。如元丰五年（1082），在将帅已经保明申报中央之后，朝廷仍旧令鄜延路经略使沈括："可体问的确有功，恩赏未当之人，保明奏闻。"④

换言之，所属官司对保明内容核验并承担法律责任算是确保信息真实的第一道防线；上下相维或左右相制的组合保明方式则构成中央防范信息壅弊的又一道防线。宋人曾评论道，朝廷的保明程序"堤防检押者，甚至且密也"⑤。

除多层次、多机构保明相互监督、相互牵制的方法外，宋廷还加强了其他官司对保明的监管。我们仍以军功恩赏为例。给事中黄廉曾谈到战场功过只依靠保明评定带来的危害，"今日阅实边臣功过，止用保明文字，而上功状故不以实，则无功者论赏，死事者不见哀恤，军律渐隳，何以御侮？"⑥为了进一步核实功赏，元祐二年，朝廷曾下诏到陕西、河东各路经略司：

> 应将士言功，并先责元统领官根究诣实，结罪保明。供申候到帅司，仰更切加考验，如委无妄滥，即本司再具结罪保明闻奏。并札与逐路转运司、提刑司常切觉察，如有妄冒，仰具实封奏闻，考验是实，其元保明官司当议重行降黜。并札与御史台，令采访弹奏。⑦

通过上述材料可以看到宋朝核实军功的多重手段。从统领官到帅司的保明，再到转运司、提刑司的"觉察"，甚至御史台也会"采访弹奏"，宋廷的关防之制可谓做到了极致。不过，从史料的记载来看，两宋大将保明军功不实的情况依旧屡见不鲜，保明之制的效果并不尽如人意。由此看来，保明制度的实行情况也值得我们关注。

---

①《长编》卷四百一十九，元祐三年闰十二月壬辰条注文，第10157页。
② 李心传著、胡坤点校《建炎以来系年要录》卷一百六十八，绍兴二十五年二月戊寅条，北京：中华书局，2013年，第3185页。
③《长编》卷四百六，元祐二年十月丁亥条，第9882—9883页。
④《长编》卷三百二十三，元丰五年二月癸亥条，第7782页。
⑤ 员兴宗《九华集》卷五《严爵赏札子》，文渊阁四库全书本，台北：商务印书馆，1986年，第213页。
⑥《黄庭坚全集·别集》卷九《叔父给事行状》，刘琳点校，成都：四川大学出版社，2001年，第1655页。
⑦《长编》卷四百六，元祐二年十月丁亥条，第9882—9883页。

三、保明的局限与问题

从制度的设计来看，保明制度层层核验、处处关防，不可谓不严密。但世界上没有绝对完美的制度，保明在宋朝的行政实践中也暴露出了其局限和问题。

第一，受行政成本和官员能力的限制，并非所有的信息都适合由官司保明。庆历三年，范仲淹上呈了著名的《答手诏陈十事疏》，其三“精贡举”条指出州郡解发进士应“先考其履行，然后取以艺业”①，并反对弥封制度。次年，宋祁等人就根据此意见编定贡举新制，下令各州不再通过弥封、誊录之法选拔举人，而是直接由当地官司保明行实后发解中央。②这条关于保明地方举子的条令却让地方官犯了难。包拯指出，面对众多举子，“长吏等又安能一一练悉行实哉？”“不免只凭逐人递相保委，然而诈伪猥杂者，亦无由辨明。”③与宋祁等人相比，包拯显然更为清楚地方官司的能力所限和实际状况，州县官司确实难以周知任地举子的详细情况，若强令其保明，最终只能是流于程式。事实也证明保明行实的方法过于理想化，科举新制仅施行一界便被废止。④

另一个保明举人行实的案例则稍有不同。嘉祐二年，朝廷新定科条，“令本县令佐、知州、通判保明举人行实无玷缺，若因事彰露，只罪令佐、知州、通判”。究竟何为“行实无玷缺”，条令中并没有相关规定。欧阳修就觉得这种内容含糊的保明颇不合理，他认为：“玷缺之累，中人所不能免，小过微累皆为玷缺，难以必用深刑责官吏保其所不能尽知者。”欧阳修的批评揭示了这样一种情形：如举人“玷缺”（按，指过错、缺点）这样的信息，本就颇为含混，没有固定的评判标准，如何能对此做出精确的保明？欧阳修提出的解决方案是把模糊的“玷缺”具体化，即“指定举人玷缺事状”，如“事亲不孝，行止逾滥，冒哀匿服，曾犯刑责，及虽有荫赎而情理重者”，“苟犯其一，并不得收试”。⑤欧阳修“指定事状”的建议，化抽象为具体，将一个模糊的价值判断转化为一条条可以验证的事项，明显更为合理。可以想见的是，在宋朝行政事务中，官司需要对某一相对笼统的内容做出保明的事项并不少。这种场合下，保明的价值和可靠程度可能都要大打折扣。

第二，正如王安石所说：“制而用之存乎法，推而行之存乎人”⑥，制度是“活”的是因为人是“活”的。保明者在保明时或基于自身利益考虑，或受外界环境影响，很难做到如实保明，也常有避而不“保”的情况。

譬如，一些敏感信息或人物的保明可能具有很大政治风险。邓小南曾指出，有时受时政影响，“如实呈报讯息可能成为一种风险”。⑦确实有一些保明考验着官员的胆略和智慧。庆元五

① 《长编》卷一百四十三，庆历三年九月乙丑条，第3436页。
② 《长编》卷一百六十四，庆历八年四月丙子条，第3945页。
③ 杨国宜校注《包拯集校注》卷一《请依旧封弥誊录考校举人》，第5—6页。
④ 《长编》卷一百六十四，庆历八年四月丙子条。按，宋祁科举新制被废，保明问题只是原因之一。
⑤ 《欧阳修全集》卷一百一十一《论保明举人行实札子》，李逸安点校，北京：中华书局，2001年，第1679页。
⑥ 王安石《临川先生文集》卷八十四《周礼义序》，王水照主编《王安石全集》第7册，上海：复旦大学出版社，2016年，第1478页。
⑦ 参见邓小南主编《政绩考察与信息渠道——以宋代为中心》，第13页。

年（1199），朱熹以“年满七十，疾病衰残”为由乞致仕，因自认为谪降之身，不合自陈，曾希望由建宁府保明申奏。时值庆元党禁，朱熹作为道学的代表人物，备受打压，其请辞也引起“闾里横议，官吏过疑”，建宁府最终“以熹罪戾，不敢依条保明”。朱熹无奈，不得不直接上书尚书省，迁延数月，朝廷才允准致仕。[①]

神宗熙宁年间有名的“浚川耙案”则更加显示了在波诡云谲的政治风云中保明官员的艰难处境。浚川耙法是指用巨木做耙状，置于河中，通过绞车拉动来疏通河道的方法。这种治水法在当时颇有争议，因得到宰相王安石的支持而得以施行。熙宁八年（1075），范子渊用浚川耙疏浚大名府一带的黄河，自称有实效，乞求酬奖。都水监遂保奏范子渊有奇功，乞加优奖，并发牒大名府要求保明。王安石并未尽信都水监，下令要河北转运司、安抚司保奏。浚川耙法是新法派甚至是宋神宗所支持的，如若证实范子渊无功，会直接影响到宋神宗的威信和新法的合法性。因此一些官员“心知利害，率不敢言，言之必以为沮害功利，故且缄默”。所属州县更是“望风畏惮，不敢异议”。时任判大名府的文彦博却拒不出具保明，并多次上书详细申明，称河水退落是秋天水涸自然而退，非浚川耙之功。[②]负责再次核实的知制诰熊本等人也称：“水落实非耙所致。”这自然引来了范子渊的不满，他对神宗说：“观彦博之意，非止言浚川耙而已。陛下一听其言，天下言新法不便者必蜂起，陛下所立之法大坏矣。”[③]范子渊之语难免有自我维护、上纲上线之嫌，却也道破了“浚川耙案”的敏感之处：在当时新、旧两派尖锐对立的政治氛围下，浚川耙法一旦被核定为无效，势必会动摇整个新政的合法性。

此案后续牵连甚广，但最终的结果颇为吊诡。首先，浚川耙法通过再次试验证明是“有效的”；其次，范子渊“坐上言诈不实”被处罚；再次，曾核实浚川耙无效的官员因各种不痛不痒的罪名被惩罚：熊本、陈佑甫坐“赴食违制”，陈知俭坐“报制院不实”，仅有文彦博侥幸得免。[④]透过这种看似充满矛盾的处理结果，我们可以大致揣测神宗的用意：浚川耙法的执行者范子渊可以有罪，牵涉新法合法性的浚川耙法则“必须有效”，指出浚川耙法无效的官员也自然而然地要被酌情处置。甚至到了绍圣年间，黄庭坚还因在《神宗实录》中写过“用铁龙爪治河，有同儿戏”之语被治罪。[⑤]在这种“实情”必须让位于“政治正确”的情况下，文彦博之拒不保明要承担的政治风险可想而知。

第三，保明重在对信息进行核实，而其代价是降低信息传播的时效性，甚者会影响到日常行政的有效运转。绍兴年间，吏部郎中沈虚中就曾向高宗抱怨：“在外官司取会保明待报文字，

① 朱熹《晦庵先生朱文公文集》卷二十三《申建宁府乞保明致仕状》、4封《与宰执札子》、《乞致仕状》，朱杰人等主编《朱子全书》第21册，上海：上海古籍出版社、合肥：安徽教育出版社，2002年，第1066—1068页；黄榦《朱先生行状》，《朱子全书》第27册，第558页。

② 申利校注《文彦博集校注》卷二十三《不保明浚河》（第一、第二、第三），第712—715页。

③ 关于“浚川耙案”，参见《长编》卷二百七十九，熙宁九年十二月癸未条，第6827—6829页；司马光著，邓广铭、张希清点校《涑水记闻》卷十五，北京：中华书局，1989年，第295—298页。

④《宋史·文彦博传》，北京：中华书局，1985年，第10262页。

⑤ 参见朱东润《黄庭坚的政治态度及其论诗主张》，收入黄君主编《黄庭坚研究论文选》，南昌：江西教育出版社，2005年，第117页。

供申稽迟，动涉岁月，间有故作不圆，脱漏大节，致妨行遣结绝。”[①]对战功及时的奖赏是定军心、提士气的重要手段，所以我们经常能看到有关军功保明的诏令中强调“疾速保明”（恐怕这也是军功保明屡有不实的原因之一）。在朝廷屡屡加强对保明监督的同时，一些官员在实际事务中提出了精简保明、删节程序的要求。如为了使捐粮赈灾的富民尽快得到恩赏，朱熹曾请求皇帝“特诏有司不候保明”，尽早依格推赏。[②]为了尽快减免星子县的税收，他又在奏札外另附“小帖子”称，“乞不别委官看详，径从使司保明”[③]。保明制度的运行过程中，信息的可靠性和时效性是始终存在的一对矛盾，故而在实际案例中，我们能看到官员在“求实”的同时，也有“求速”的努力。

四、结论

简而言之，宋代保明制度的重点有二条：一为官司核实，一为承担责任。宋朝希望以这样的技术手段来保证行政事务中信息的真实性，为政治决策和行政运转提供可靠的信息支撑。为了使保明更有实效，宋朝还采用了“次第保明”“同共保明”等组合安排，还不时加强其他官司对保明的监管，这也充分贯彻了天水一朝“事为之防、曲为之制”的祖宗家法。

宋朝的行政实践也暴露出了保明的局限和缺陷。首先，保明不是万能的，不是所有的事情都适合保明。如本文提到的州司保明举子行实。一个人是否经明行修，没有定准，很难核实。诏令要求州军保明，应举人出了问题还要治官员保明不实之罪，就显得强人所难了。再者，保明要付出一定的人力成本和时间成本，有时为了防止潜在的欺弊行为，过度强调保明，则会严重影响行政的效率。在赈灾救荒等尤其强调时效性的场合中，层层保明的硬性规定反而会成为行政的障碍。

保明理论上是追求真实的，但在制度运作中，何谓“真实”是颇为复杂的问题。在本文所举的“浚川杷案”中，宋神宗、文彦博、范子渊对“真实”的要求恐怕就不一样。这就提醒我们不能简单地以非真即伪的观念去认识信息，关注信息处理背后体现的利益倾向才能更切实地理解制度在现实环境中的运转逻辑。[④]

保明之法，在两宋的应用极盛，元代以后便大为减少。官员上奏已不需特地表明“保明闻奏”。在元《通制条格》、明《大明会典》的法令中，有些行政事务也有“保明”，这些“保明”更类似于一般的担保，而非是强调主管官司的核查，与宋代保明有一定差异。历朝历代在信息传递过程中是如何保证信息的真实性的，这一问题仍值得进一步探讨。

---

① 李心传《建炎以来系年要录》卷一百六十五，胡坤点校，绍兴三十二年十一月庚子条，第3144页。

② 朱熹《晦庵先生朱文公文集》卷十六《缴纳南康军任满合奏禀事件状》，《朱子全书》第20册，第754页。

③ 朱熹《晦庵先生朱文公文集》卷二十《乞保明减星子县税札子》，《朱子全书》第21册，第923页。

④ 换言之，对制度的考察，也要注意制度运行所处的环境和氛围。鉴于此，邓小南提出了“制度文化”的概念。邓氏所谓的“制度文化”，不是单纯指特定时代创制的规范体系，而是指影响制度实施的环境，指多种因素互动积淀产生的综合状态。邓氏进一步指出，观察制度文化，不能忽视制度设计者、执行者、干预者、漠视者、抵制者的意识、态度、行为与周旋互动。参见邓小南《信息渠道的通塞：从宋代“言路”看制度文化》，第121页。“制度文化”这一概念，对我们思考宋代保明制度在运行过程中的诸多问题无疑有很大的帮助。

傳統文化研究
2023 年第 4 期（总第 4 期）
Vol.1, No.4
December 2023

国家与地方之间：宋代成都崇光寺太祖御容奉祀仪制研究 *

伍　磊

提要：宋代雍熙年间，益州新繁县崇光寺僧人在寺中墙壁绘制了一幅太祖御容。北宋前期，成都官府致力于消除成都的“逾僭”遗迹，对延续自唐末五代御容奉祀泛滥传统而私绘的太祖御容置之不理，可推测崇光寺应以佛教礼仪奉祀之；北宋中晚期，宋廷将御容奉祀仪制国家化，成都府趁此建议将太祖御容纳入，修建神御殿、采用国家礼仪奉祀，被宋廷否决，但成都府开始参与御容奉祀；南宋前中期，京兆府上清太平宫道士带来五朝御容及道教奉祀礼仪至崇光寺，成都府又建议采用国家仪制奉祀太祖御容，再次被宋廷否决，只得以道教和国家礼仪混合奉祀之。南宋晚期，地方官仿国家礼仪奉祀太祖御容。地方私绘御容神圣性不足与御容奉祀国家性之间的矛盾是太祖御容奉祀仪制游离于国家与地方之间的根本原因。

关键词：成都　太祖御容　奉祀　仪制

《左传》曰“国之大事，在祀与戎”①。宋廷授权产生的御容是皇帝的化身，被称为“神御”，其奉祀仪制主要包括建神御殿奉安和日常祭祀。寺观供奉御容在唐代中晚期逐渐流行，五代宋初继承之。宋真宗时期，宋廷将寺观御容奉祀全过程纳入国家管理，“老佛之宫，往往祖宗神御所在……因汉制为原庙，岁时馈食如家人礼”②。地方寺观中，供奉御容的房屋被改造为神御殿，“诸寺观建立神御殿……皆是崇奉先帝”，用作奉祀之所③。因与太庙有别，而称“别殿”、郡国“庙”，“国家道观佛寺并建别殿，以奉神御……各题庙号”④，采用国家礼仪祭祀⑤。

宋代，寺观中的皇帝御容如何才能被朝廷承认为“神御”，并没有明确的制度性安排，“神

---

*　伍磊，北京大学历史学系。
基金项目：2022 年度教育部人文社科重点研究基地重大项目“10–13 世纪政治与社会再探研”，项目批准号：22JJD770005。
①　阮元校刻《十三经注疏·春秋左传正义》卷二十七“成公十三年”，北京：中华书局，2009 年，第 4149 页。
②　晁补之《济北晁先生鸡肋集》卷三十八《策问》，顾凝远诗瘦阁明崇祯八年（1635）刻本。
③　欧阳修等编《太常因革礼》卷一百《庙议·追册皇后郭氏》，广雅书局校刊。
④　陈均《皇朝编年纲目备要》卷十一，仁宗康定元年（1040）十二月，北京：中华书局，2006 年，第 239 页。
⑤　汤勤福《宋代御容供奉与玉清昭应宫、京师景灵宫的礼仪问题》，《河北大学学报（哲学社会科学版）》2020 年第 3 期。

御散在诸寺，故亦各殿，乃出于一时规画，别无义据”[①]，而只有模糊的惯例。如北宋中期郑獬认为，“至汉乃有原庙，行幸郡国及陵园皆有庙”[②]；又如南宋李心传称：“郡国庙，国朝惟祖宗所尝幸则有之。”[③]郑、李二氏认为，寺观中被奉祀的“神御”产生于“祖宗所幸”的惯例。模糊惯例总会产生例外。如黑煞神降符命在宋太宗继位过程中发挥了重要作用，宋廷在其神降之地修建了上清太平宫，宋真宗在咸平二年（999）于此置殿奉安太宗御容，太宗并未“行幸”至此。[④]模糊的神御生成惯例还导致奉祀仪制上的长期纠葛，成都府（益州）崇光寺的宋太祖御容就是典型案例。雍熙年间，益州新繁县南二里的崇光寺僧人在寺中绘制了一幅太祖御容壁画。此后地方官府应是出于政治企图，数次建议将太祖御容纳入国家奉祀仪制[⑤]。但朝廷只是承认御容的“太祖”名分，并未认可其为“神御”而建殿奉安。太祖御容的祭祀仪式也游离于国家与地方之间。在中央集权和礼制推行较为整齐的宋代[⑥]，长期存在介于国家与地方之间的御容奉祀仪制案例，其缘由、过程值得深究和反思。

一、北宋前期太祖御容产生的背景与奉祀仪制蠡测

宋廷统一蜀地不久的雍熙年间（984—987），益州新繁县崇光寺僧道辉在该寺药师院佛屋的后壁绘制了宋太祖御容作为供奉，“成都府新繁县御容殿者，始在崇光寺药师院。雍熙间，僧道辉画太祖皇帝御容于佛屋之后壁”[⑦]。太祖御容绘制并未得到国家授权，是为僧道辉所私绘。太祖御容面世后，长期被官府忽视。问题的根源，须从唐末五代蜀中御容产生的背景中讲起。

寺观绘制、供奉皇帝御容，在成都府具有渊远的地域惯性。唐代玄宗和僖宗南奔成都，带来了大量熟练的画工；节度使们亦广为招揽包括画工在内的人才。画工们在成都绘制了大量作品，“盖益都多名画，富视他郡，谓唐二帝播越，及诸侯作镇之秋，是时画艺之杰者，游从而来，故其标格楷模，无处不有”[⑧]。唐五代驻成都的皇帝均在各寺观中留有御容。如府城东郊大慈寺由唐玄宗在成都时敕建，寺中绘制了玄宗御容，“大慈寺御容院有唐明皇铸像在焉，又有壁画《明皇按乐十眉图》”[⑨]。唐僖宗驻跸成都，在大慈寺中和院留有御容，“僖宗皇帝幸蜀回銮之日，蜀民奏请留写御容于大圣慈寺”，陪写有“随驾文武臣僚真”[⑩]。到了五代，“蜀多画工，而盛于王、孟僭伪之时。盖其割制一方，耽玩图画以自娱，故工聚焉”，在成都的皇帝写御容

① 刘挚《忠肃集》卷四《奏议·论景灵宫帝后同殿乞下近臣疏》，北京：中华书局，2002年，第79页。
② 郑獬《礼法》，收入吕祖谦《皇朝文鉴》卷一百三，杭州：浙江古籍出版社，2017年，第1609页。
③ 李心传《建炎以来朝野杂记》甲集卷二《郊庙·郡国祖宗神御》，上海师范大学古籍整理研究所编《全宋笔记》第六编第七册，郑州：大象出版社，2013年，第65页。
④ 彭琦《宋代的凤翔（京兆）府上清太平宫》，《宋史研究论丛》第8辑，保定：河北大学出版社，2007年。
⑤ 黄博《神御在蜀：宋代四川的御容奉祀与地方政治》，《北京社会科学》2017年第4期。
⑥ 刘晓萍、王国平《宋朝礼制发展变革对服饰文化的影响》，《求索》2013年第10期，第76页。
⑦ 李心传《建炎以来朝野杂记》甲集卷二《郊庙·郡国祖宗神御》，《全宋笔记》第六编第七册，第65页。
⑧ 黄休复《益州名画录·序》，成都：四川人民出版社，1982年，第1页。
⑨ 范镇《东斋记事》卷四，朱易安、傅璇琮等主编《全宋笔记》第一编第六册，郑州：大象出版社，2003年，第218页。
⑩ 黄休复《益州名画录》卷上《常重胤》，第42页。

于寺观之中的现象就更加普遍了[①]。西川节度使王建在光化四年(901)受封西平王之后，在成都写自身及亲随像甚多，“光化年王蜀先主受昭宗敕置生祠，命(赵)德齐与高道兴同手画西平王仪仗、旗纛旌麾、车辂法物及朝真殿上皇姑帝戚、后妃嫔御百堵”[②]，生祠或在成都城玉局观，前蜀建立后移王建真容至城北龙兴观[③]。前蜀在大慈寺御容院绘制了唐代诸帝，“写大唐二十一帝圣容，及当时供奉道士叶法善、禅僧一行、沙门海会、内侍高力士于大圣慈寺玄宗御容院上壁。今(按：宋初)见存”[④]。前蜀王建去世后，后主王衍又命杜齯龟“写先主太妃太后真于青城山金华宫”。又在城内上清宫写唐历代皇帝御容，“写大唐二十一帝御容于殿堂之四壁”[⑤]。王衍在大慈寺三学院经楼下命人写已身真容[⑥]，亦在大慈寺延祥院留有御真。后唐同光四年(926)正月，后唐伐蜀主帅李继岌“至大慈寺，拜僖宗御容，又至延祥院，见伪蜀少主真容”[⑦]。后蜀明德年间(934—937)，后主于大慈寺三学院内置真堂，写“先主真”[⑧]，并陪写“文武臣僚”[⑨]。后主还在大慈寺华严阁后置真堂，“广政末，(后)主置真堂大圣慈寺华严阁后，命(李)文才写诸亲王文武臣僚等真”[⑩]。

御容供奉能给皇帝、寺观带来现实利益[⑪]。应是由此，唐末五代成都寺观中皇帝御容的绘制、供奉愈加泛滥。绘制地点和供奉方式大同小异，多绘制于寺观殿壁、经楼下，并改造御容所在区域为御容院、真堂供奉。宋廷新立，并未详细规定和整齐寺观御容如何产生。益州新繁县崇光寺僧人绘制了宋太祖的壁画，应是对唐末五代成都御容绘制和供奉泛滥情形的继承，并未得到宋廷授权。南宋初礼部侍郎杨椿称崇光寺御容的绘制原因，“盖太祖平蜀，蜀人感不杀之仁，肖天日之表而谨事之”[⑫]。杨椿所称应是后人附会之说，亦证太祖御容壁画并非通过官方渠道产生。至于成都府如何对待私绘的太祖御容，史料中并没有明确记载，但可以从相关材料中推导。

皇帝御容具有浓厚的政治意义，如何对待，官府常出于政治考虑。宋廷攻灭割据政权后蜀不久，蜀地接连发生数次民变、兵变。宋廷认为蜀地局势不稳是唐末五代长期割据的惯性使然，“李顺之党方息，而刘旰兴，刘旰之徒方平，而王均起，何蜀人之好乱也。盖其民勇

① 佚名《蜀名画记》,《巴蜀丛书》第1辑，成都：巴蜀书社，1988年，第303页。
② 黄休复《益州名画录》卷上《赵德齐》，第21页。
③《益州名画录》载常重胤在“玉局寺(观)写王蜀先主为使相日真容，后移在龙兴观天宝院寿昌殿上”。杜光庭称前蜀成都龙兴观内有“御容院”，或即是天宝院。黄休复《益州名画录》卷上《常重胤》，第44页；杜光庭《广成集》卷一《谢恩赐玉局化老君表》，北京：中华书局，2011年，第14页。
④ 黄休复《益州名画录》卷下《宋艺》，第112页。
⑤ 黄休复《益州名画录》卷中《杜齯龟》，第63—64页。
⑥ 黄休复《益州名画录》卷中《阮知诲》，第81页。
⑦ 勾延庆《锦里耆旧传》卷六，朱易安、傅璇琮等主编《全宋笔记》第一编第五册，郑州：大象出版社，2003年，第22页。
⑧ 黄休复《益州名画录》卷中《阮知诲》，第81页。
⑨ 黄休复《益州名画录》卷中《张玫》，第82页。
⑩ 黄休复《益州名画录》卷下《李文才》，第80页。
⑪ 如唐僖宗在中和元年(881)“于大慈寺御真院写朕真并扈从宰臣等真”，此举具有“冀表显恩，式彰异礼”的政治功能。大慈寺亦因保存了与皇帝直接关联之物而获得较好的发展，如其“旧有肃宗书‘大圣慈寺’四字，盖敕赐也，故会昌不在除毁之例”。崔致远撰，党银平校注《桂苑笔耕集校注》卷二《谢赐御制真赞表》，北京：中华书局，2007年，第42页；曹学佺《蜀中名胜记》，重庆：重庆出版社，1984年，第24页。
⑫ 李心传《建炎以来系年要录》卷一百七十七，绍兴二十七年(1157)八月丙申，北京：中华书局，1988年，第2929页。

悍，而又狃于僭伪之久，故易诱以乱耳"①。至道三年（997），宋廷讨平李顺后，知益州张咏意欲消除唐末五代以来成都的割据惯性，"削伪为正，无惑远民，使子子孙孙不复识逾僭之度"②。对于"逾僭"的实体痕迹，采取了"潴宫污地"的措施处理之③，其中就包括帝王御容的更正。实际上，削平"逾僭"御容的过程从宋初就开始了。宋军甫入成都，就将城东大慈寺华严阁后蜀后主真堂及画像毁坏，"广政末……画未毕，圣朝吊伐，尽已除毁"④；大慈寺三学院后蜀先主真堂及画像亦遭损毁，"今（按：宋初）并涂抹，无画踪矣"⑤。大慈寺御容院唐玄宗御容旁，"其地有瑞草纹，谓之'瑞草地'，亦谓之'花锦地'"。张咏应是考虑其太过奢侈，"令铲平之，封其门户"⑥；青城山丈人观原有前蜀先主王建御容，"圣朝广其殿宇，重新兴创别画，无旧踪矣"，应是宋人有意涂抹改绘⑦；大慈寺原有前蜀后主王衍铜像，北宋中期"程公堂权帅，毁以铸钟"。王衍铜像与"不能保有土宇"的刘禅之祠被官府破坏事，当时有蜀语形容曰："任是两王，难当二堂"，实质反映了成都府对前代"逾僭"之御容供奉泛滥的纠正。⑧吕大防知成都府时（1082—1085），在大慈寺建观政阁，收集、供奉历代成都主官画像，"采秦汉至于唐领太守、刺史、节度使之职有政迹可考而画象存焉者，得二十八人，别图于它阁，而名其榜曰'观政'……像虽存而僭窃不轨或暗庸无闻者黜之"⑨。王建、孟知祥等由节度使而为帝王之"僭窃"者的写真，应被吕氏排除在观政阁之外。

崇光寺作为公开的宗教场所，太祖御容绘制后，附近民众和官府应是知晓的。如王安石父王益知新繁县时（1025—1029），与梅挚曾游历崇光寺，并作诗唱和，他们没有理由不了解崇光寺御容的情况⑩。太祖御容为民间私绘，是唐末五代成都御容绘制、奉祀泛滥的延续，其神圣性并非源自朝廷授权而"先天不足"；北宋前期成都府着重消除僭伪痕迹，严格处置寺观御容。然太祖御容又有"太祖"之称，官府如要损毁破坏或者措置不当，也具有一定的政治风险。应是出于上述原因，官府只能对太祖御容置之不理，默许其存在于崇光寺中。可以推测，北宋前期太祖御容产生后，其被崇光寺以佛教礼仪供奉。

二、北宋中晚期太祖御容奉祀仪制的地方官府因素

北宋中期，朝廷渐次强化了寺观御容奉祀仪制的国家属性。真宗大中祥符三年（1010），

① 佚名《宋史全文》卷五《宋真宗》，北京：中华书局，2016年，第203页。
② 张咏《张乖崖集》卷八《益州重修公署记•梁周翰系》，北京：中华书局，2000年，第80页。
③ 刘锡《至道圣德颂》，袁说友等编《成都文类》卷四十八，北京：中华书局，2011年，第945页。
④ 黄休复《益州名画录》卷下《李文才》，第80页。
⑤ 黄休复《益州名画录》卷中《张玫》，第82页。
⑥ 范镇《东斋记事》卷四，《全宋笔记》第一编第六册，第218—219页。
⑦ 黄休复《益州名画录》卷中《蒲师训》，第67页。
⑧ 吴曾《能改斋漫录》卷十二《记事•两王难当二堂》，上海师范大学古籍整理研究所编《全宋笔记》第五编第四册，郑州：大象出版社，2012年，第76页。
⑨ 吕大防《观政阁箴》，袁说友等编《成都文类》卷四十八，第927页。
⑩ 梅挚作《留题重光寺罗汉院赠宪上人》诗，王益和之。袁说友等编《成都文类》卷五，第84—85页。

宋廷比照汉原庙、唐上清宫，“采太清之仪”，“兼原庙之制”[①]，建立了京城寺观御容奉安和祭祀礼仪，“如飨庙之礼，设褥位……永为定式”[②]。地方寺观御容亦由朝廷统一置神御殿奉安、祭祀。元丰年间（1078—1085），宋廷改造地方寺观御容宗教奉祀礼仪为国家礼仪，“如在之容或寓于浮图之祠，朝拜之日尚因于道家之礼。至于仪物，杂以古今，义或未称，时亦有待……敕有司议其典式”[③]。地方寺观御容逐渐被纳入朝廷管理，如滁州天庆观在皇祐五年（1053）由宋廷创端命殿奉安太祖御容，“初以兵马都监一员兼管，至元丰六年，专差内侍一名管勾香火”。其祭祀礼仪也由朝廷任责，“每月朔望，州官朝拜，知州事酌献。岁朝、寒食、冬旦、至节，诏遣内侍酌献”[④]。既然宋廷定位地方寺观御容奉祀为国家仪制，那么其供奉就需从原有的寺观宗教仪制中剥离，统一纳入国家祀典之中。其余留存在民间的御容，宋廷在熙宁四年（1071）诏令收缴，“自是臣庶之家凡有御容，悉取藏禁中”[⑤]。

在地方寺观御容渐次纳入国家奉祀的大背景下，“出身不正”的崇光寺太祖御容进入了宋廷讨论的视野。熙宁六年（1073），赵抃知成都府时，“请建殿奉安，神宗不许，但令设枝屋、栏楯以扃护之”[⑥]。“建殿”即修建神御殿，“奉安”即通过一套国家仪式安置太祖御容。赵抃建议朝廷承认崇光寺太祖御容的神圣性，将其纳入国家仪制轨道，但并未获准。元丰七年（1084），成都府请建神御殿奉安御容，再次遭到朝廷的冷处理：“成都府言：‘新繁县重光寺壁有图写太祖御容，乞修神御殿奉安。’诏令设板屋遮护扃锁。”[⑦]同年“走马承受赵选者，更具奏，得旨：‘修建殿宇，创置门钥，官设监守，朝谒以时。’”[⑧]从字面意义上看，宋廷对成都府与走马承受的响应，似乎更加重视后者，但从细节上分析，实为一意。

成都府所得批复是“设板屋遮护”“扃锁”，相较于熙宁六年的“设枝屋、栏楯”，均着眼于御容保护，且内容相似，大意是为御容设置遮护空间。走马承受赵选得旨修殿宇、创造门钥，是指修补御容所在的药师殿，并增加门钥等保护措施，并非修建神御殿。南宋初《宋朝事实》所载北宋晚期所存太祖神御殿并不包括崇光寺，“太祖神御之殿七”，“太平兴国寺开先殿、景灵宫、应天禅院西院、南京鸿庆宫、永安县会圣宫、扬州建隆寺章武殿、滁州大庆寺端命殿”[⑨]。至于“官设监守，朝谒以时”，对于成都府而言，并无实际意义，既然成都府数次奏报崇光寺所绘为太祖御容，承认了其神圣性，那么“监守”“朝谒”当是地方官应有之义。对于事关崇光寺御容性质的修建神御殿奉安和国家祭祀礼仪，宋廷并未允许施行，崇光寺御容亦未被宋廷认定为“神御”。王安石曾作《中元节起居外州诸宫观诸帝神御殿表》，即在中元节时

---

① 马端临《文献通考》卷九十四《宗庙考·天子宗庙》，北京：中华书局，2011年，第2861页。
② 李焘《续资治通鉴长编》卷七十三，真宗大中祥符三年（1010）正月壬戌，北京：中华书局，2004年，第1651页。
③ 马端临《文献通考》卷九十四《宗庙考·天子宗庙》，第2861页。
④ 王明清《挥麈后录》卷一《滁州创端命殿崇奉太祖御容》，上海师范大学古籍整理研究所编《全宋笔记》第六编第一册，郑州：大象出版社，2013年，第71页。
⑤《宋会要辑稿》礼一三《神御殿》，刘琳等校点，上海古籍出版社，2014年，第720页。
⑥ 李心传《建炎以来朝野杂记》甲集卷二《郊庙·郡国祖宗神御》，《全宋笔记》第六编第七册，第65页。
⑦ 李焘《续资治通鉴长编》卷三百四十八，神宗元丰七年（1084）九月，第8360页。
⑧ 李心传《建炎以来朝野杂记》甲集卷二《郊庙·郡国祖宗神御》，《全宋笔记》第六编第七册，第65—66页。
⑨ 李攸《宋朝事实》卷六《庙制》，北京：中华书局，1955年，第99页。

给地方寺观神御所上的起居表①。此处“外州”“神御殿”构成关键词组，只有被奉安在“神御殿”中的御容，才能接受国家层面的奉祀礼仪。显然，王安石所上起居表之对象，并不包括崇光寺太祖御容。

对于成都地方官府来讲，崇光寺太祖御容是一个较为审慎的话题。太祖御容因僧人私绘，与官方渠道并无直接关系而神圣性不足，但其客观存在了近百年，可以推知地方官民应长期默认了其“太祖”名分。肩负“知民间利病及时政得失”②和“总察其风俗”③的地方主官对此情况并不能视而不见，亦可把握向朝廷奏报的时机。借朝廷将御容奉祀纳入国家轨道之机，成都府多次提议将太祖御容“破格”纳入。对于朝廷而言，神御殿由中央直接管辖，需要在修建、维护④、祭器⑤、礼仪、日常管理⑥等全过程任责其事，具有祖宗“别殿”“郡国庙”的严肃性。崇光寺太祖御容因私绘而神圣性“先天不足”，这与国家仪制及其庞大投入并不对等。朝廷遂否定了地方官府修建神御殿的数次请求，只是鉴于御容的“太祖”名分令其多加看护。如此，北宋中晚期崇光寺御容奉祀空间仍旧为佛教场所“药师院”，成都官府应派员参与了以佛教礼仪为主要内容的御容奉祀。

三、南宋时期太祖御容奉祀仪制的折中

南宋初年，秦岭以北为金人所统治，北方御容流入蜀中，地方官遂将其安置在崇光寺宋太祖御容旁，“绍兴元年（1131），终南山上清太平宫道士訾全真等，复持太宗、真宗御容，自岐下抵宣抚使张忠献，忠献即遣使奉安于太祖之侧。四年，宣抚副使吴武安玠。更自武兴送仁宗、英宗、神宗御容至殿奉安”⑦。崇光寺中遂有六朝御容，其中太宗、真宗来自京兆府终南县上清太平宫二圣神御殿；仁宗、英宗、神宗亦来自终南山。太宗、真宗御容是朝廷认可的“神御”，太祖御容的奉祀因它们的到来而增加了部分国家仪制。

绍兴二十五年（1155）七月十五日，即中元节，成都府奏：“新繁县重光寺药师殿壁画本朝太祖皇帝御容，殿柱蛀损，未敢擅行修饰。”朝廷批复：“依所奏，许合修换粉饰，其依礼例奏告合用祝文，学士院修撰，请降。入递前去。其日辰差官致斋行事仪注，及合行排办事，并合照应宣和元年（1119）六月二十二日指挥施行。”⑧此处以“药师殿”称呼太祖御容所在，可见其“殿”的性质仍是佛教场所。“宣和元年六月二十二日指挥”，即《宋会要》所记“太常寺

---

① 王安石《临川先生文集》卷四十五《中元节起居外州诸宫观诸帝神御殿表》，北京：中华书局，1959年，第477页。
② 李焘《续资治通鉴长编》卷二十二，太宗太平兴国六年（981）九月，第502页。
③《宋史》卷一百五十四《舆服志》，北京：中华书局，1985年，第3592页。
④ 神御殿由朝廷组织修建和维护。可见康定元年（1040）宋廷诏令，“所有太祖神御殿，令三司差系官工匠重修”。申利校注《文彦博集校注》卷十四《奏议·奏为修开先殿乞循制度事》，北京：中华书局，2016年，第583页。
⑤ 如元符元年（1098）六月十一日扬州言“建隆寺章武殿应奉神御仪物阙少，望令有司增修”，宋廷诏令“后苑造作所增制。仍内侍省差使臣赍送”。《宋会要辑稿》礼一三《神御殿》，第722页。
⑥ 神御殿日常礼仪和管理由朝廷直接派遣使者任责，如宣和元年（1119）朝廷所定外府州神御殿仪注，“其每日欲乞止令逐殿香火使臣殿下再拜，焚香毕又再拜讫，躬亲开殿照管”。《宋会要辑稿》礼一三《神御殿》，第724页。
⑦ 李心传《建炎以来朝野杂记》甲集卷二《郊庙·郡国祖宗神御》，《全宋笔记》第六编第七册，第66页。
⑧《宋会要辑稿》礼一三《神御殿》，第729页。

参酌修立到诸州府有祖宗神御容所在、每遇朔日诸节序奉香行礼仪注”。[①]成都府借中元之节序，以“未敢擅行”修饰药师殿为名，向朝廷奏请施行地方州府神御殿的奉祀仪制。此时崇光寺药师殿已经供奉了包括来自二圣神御殿的六朝御容，神圣性得到了补充。朝廷应是出于此考虑而准许药师殿采用神御殿所行国家礼仪。但神御殿礼仪并非成都府能够独自实施，这需要朝廷在祭祀使臣、礼器、资金等方面的支持，仅修撰递降“祝文”等是远远不够的。国家礼仪与药师殿地方宗教场所相参杂，产生的祭祀场景观瞻效果不佳。两年后（1157）的八月三日，蜀人、兵部侍郎杨椿以两者场景的兼容问题奏称：

窃见成都府旧有艺祖皇帝御容在新繁崇光寺，绍兴改元，太宗、真宗、仁宗、英宗、神宗神御来自西京终南山，遂权宜奉安，同为一殿。然以六朝之尊，而俯临一邑，跪俯伏兴之节，乐舞登降之制，饔饩尊彝之奉，乃若宫宇之设，谨护之备，至鄙雅不伦，或阙然不讲，深恐未称所以肃雍奔走之意。望特命礼官讲求典故，检会福州及成都府见行仪制而折衷之，稍加润色，以重国家崇奉之礼。[②]

杨椿所言应是对国家神御殿礼仪在崇光寺施行两年后之效果的反馈。新繁县位于成都府西北六十里，较为偏远[③]。按照地方神御殿的仪注，每月朔、望日及诸节序需要以“长吏，如阙以次官充”朝拜官、荐献官[④]。此时的知成都府兼任四川安抚制置使，肩负蜀边重责，时常亲自或派次官到新繁县去进行烦琐的神御仪式，无疑是不现实的。成都府在崇光寺施行的国家神御仪注，“跪俛”“乐舞”“饔饩”“宫宇”等要素和环节理应齐备，但缺少朝廷的全面支持，实际情形是“鄙雅不伦”或“阙然不讲”。为解决国家礼仪与地方宗教场所的兼容问题，杨椿建议应该以“福州及成都府见行仪制而折衷之”。宋廷批准了杨椿的方案。

福州代指福州“启运宫”，南宋罗大经《鹤林玉露》对其奉祀礼仪有大致记载，“福州启运宫，在开元寺，有七祖御容塑像，乃西京陵寝之旧。南渡之初，迎奉于此……造朱辇七乘，列于殿庑。专差中官一员主香火，谓之‘直殿’。节序，朝廷遣快行家赍送香烛，帅守与直殿同致祭。每位用朱盘列食十数品，酒三献云”[⑤]。启运宫施行的是标准神御殿仪制，这是朝廷支持不足的成都府所无法实施的。因此，杨椿方案的重点在于“折衷”，即在成都府以往奉祀礼仪的基础上参考启运宫，增加一些国家仪制即可。

成都府在检会福州神御殿案例后，首先从场所上改善了崇光寺药师殿的供奉条件，“有旨别加营缮，始更为殿门外向，（绍兴）二十九年乃成”。太祖御容绘制在药师殿后壁，殿中应该供奉有佛教塑像。成都府为将六朝御容“同为一殿”奉祀，改造了药师殿的空间，此殿的建筑格局和性质均有所变化，可以被称为“御容殿”[⑥]。此后，王刚中知成都府时（1158—1162），“请

① 《宋会要辑稿》礼一三《神御殿》，第724页。
② 《宋会要辑稿》礼一三《神御殿》，第729页。
③ 乐史《太平寰宇记》卷七十二《益州·新繁县》，北京：中华书局，2007年，第1471页。
④ 《宋会要辑稿》礼一三《神御殿》，第724页。
⑤ 罗大经《鹤林玉露》乙编卷五《启运宫望祭殿》，北京：中华书局，1983年，第199页。
⑥ 为供奉神御，诸多神御殿都曾被改变了空间和建筑格局。如扬州建隆寺神武殿奉祀宋太祖神御，“殿本偏设”，景德五年（1008）八月“遣使改葺，徙正位”；又如大名府天庆观圣祖殿，奉祀宋太祖、太宗神御，“御容皆东向侍立……甚非所以严奉祖宗……之实”，宋廷遂在政和六年（1116）五月重修该殿，并奉安御容。《宋会要辑稿》礼一三《神御殿》，第718、723页。

赐宫额及殿名”，希望朝廷能够定性“御容殿”为“神御殿”，但并未得到应允“不报”。宋廷仍旧未将崇光寺太祖御容认可为“神御”并纳入国家祀典。缺少朝廷的认可、支持，太祖御容祭祀仪制的“折衷”就停在了应付的“润色”阶段。

此后，崇光寺御容奉祀施行的仪制是成都府定期参与、跟随太宗和真宗御容而来的上清太平宫之道教礼仪，而与神御殿仪制有别。据南宋晚期李心传称崇光寺御容祭祀：“今春秋以府通判朝谒，用素馔，道士读祝文，犹如终南山之礼云。”[①]“终南山之礼”是道教仪式。元丰年间修定仪注“荐圣祖殿以素馔，神御殿以膳羞”。宋圣祖为宋真宗虚构的道教“六御”主神之一，祭祀礼仪具有道教元素，以“素馔”荐献，与包含荤茹的神御殿“膳羞”荐献内容有别；神御殿以朝廷使者读祝文，如福州启运宫“差升朝官读祝版”，与崇光寺御容院由道士读祝文相异。[②]究其缘由，应是张浚将上清太平宫“道士訾全真等”和太宗、真宗神御一并安置在了崇光寺中，道士们在“奉安”和日常祭祀御容时，应采用了所熟悉的道教仪式。由此，南宋初年，崇光寺御容奉祀应以成都府参与的道教仪式为主要内容；绍兴二十五年成都府照应“宣和元年六月三十二日指挥”，“折衷”增加了部分国家仪制，主要内容为改建药师殿为御容殿，成都府官员定期参与奉祀仪式。

胡元质知成都府时（1177—1180），再次请求朝廷赐额，“复乞宫额于朝”[③]，建殿奉安太祖御容。其理由有二：一是太祖御容的神圣性虽不足，但仍有太祖名分，“议以为乾德平僭伪，虽銮舆不亲幸，而耆定一方，实为隽功”；二是御容殿“偏陬下鄙，非所宜有”。胡元质遂计划在成都府城圣寿寺建神御殿奉安六朝御容，“命归之府”，“欲扳援章武端命故事，建殿以严毖奉”。“章武”“端命”即扬州建隆寺章武殿、滁州大庆寺端命殿，均是位于佛寺中的神御殿。为筹建神御殿，胡元质做了大量准备工作，“斥羡财鸠工，伐巨木千章，卜地筑宫有日矣”。胡元质同僚提醒他神御殿的奉祀乃是朝廷之事，应先请示而行，“僚寀或谓郡国私建宗庙，谊盍先以闻，俟报可。胡竦然，乃暂辍役，驿书请于朝廷”。但朝廷并未准许，“议果不以为然，弗之许”[④]。关于朝廷否决的理由，朱熹在时任太常寺主簿宋若水的墓志中称：“新繁故有艺祖神御，蜀帅请改筑宫于成都。事下太常，公闻其且将大兴土木，穷极侈丽，使民不得安，为处驳议，事乃得寝。”[⑤]胡元质为改筑神御殿所准备的建材后被挪作成都类省试贡院之用，可见其土木开销尚在一定范围之内。改筑国家层面的神御殿及其后续礼仪的消耗与地方私绘太祖御容神圣性先天缺失的矛盾，应是太常寺驳回胡氏所请的根本原因。

崔与之为四川制置使、知成都府时（1219—1224），辟魏了翁从父弟魏嘉父为知新繁县。既然奉安场所无法改为神御殿，魏嘉父遂向国家化方向改造太祖御容的祭祀礼仪。魏了翁在绍

---

① 李心传《建炎以来朝野杂记》甲集卷二《郊庙·郡国祖宗神御》，《全宋笔记》第六编第七册，第66页。

② 马端临《文献通考》卷九十四《宗庙考·天子宗庙》，第2862页；朱永清《神格与政治：赵宋圣祖崇拜新论》，《宁夏师范学院学报》2019年第8期，第69页；罗大经《鹤林玉露》乙编卷五《启运宫望祭殿》，第199页。

③ 李心传《建炎以来朝野杂记》甲集卷二《郊庙·郡国祖宗神御》，《全宋笔记》第六编第七册，第66页。

④ 岳珂《桯史》卷十《成都贡院》，北京：中华书局，1981年，第118—119页。

⑤ 朱熹《晦庵先生朱文公文集》卷九十三《运判宋公墓志铭》，收入朱杰人等主编《朱子全书》，上海：上海古籍出版社、合肥：安徽教育出版社，2006年，第4300页。

定五年（1232）《魏嘉父墓志铭》中写道：

县有祖宗原庙，四孟月、吉日至，郡有朝飨，遣属诣县陈疏食，用道流而倡舞于庭，嘉父曰："是不亵神黩祀乎？"县请于郡，郡上于朝，下奉常给太庙彝器法服，图而班之。嘉父范金制帛如式，凡用泉八百万。又给乐童，嘉父遣二人诣太常肄业。予时为卿（按：魏了翁在嘉定十六年三月至次年正月为太常少卿），命工授之。嘉父即大门外为藏，及时蒇事，民听一新。①

魏嘉父在知新繁县任上时，崇光寺太祖御容奉祀已经长期施行国家与地方之间的仪制。成都府按照国家神御殿仪注派员"陈疏食"，主持"朝飨"，但祭祀过程仍主要采用道教仪式。魏嘉父认为在佛寺中以道教仪式掺杂国家礼仪奉祀太祖御容是"亵神黩祀"，遂予以改进。魏氏从太常寺"范金制帛"，制作祭祀礼器，又派遣乐童二人"诣太常"学习礼仪。推动了崇光寺御容祭祀礼仪进一步向国家化靠近，从而"民听一新"。魏氏并没有改变御容和奉祀场所御容殿的性质，朝廷仍旧没有直接参与奉祀。魏氏的措施只能称为仿行神御殿礼仪，且存在时间并不久。

端平三年（1236），蒙古军攻破成都城，此后成都平原长期战乱，文物损坏严重。刘克庄作诗曰"武当并灌口，闻说毁于兵"②，灌口指新繁县附近的永康军二郎神庙，崇光寺御容殿或亦遭兵火。景定五年（1264）七月，知嘉定府洪涛奏称："新繁县御容殿前枯木再荣，殿有画太祖像"，又"杨嗣光等奉太宗、真宗、仁宗、英宗、神宗像来归"，宋廷"选差武臣迎奉赴行在所"③。太祖御容为壁画，不易携带，或被废弃于原地，其奉祀应该止于此间。洪涛仍旧称太祖御容奉祀场所为御容殿，而非神御殿。虽然五朝御容，特别是上清太平宫二圣神御殿太宗、真宗神御的到来为太祖御容增加了部分神圣性，但直到奉祀活动停止，太祖御容都未被宋廷认可为"神御"，相应的奉祀仪制长期"折衷""润色"于地方与国家之间。

四、总论

在宋代，"礼"具有鲜明的等级色彩，"夫名与器不可假人，位既不同，礼亦异数"，御容奉祀是"礼"制的核心内容之一。宋廷将地方寺观御容神圣性的构建和维护收归国家，以国家仪制奉祀之，所涉及的御容被称为"神御"，场所为神御殿。民间则不得奉祀"神御"，如嘉祐三年（1058）四月欧阳修称："神御非人臣私家之礼"④；又如至和元年（1054）右正言刘敞批评亲睦宅中修建神御殿时亦称："礼，诸侯不得祖天子，公庙不可设于私家，所以明一统也。"⑤但是宋廷的控制力和仪制践行力又不足以直接渗透到情况各异的地方基层。偏远的蜀地在唐末五

① 魏了翁《重校鹤山先生大全文集》卷八十一《朝议大夫知叙州魏公墓志铭》，北京图书馆出版社2004年影印宋开庆元年（1259）刻本。
② 辛更儒笺校《刘克庄集笺校》卷二十三《神君歌十首·五》，北京：中华书局，2011年，第1286页。
③《宋史》卷四十五《理宗纪》，第887—888页。
④《宋会要辑稿》礼一三《神御殿》，第720页。
⑤ 刘攽《彭城集》卷三十五《故朝散大夫给事中集贤院学士权判南京留司御史台刘公行状》，济南：齐鲁书社，2018年，第921页。

代绘制了载体各异、奉祀不一的诸多御容，宋廷统一蜀地后，在未及彻底整饬和规范御容产生渠道的情形下，益州新繁县崇光寺僧人私绘了一幅宋太祖御容壁画。太祖御容的神圣性因具“太祖”名分而产生，又因未获朝廷授权而不足。太祖御容神圣性“先天不足”的基因决定了宋廷和地方官府对其的认识和处理方式，其核心就是奉祀仪制。

北宋初年，成都府致力于消除唐末五代蜀地的僭越惯性，对崇光寺私绘、以佛教礼仪供奉的太祖御容视而不见。北宋中期，神御奉祀被渐次纳入国家层面。此后，宋廷和地方官府都表示要妥善奉祀太祖御容，但两者所处的位置具有上下等级的差异，前者是御容神圣性及奉祀资源的垄断和分发者，后者是承宣和维护者。位置的等级差异带来了动机和着力点的不同：就宋廷而言，神御奉祀是国家核心仪制之一，未经授权产生的太祖御容不可被认作国家层面的“神御”来对待。因此，对于地方官府建设神御殿的数次请求，屡次拒绝。但御容的“太祖”名分又被地方官府、民众所承认，具有一定的神圣性，置之不理是不合适的。根据具体情况，宋廷准许地方官府以地方和国家仪制相“折衷”奉祀太祖御容，着力于维护皇帝和政权尊严；就地方官府而言，他们具有维护、宣扬御容神圣性的义务，并着力于通过此行为获得与御容相关的国家和个人政治资源。新繁县长期对太祖御容的维护较为重视，“令长交事椟护，畀付惟谨”[①]。成都府屡次请求朝廷认可太祖御容为“神御”，建立神御殿，一劳永逸地将太祖御容奉祀仪制纳入国家层面。当朝廷表明不给予奉祀仪制资源及“神御”许可后，成都府很快就失去了动力，仅应付地参与以地方礼仪为主要内容的御容奉祀，以至于御容祭祀场景长期观瞻效果不佳。

朝廷与地方官府基于各自动机、着力点就如何奉祀崇光寺太祖御容多次互动，形成了介于国家与地方之间——以后者为主——且多次调整的仪制方案。太祖御容从未被定性为“神御”，却也获得了“太祖”名分；御容奉祀场所从“药师殿”改建为“御容殿”，却始终未被赐额为“神御殿”；御容奉祀礼仪从北宋前期的佛教仪式，至北宋中晚期地方官府参与其中，到南宋前期演化为地方官府参与的道教仪式，至南宋中期被折中润色了部分国家仪式，到南宋晚期又被仿行了国家典仪。地方私绘御容的神圣性不足与御容奉祀国家性之间的矛盾是成都崇光寺太祖御容的奉祀仪制游离于国家与地方之间的根本原因。

---

① 岳珂《桯史》卷十《成都贡院》，第118页。

从隐逸到无待：庄子到郭象的逍遥诠释 *

何绍锦

提要：在阐释庄子逍遥思想时，人们常忽略了“逍遥”语境在《庄子》原文中所刻画的是一组颇为相似的生活图景，所关系的是一个极为基本且普遍的哲学问题：怎样的生活是一种好生活？庄子的答案是隐逸。郭象延续了这一追问，并且以“有待”“无待”两组范畴将“逍遥”问题引向更深的社会与政治层面，将“逍遥”从一种特定的理想生活形式（隐逸）扩展为适应现实人性与客观条件的一般的好生活表达式，即人只需要在一种给定的性分与外在条件配合下便可实现逍遥。但一旦逍遥不再指向隐逸，则个体逍遥间潜在的冲突便成为不得不解决的难题。这是他在“有待者”外又设定“无待者”的原因。这层含义为庄子、支遁所未及，其所响应的是一个普遍的政治学问题：统治的必要性。

关键词：隐逸　逍遥　郭象　庄子　政治学

一、逍遥与隐逸

（一）“逍遥”的解释

通常认为，《逍遥游》展现了一种中国古典式的自由观念，用庄子话语表述即是“逍遥”。这种自由观念可以与西方自由主义传统中的自由对照，比如它尤其注重精神或境界的内涵；① 或者解读为某种政治主张。② 不过，这些观点都一定程度上对“逍遥”的含义做了理论上的“提升”。在此之前要问的是：“逍遥”是什么意思？

《庄子》全文共有五处提到“逍遥”，分别如下：

---

* 何绍锦，东南大学人文学院。

① 如陈鼓应：“逍遥游篇，主旨是说一个人当透破功、名、利、禄、权、势、尊、位的束缚，而使精神活动臻于优游自在，无挂无碍的境地。”（陈鼓应《庄子今注今译》，北京：中华书局，1983年，第1页）刘笑敢：“纯以精神言逍遥，是庄子所谓逍遥的独特之处，庄子之逍遥实有今日精神自由之含义。”（刘笑敢《庄子哲学及其演变》，北京：中国人民大学出版社，2020年，第151页）类似观点很多，不一一列举。

② 如严复以“群己”解释内七篇，认为《逍遥游》《齐物论》《养生主》《大宗师》是“己”学，《人间世》《应帝王》为“群”学，《德充符》是“群己之道交亨”之学；章太炎强调庄学中“自由”（逍遥）、“平等”思想；乃至冯友兰《中国哲学史》中讨论庄子，便有以“自由与平等”为题。对《庄子》作政治解读，与近代中国思想界的启蒙意识有关。具体参看陈少明《启蒙视野中的庄子》，《中山大学学报》2016年第2期，第129—135页；李智福《近代启蒙语境下两种庄子诠释典型范式之考察》，《广西社会科学》2016年第7期，第42—48页。

（1）今子有大树，患其无用，何不树之于无何有之乡，广莫之野，彷徨乎无为其侧，**逍遥乎寝卧其下**？（《逍遥游》）

（2）假于异物，托于同体，忘其肝胆，遗其耳目，反复终始，不知端倪，芒然彷徨乎尘垢之外，**逍遥乎无为之业**。（《大宗师》）

（3）古之至人，假道于仁，托宿于义，以游**逍遥之虚**，食于苟简之田，立于不贷之圃。**逍遥，无为也**；苟简，易养也。（《天运》）

（4）扁子曰："子独不闻夫至人之自行邪？忘其肝胆，遗其耳目，芒然彷徨乎尘垢之外，**逍遥乎无事之业**，是谓'为而不恃，长而不宰'。"（《达生》）

（5）善卷曰："余立于宇宙之中，冬日衣皮毛，夏日衣葛絺；春耕种，形足以劳动；秋收敛，身足以休息；日出而作，日入而息，**逍遥于天地之间而心意自得**。（《让王》）

郭庆藩谓"逍遥"本作"消摇"，如《礼记·檀弓》中"孔子蚤作，负手曳杖，消摇于门"。[①]"消摇"与"逍遥"是古、今字区别，并且"逍遥"也非《庄子》特有概念，亦见于《诗经》与《楚辞》，[②]很可能是当时习语。"逍遥"二字从"辵"，《说文》："辵，乍行乍止也。从彳，从止。""逍遥"描述了一种行动特征，这种行动特征又进而被引申为行动者情态和心理状态。行动－情态－心理，在传统解释中基本不分，如唐代释湛然《止观辅行传弘决》引王瞀夜云："消摇者，调畅逸豫之意。"[③]"调畅逸豫"既表示情态，也暗示了一种心理。从日常经验来看，情态常与心理相关，人们通过情态判断某种心理特征。但心理事实未必与情态和行动特征对应，相同的行动未必意味着同样的心理。换言之，不同语境下的"逍遥"（消摇）一词，未必都具有悠闲、自得的心理意味。张松辉认为，"逍遥"原指不带感情色彩的散步、闲逛。我们今日赋予逍遥自在、悠闲的含义，源于郭象注。如稍晚于屈原的宋玉所作《九辩》中也有"逍遥"一词，原文："悲忧穷戚兮独处廓，有美一人兮心不绎。去乡离家兮徕远客，超逍遥兮今焉薄。"离乡与漂泊无定的心绪显然不能是悠闲或自在。[④]即使从《礼记·檀弓》孔子"消摇于门"[⑤]的背景来看，更多是一种病衰的悲凉感，而无自在自得的氛围。

如果仅从字义来看，"逍遥"可能确实是描述一种行为特征，如"彷徨乎无为其侧，逍遥乎寝卧其下"，只是说在大树旁行走，在树下睡觉，它没有直接描述内在状态，庄子甚至可能不是在哲学概念的意义上使用"逍遥"一词。但问题在于庄子为什么要描述这样一种无所事事的状态？这涉及对"逍遥"语境的理解。

从文本来看，五处"逍遥"都处于一种"回应"的语境：《逍遥游》中，对于惠子以大树

---

① 郭庆藩《庄子集释》，第2页。

② 如《国风·郑风·清人》："清人在彭，驷介旁旁。二矛重英，河上乎翱翔。清人在消，驷介镳镳。二矛重乔，河上乎逍遥。"《国风·桧风·羔裘》："羔裘逍遥，狐裘以朝。岂不尔思？劳心忉忉。羔裘翱翔，狐裘在堂。岂不尔思？我心忧伤。"《小雅·白驹》："皎皎白驹，食我场苗。絷之维之，以永今朝。所谓伊人，于焉逍遥？"《楚辞》中多次出现"逍遥"，仅举一例如下："相折若木以拂日兮，聊逍遥以相羊。"（《离骚》）

③ 郭庆藩《庄子集释》，第2页。

④ 张松辉《庄子疑义考辨》，北京：中华书局，2007年，第3—14页。

⑤《礼记·檀弓》："孔子蚤作，负手曳杖，消摇于门，歌曰：'泰山其颓乎？梁木其坏乎？哲人其萎乎？'既歌而入，当户而坐，子贡闻之，曰：'泰山其颓，则吾将安仰？梁木其坏、哲人其萎，则吾将安放？夫子殆将病也。'遂趋而入。"

讽刺庄子之言大而无用，庄子以“逍遥寝卧”答其用;《大宗师》中，子贡质疑孟子反、子琴张临尸而歌的行为，孔子表明其乃逍遥于无为的方外之人;《天运》中，孔子问道老聃，老聃以至人游逍遥之虚回应;《达生》中，孙休抱怨天命，扁子则以至人逍遥无事开解;《让王》中，舜让天下于善卷，善卷表示更愿意逍遥于天地。五处“逍遥”针对的问题均不相同，分别涉及语言、伦理（礼）、道、天命与政治，而回应却出奇一致，即描述一种以“逍遥”为标志的生活图景，意味这种生活形式中包含了所有问题的答案。这种生活形式，实际上便是隐逸。

（二）隐逸

隐逸是思想史中的常见主题，不过历来对其缺乏分疏。存在一种政治隐逸，如伯夷、叔齐隐于首阳山之下，不是由于厌倦政治或者自我保存，而是对周的不满。又如孔子所言“邦有道，则仕；邦无道，则可卷而怀之”(《论语·卫灵公》)、“天下有道则见，无道则隐”(《论语·泰伯》)，以及后世“江湖”与“庙堂”的隐喻，都体现了一种政治意义上的隐逸，“隐”是为了更好的“仕”，“隐”是“仕”的潜伏（准备）状态。

庄子之隐则与此不同。《论语》中，不管是楚狂还是长沮、桀溺都是对答或问题的发起者（“凤兮！凤兮！何德之衰？”“夫执舆者为谁？”《论语·微子》)。而《庄子》中的“隐者”总是问题的回应者，充当“解惑者”的角色，表现为“不得不然”的态度。甚至在《逍遥游》中，作为最高逍遥主体的藐姑射山神人，并不出场，而存在于肩吾与连叔的交谈之中，而肩吾关于神人的知识，又源于另一个不在场的人物接舆，为什么神人不直接出场？[①] 对于这种多人转述的知识，连叔为何深信不疑？特殊的叙述（narrative）方式暗含了特殊的叙述目的。不出场的神人象征了绝对的隐逸精神。“不食五谷，吸风饮露”，“五谷”作为“劳作”之物，是人类世界的标志，“不食五谷”意味着彻底与人类世界划清界限。绝对的自足便是绝对的逍遥。

“隐逸”具有普遍的心理根据，即使是孔子，也曾表达过“乘桴浮于海”的意愿，但他以“鸟兽不可与同群”做出了具有典范意义的选择。出世还是入世，政治还是非政治，公共生活的还是个人生活？在古典语境中，常处于非此即彼的关系，即庄子所谓“外内不相及”(《大宗师》)，“方内”与“方外”有绝对的界限。因此孔子使子贡往吊子桑户，被视为“陋”行；舜让天下于善卷，善卷遁入深山(《让王》)。“让天下”在《庄子》中是一组典型事件。“被让者”强烈的厌恶甚至极端的反应（如“投河”)，也许让现代读者难以理解，但这恰反映了隐士对于“隐逸”的自觉和对外界介入的极度敏感。同时也表明，在隐逸与非隐逸的对立中，隐逸本身的脆弱性。

① 陈赟《论〈庄子·逍遥游〉中藐姑射山神人的出场方式》,《中国哲学史》2019年第5期，第5—14页。作者认为，“肩吾”“连叔”“接舆”等不是世俗意义上的人名，而是寓意了不同存在层次的主体。道不可言说，借助于不同存在主体而间接表明自身。本文并不涉及“道”，但《庄子》特殊的命名与叙述方式是理解《庄子》哲学内涵的重要视角。

二、郭象：逍遥问题的延续

在沉寂数百年之后，《庄子》在魏晋时成为“显学”，其中有时代因素以及士人心态之变化。[①]嵇康、阮籍之时，《庄子》已是名士清谈的重要文本，阮籍有《达庄论》，向秀解庄，更是“大畅玄风”。[②]不过真正具有承前启后意义的，当是郭象《庄子注》。[③]《世说新语》谓：“《庄子·逍遥》篇，旧是难处，诸名贤所可钻味，而不能拔理于郭、向之外。”[④]

一般认为，魏晋玄学具有明显的本体论特征，从具体的宇宙构造、生成转而关注存在之根本、根据。从这种本体论进路出发，王弼贵“无”“以无为本”；郭、向重“有”（或者“无无”），[⑤]以“独化”“自生”解释万物之生成。王弼《老子指略》更是以一种中国哲学少有的逻辑推论方式论证为何“有生于无”。汤一介称王弼之“无”乃“纯有”（pure being），抽离了一切具体规定的最为抽象的“一般”。[⑥]符合汤用彤所界定的“舍物象、超时空”的特征。[⑦]郭象则以天为万物之总名，根本上拒绝一种形上之道的表述。且他论证万物生成的方式，更与王弼不同。如下文：

> 无既无矣，则不能生有；有之未生，又不能为生。然则生生者谁哉？块然而自生耳。[⑧]

郭象既不把“无”视为抽象的本质，也不是一般的形式，“无”不具有任何实在的内涵，只在语义上表达“没有”。他也不承认造物者意义上的“有”，而只承认个别意义上“众有”（即万物）。以“块然自生”终结万物生成问题，像是一种理论上的偷懒，实则是其理论兴趣不在此之故。与《老子》不同，形而上学并非《庄子》文本的核心内容。《庄子》多以寓言形式表达人世问题，可看作是一种广义的人生哲学。[⑨]但郭象在《庄子序》中仍批评庄子“夫应而非会，则虽当无用；言非物事，则虽高不行”。[⑩]《庄子注》很大程度上是扩充其经验性内涵（即“物事”），以扭转其“无用”的评价。[⑪]根据前文分析，“逍遥”表面上离人事很远，实则关切的是最为现实和重要的生活问题。这种两面性使“逍遥”成为郭象注《庄》的核心主题。

三、性分、所待与逍遥

刘孝标《世说新语注》云：

> 向子期、郭子玄《逍遥义》曰：（1）“夫大鹏之上九万，尺鷃之起榆枋，小大虽差，

① 参看余敦康《魏晋玄学史》，北京：北京大学出版社，2019年，第419—427页。
② 徐震堮《世说新语校笺》，北京：中华书局，2011年，第111页。
③《庄子注》作者为谁，是历史上争论许久的问题。因与本文所论关系不大，故不涉及。本文采纳学界通常观点，即《庄子注》是郭象在向秀解庄基础上“述而广之”而成。
④ 徐震堮《世说新语校笺》，第119页。
⑤ 根据汤一介说法，郭象之主张亦可称为“无无”。见汤一介《郭象与魏晋玄学》，北京：北京大学出版社，2009年，第237页。
⑥ 汤一介《郭象与魏晋玄学》，第273—274页。
⑦ 汤用彤《魏晋玄学论稿及其他》，北京：北京大学出版社，2010年，第35页。
⑧ 郭庆藩《庄子集释》，第50页。
⑨ 王淮《郭象之庄学：儒释道之相与訾应》，新北：印刻文学生活杂志出版有限公司，2012年，第15页。
⑩ 郭庆藩《庄子集释》，第3页
⑪ 郭象在《天下篇注》中提及：“昔吾未览《庄子》，尝闻论者争夫尺棰连环之意，而皆云庄生之言，遂以庄生为辩者之流。案此篇较评诸子，至于此章，则曰其道舛驳，其言不中，乃知道听涂说之伤实也。”见郭庆藩《庄子集释》，第1114页。

各任其性，苟当其分，逍遥一也。（2）然物之芸芸，同资有待，得其所待，然后逍遥耳。（3）唯圣人与物冥而循大变，为能无待而常通。岂独自通而已！又从有待者不失其所待，不失则同于大通矣。

笔者在引文中划分了郭象论“逍遥”的基本结构，不妨顺此展开论述。

（1）提出“逍遥一也”的主张：万物有差异，但只要遵照其性分而为，所实现之逍遥则为一致。这包含了两层含义：一、实现逍遥的方式在于遵循性分；二、不同的逍遥在效果上是一致的。“性(分)”是郭象逍遥论的形上基础和内在根据。[①] 学界常用“适性逍遥”概括郭象逍遥义。除“适性”外，郭象另有“任性”“足性”等类似表达，均表示人依照其先天之性而行动。超出“性分”的欲求（即郭象所谓“跂”或者“跂尚”“跂慕”）是导致人无法逍遥的根本原因。《逍遥游》注谓：“苟知其极，则毫分不可相跂，天下又何所悲乎哉！”[②]

“性”在郭象语境中虽可看作一种内在本质，但与后来宋明理学中与“理”同解的“性”不同，它不是一种道德本质，而源于魏初刘劭《人物论》中奠定的才性论传统。[③]《庄子·马蹄》中有“牛马四足是谓天”的寓言，原指人对于牛马的役使是对其本性的伤害。郭象注则谓：

> 人之生也，可不服牛乘马乎？服牛乘马，可不穿落之乎？牛马不辞穿落者，天命之固当也。苟当乎天命，则虽寄之人事，而本在乎天也。穿落之可也，若乃走作过分，驱步失节，则天理灭矣。[④]

郭象的表述具有一种自然目的论色彩。人对牛马的役使，不仅不违背牛马之本性，反而是遵照其本性。无论庄子或郭象，显然都不只是在讨论牛马问题，而是喻指人的自然本性。郭象“性”所具有的目的论内涵，暗含了对共同体的潜在要求。因此即使他仍然以“自然”来解释“逍遥”，[⑤] 也与《庄子》中内含了隐逸要求的“逍遥”有所不同。

（2）万物得其所待，即是逍遥。《逍遥游》注：“夫质小者所资不待大，则质大者所用不得小矣。故理有至分，物有定极，各足称事，其济一也。”上文提到，“性分”确立了逍遥的内在根据，“所待”则是逍遥的实现条件（外在）。换言之，性分决定了所待的限度，所待则使内在之性分得以实现。郭象又云：“苟有待焉，则虽列子之轻妙，犹不能以无风而行，故必得其所待，然后逍遥耳，而况大鹏乎！”[⑥] 庄子在讨论列子御风而行时涉及了“有待”与“无待”的概念，虽然根据刘笑敢的说法，这两个概念在《庄子》中还未成为一个哲学范畴。[⑦] 但如果不局限于字词上的用法，“有待”“无待”同样可用以分析《逍遥游》寓言中的意象。庄子所言之“无

---

① “分”强调“性”的个别性，然郭象的论述并不严格，多数时候“性”表示的就是“性分”含义。《齐物论》注谓：“言性各有分，故知者守知以待终，而愚者抱愚以至死，岂有能中易其性者也！”（郭庆藩《庄子集释》，第59页）

② 郭庆藩《庄子集释》，第13页。

③ “才性”是汉魏之际人物品鉴的分类依据，出于选贤任人的实用目的。但它影响了魏晋时的人性概念。详细内容可参看汤用彤：《魏晋玄学论稿及其他》中《读〈人物志〉》，第5—20页；牟宗三《才性与玄理》第二章“《人物志》之系统地解析”，《牟宗三先生全集》第2册，台北：联合报系文化基金会，2003年，第49—64页。

④ 郭庆藩《庄子集释》，第591页。

⑤ 郭象：“自然耳，不为也。此逍遥之大意。”（郭庆藩《庄子集释》，第10页）

⑥ 郭庆藩《庄子集释》，第20页。

⑦ 刘笑敢《庄子哲学及其演变》，北京：中国社会科学出版社，1988年，第138页。

待”谓“乘天地之正，而御六气之辩，以游无穷者”，如寓言之鲲鹏；人而言，则是无己、无功、无名之人。显然仍是一种隐逸的形象。

（3）圣人能实现无待逍遥且同时实现他人的有待逍遥。《逍遥游》注云：“然后统以无待之人，遗彼忘我，冥此群异，异方同得而我无功名。”① 又云：“夫唯与物冥而循大变者，为能无待而常通，岂〔独〕自通而已哉！又顺有待者，使不失其所待，所待不失，则同于大通矣。”② 根据前文的分析，“无待”在《逍遥游》语境中主要指一种充分的自足性，如“乘天地之正”“御六气之辩”，或如藐姑射山神人“吸风饮露，不食五谷”。既然逍遥代表了隐逸的生活形式，那么，自足性作为隐逸的基础，同样也是逍遥的基础。而郭象之“无待”可以归结为“顺物之性”，关注的是心理和行为方式，如“遗彼忘我”“冥此群异”“与物冥”“循大变”。在对“神人”的解释中，郭象谓“俱食五谷而独为神人”“同人群而驱万物”，③ 则郭象的“无待”概念，并不强调自足性的一面。

四、支遁的批评与辨证

（一）支遁的批评与境界论

郭象区分了两种“逍遥”：“有待”与“无待”，并且提出“小大虽殊，逍遥一也”的主张。两种逍遥虽然在具体形式上有所不同，但就“逍遥”而言，则为一致（即其所言“同于大通”）。然而庄子之逍遥是就“无待”而言，“有待”意味着自足性上的缺乏。当然可以认为这是因为二者对于“所待”的不同理解。但是即使接受郭象关于“所待”的看法，“有待”与“无待”在何种意义上是一致的？一种通常的解释认为，从“适性逍遥”层面，可以将二者统一起来。但“性”在郭象语境中并没有先验的普遍性，圣人之性不同于众生之性。这意味着，我们既可以从圣人之性上看逍遥，也可以从众生之性上看逍遥。“适性逍遥”似乎只有表面上的一致性，实质而言，并不一致。这是郭象逍遥论的问题所在。由此我们来看支遁的批评。

《世说新语注》引支遁《逍遥论》云：

> 夫逍遥者，明至人之心也。庄生建言大道，而寄指鹏鷃。鹏以营生之路旷，故失适于体外；鷃以在近而笑远，有矜伐于心内。至人乘天正而高兴，游无穷于放浪。物物而不物于物，则遥然不我得；玄感不为，不疾而速，则逍然靡不适。此所以为逍遥也。若夫有欲当其所足，足于所足，快然有似天真，犹饥者一饱，渴者一盈，岂忘烝尝于糗粮，绝觞爵于醪醴哉！苟非至足，岂所以逍遥乎！”此向郭之注所未尽。④

《世说新语》又言其“卓然标新理于二家之外”“后遂用支理”。⑤ 可见时人多以支遁逍遥义不

---

① 郭庆藩《庄子集释》，第11页。
② 郭庆藩《庄子集释》，第20页。
③ 郭庆藩《庄子集释》，第29、30页。
④ 徐震堮《世说新语校笺》，第120页。
⑤ 徐震堮《世说新语校笺》，第120页。

同甚至优于向、郭义。从引文看，“至人……此所以为逍遥也”是支遁基本观点；“若夫……岂所以逍遥乎”是支遁所批评的观点，即向、郭逍遥义。支遁的批评涉及这样一种日常经验：人实际上无法一劳永逸地满足所有欲望，欲望总是不断产生，则欲望满足也是无尽的过程，即支遁所谓“岂忘烝尝于糗粮，绝觞爵于醪醴哉”。因此，如果不对性作进一步规定的话，适性并不能逍遥。且因为“性”不具有道德倾向，适性甚至可能导致道德败坏。①

支遁用“至足”来概括“逍遥”，这与上文提到庄子逍遥义包含“充分自足性”的思路相通。“乘天正而高兴，游无穷于放浪”也与庄子所言“乘天地之正”“御六气之辩”相近。在此意义上，支遁之逍遥义可能更接近于庄子原义。

如果只着眼于众生之性，支遁的批评并无不妥。但若是圣人之性，则不管是日常还是道德上的质难，将不复存在。换言之，支遁并未涉及“无待逍遥”的一面，这是我们需要重新审视二者关系的原因。关于支遁与郭象逍遥义的关系，有三种主流观点：（1）二者差异极大，汤一介持此观点②；（2）支遁发展了郭象思想，代表学者如余敦康③；（3）支遁并未提出新观点，牟宗三持此说。前两种观点上文大体均有涉及，唯有第三种观点需再做说明。

牟宗三亦是依照刘孝标所概括郭象逍遥义，分三层论说，以“然物之芸芸”与“无待而常通”为界前后划为三层。牟宗三认为，第一层是从理上总说逍遥义。物的现实存在总是处于量（大小、长短、寿夭）和质（客观条件，如御风而行之“风”）的依待之中，逍遥即是突破此限制。第二层是分别说，牟宗三用艺术之观照境界与精神之修养境界分别说明有待与无待逍遥。第三层是融化说，所谓“同于大通”是通过圣人之“功化”使圣人之无待与众生之有待，皆“浑化于道术之中”。牟宗三指出“支遁义只是分别说”“且未能至向、郭义之圆满”。④

牟宗三关于“同于大通”的解释为我们理解“小大虽殊，逍遥一也”提供了一条颇为不同的思路：既不是有待逍遥，也不是无待逍遥，而是最终“同于大通”层面上，逍遥获得一致性，具体表现为“去碍”：“在去碍之下，一切浮动皆止息矣。浮动息，则依待之限制网裂矣。”⑤

“同于大通”只有在境界论意义上才能得以理解。实际上，牟宗三考察逍遥观念的出发点即是一种境界论。他指出：“真正之逍遥绝不是限制网中现实存在上的事，而是修养境界上的事。”⑥尽管他用艺术境界来解释有待逍遥，但这种艺术境界出于至人之心的观照。“并非万物真能客观地至乎此‘真实之逍遥’。”⑦换言之，有待逍遥只是至人眼中万物呈现的逍遥姿态（如其举明道所言“万物静观皆自得”），并不具有客观之意义。这与郭象“得其所待，然后逍遥”的主张不符。在郭象眼中，有待逍遥必然是一种客观存在，否则“性分”的概念便失去了意义。

---

①《高僧传·支遁传》云：“遁常在白马寺，与刘系之等谈《庄子·逍遥篇》，云各适性以为逍遥。遁曰：‘不然，夫桀跖以残害为性，若适性为得者，彼亦逍遥矣。’于是退而注《逍遥篇》，群儒旧学莫不叹服。”引自石峻等编《中国佛教思想资料选编·汉魏六朝卷》，北京：中华书局，2014年，第72页。

② 汤一介《魏晋玄学十论》，厦门：鹭江出版社，2006年，第268—269页。

③ 余敦康《魏晋玄学史》，第476—478页。

④ 牟宗三《才性与玄理》，《牟宗三先生全集》第2册，第209—213页。

⑤ 牟宗三《才性与玄理》，《牟宗三先生全集》第2册，第213页。

⑥ 牟宗三《才性与玄理》，《牟宗三先生全集》第2册，第211页。

⑦ 牟宗三《才性与玄理》，《牟宗三先生全集》第2册，第211页。

我们发现，在比较郭象与支遁逍遥义时，“境界论”往往是一种潜在的描述理论。不仅是牟宗三，汤一介和余敦康在比较二者关系时，也是以一种境界论的眼光。实际上，最早以境界论来批评郭象逍遥义的人是支遁，他所言“至人之心”是一种明显的境界论表述。境界论通常蕴含对应的工夫论——境界是对自然人性的提升。郭象逍遥义中缺乏明显的工夫论内容，尽管“与物冥而循大变”这样的说法似乎涉及了心灵的修炼，但郭象重点不在于传统工夫论所强调的内向性维度，而“有待”更与工夫论无关。①

如果不从境界论来看，如何理解郭象逍遥义？这便回到我们一开始提到的，作为一种生活方式的“逍遥”。

（二）“生活”的视角

学界虽然常用“有待逍遥”和“无待逍遥”来划分郭象之逍遥义，但就《逍遥游》注而言，郭象只言“有待”或“无待”，而未言“有待逍遥”和“无待逍遥”。“待”是依待、凭借之义。“有待”即“有所依待”，“无待”（恶乎待）即“无须依待”。这也是郭象注中“有待”“无待”的第一种用法。但是，除此之外，郭象又常提及“有待者”与“无待者”，二者的区分并非无关紧要。“有待”和“无待”作为修饰“逍遥”的成分，是对“逍遥”这一状态的刻画。但郭象对于“逍遥”本身的兴趣可能并不浓厚。在“逍遥一也”的主张下，“逍遥”呈现为多样态的特征。这根本是源于“有待者”之不同，而这种不同又是由“性分”所决定的。因而，重要的是了解各自之“性分”，而非设想“逍遥”境界如何。

“逍遥”境界又常被理解为一种自由境界。但这里存在一个矛盾：如果“逍遥”指“自由”的话，适性指遵循必然（性分），适性逍遥似乎是以否定自由的方式来达到自由？②郭象谓：“既有斯翼，岂得决然而起，数仞而下哉！此皆不得不然，非乐然也。”③如果说大鹏的喻像在《庄子》原文中体现了不受拘束、自由自在的意味，郭象注则完全扭转了这样的特征。“不得不然，非乐然也”表明大鹏之高飞并非任何意义上的自由选择，而是遵循一种先天的目的。

上文提到，郭象之“性”具有目的论的内涵，一种给定的目的往往意味着个体或者类之间的限度。即郭象所言“性各有极”。但是另一方面，因为“性分”只对于个体有效，不具有个体之间理解和比较的意义，如郭象提到“直各称体而足，不知所以然也”。④换言之，作为单独之个体，他并不需要去关注其他个体的性分。则性分对他而言，实际上不再是一种负面意义上的“限制”，而是具有积极意义的潜能。如郭象言：

> 夫质小者所资不待大，则质大者所用不得小矣。⑤

“质小”“质大”分别指小鸟与大鹏而言。前文提到，“待”是实现内在性分的外在条件。一方面，固然可以认为，为了满足内在的性分，人需要寻求所待之条件。另一方面，也意味着，现实中

---

① 这可能也是牟宗三用“艺术境界”来概括有待逍遥的原因。

② 李耀南认为这是郭象人生哲学的深刻矛盾，也是魏晋玄学自由问题的理论困境。见李耀南《从无为到逍遥——魏晋玄学研究》，北京：人民出版社，2021 年，第 255 页。

③ 郭庆藩《庄子集释》，第 4—5 页。

④ 郭庆藩《庄子集释》，第 16 页。

⑤ 郭庆藩《庄子集释》，第 7 页。

任何条件，都足以实现人不同的性分要求。而结合郭象对于"跂尚"的批评来看，他显然认为后者的意义是主要的。他将"性分"与"逍遥"结合在一起，"性分"的普遍性意味着"逍遥"对于任何人都是可欲可求的。实际上是将"逍遥"从一种特定的理想生活形式（隐逸），扩展为适应现实人性与客观条件的一般的好生活表达式。用更通俗的话来解释，逍遥就是每个有限的个体，根据自身条件，力所能及地实现其设想的好生活。

五、"无待者"的问题

（一）"无待者"

我们一般用"适性逍遥"来概括郭象的逍遥义。根据上面的分析，适性是有待者实现其逍遥的方式。但是，对于无待者而言，其实现逍遥的方式是否也可概括为"适性"？冯友兰在《中国哲学史新编》中提及："就顺性这一点说，有待的人和无待的人都是一样，都没有什么特别之处。"[①] 冯友兰的说法代表了一种普遍的观点。郭象谓：

> 故有待无待，吾所不能齐也；至于各安其性，天机自张，受而不知，则吾所不能殊也。[②]

引文中"各安其性"表示有待者与无待者的行为都是出于其性分所为。"所不能殊"则表明在依性分行事上，二者并没有区别。从郭象逍遥义整体分析，大鹏与小鸟以及列子，皆是有待者。只有"与物冥而循大变者"，才可称之为"无待者"，这种无待者，并非隐士或者神人，而是"至德之人"或"圣人"。郭象没有在存在论上对无待者作特殊的描述或规定。他强调的是无待者应有的心理或行为方式，即前文提到的"顺物之性"。郭象称"圣人者，物得性之名耳""同人群而驱万物"，在存在意义上，圣人（无待者）与有待者并没有根本之差异。牟宗三从量和质的依待关系上说逍遥之一致，实际上即是说明无待者与有待者在存在性上并无区别。但是从实践层面而言，问题则更为复杂。也有学者提出"适性逍遥"不足以概括圣人（无待者）之逍遥。[③] 我们来看郭象的表述：

> 物各有性，性各有极，皆如年知，岂跂尚之所及哉！自此已下至于列子，历举年知之大小，各信其一方，未有足以相倾者也。然后统以无待之人，遗彼忘我，冥此群异，异方同得而我无功名。**是故统小大者，无小无大者也；苟有乎大小，则虽大鹏之与斥鷃，宰官之与御风，同为累物耳。齐死生者，无死无生者也；苟有乎死生，则虽大椿之与蟪蛄，彭祖之与朝菌，均于短折耳。故游于无小无大者，无穷者也；冥乎不死不生者，无极者也。**[④]

---

① 冯友兰《中国哲学史新编》第4册，北京：人民出版社，1986年，第167页。

② 郭庆藩《庄子集释》，第20页。

③ 暴庆刚《境界形态与实然形态的双重涵摄——论郭象逍遥义的两个层次》，《人文杂志》2007年第3期，第31—35页。作者提出众生之有待逍遥为实然形态，而圣人之无待逍遥为境界形态。前者落实于性上，后者落实在心上。但是作者引《世说新语》的概述以及郭象"与物冥而循大变"一段，认为"而圣人却能够顺万物之性，游变化之途，因超脱了具体性分的拘限，故为无待的存在"（第32页）只是"顺万物之性""游变化之途"还不足以反驳圣人亦是顺性而为的普遍看法。

④ 郭庆藩《庄子集释》，第11页。

无待者往往在与有待者的比较中展现出自身特点。不管是从大小（空间）上讨论的大鹏与斥鴳，或是在长短（时间）上讨论的大椿与蟪蛄，在郭象看来，均为有待者，因为它们都摆脱不了小大、生死的限制，而只有无待者才可以无小无大、无死无生。当然，正如我们所言，"小大""死生"均不是就存在论意义而言，而是表明一种看待事物之眼光，或者行为之方式，如"游于无小无大"和"冥乎不死不生"中"游""冥"所示。

更为重要的是郭象的论述结构。开始提到"物各有性""性各有极"是其对有待者最为一般的限定，而最后却归结于"无穷者"与"无极者"。郭象常言"性各有极"或"物各有极"，"极"是《庄子注》中极为普遍的用词，表示"性"的界限所在，亦即存在者之界限所在。恰是因为"性"是有限的，"适性—逍遥"的途径才得到保证。换言之，有限的性（作为目的而言）保证了现实中可能实现的逍遥。但是"无穷者"与"无极者"似乎打破了"性"的有限性。"顺性"转化为"顺万物之性"。

正如前文分析，性不具有个体间理解和比较的意义。"适性逍遥"本质上意味着一种个体倾向的理想生活。人以实现其自身天赋之性分为目的，而不依赖于他者，反过来也意味着他缺乏足够的动力去促进他人的生活，即郭象所谓"直各称体而足"。人满足其"性分"的要求即可实现逍遥，而无待者却需要主动介入他者的生活，在此意义上，他似乎突破了自身性分的限制。问题的关键在于，如果性分是自足的，为什么郭象又要设定"无待者"来突破这种限制？

（二）无待者与哲人王：统治的必要性

不妨借助比较的视角《理想国》第5卷至第7卷中。苏格拉底用言辞构建了一种"最好的城邦"（Kallipolis），这一城邦若要在现实中实现，最终需要哲学家成为统治者，或者统治者成为哲学家，我们统称为"哲人王"（philosopher king）（499d-e；501e-502a），但是哲学家又是城邦中最不愿统治的人，"那些已经到达这一境地的人是不愿意操心人间事务的，[①]并且他们的灵魂迫切向上，渴望停留于此地。"（517c-d）[②]一方面，只有哲学家才能从可见（visible realm）的世界进入可知（intelligible realm）的世界，见到善的理念，避免城邦和公民的败坏（520d-521c），另一方面，因为哲学生活优越于政治生活，哲学家根本上对后者并不感兴趣（516d-e），又可避免因权力带来的自我堕落。但是，既然哲学家对政治生活不感兴趣，为什么又要进行统治？

> 当像你这样的人来到其他城邦时，他们有理由不参与城邦工作，因为他们自发地成长，而非出自政体的意志。并且那些自发成长、无所亏欠的人，即使他不愿为此付出代价，正义也与他同在。但是，既为了你们，也为了城邦其他人，我们已经使你们成为城邦的王和蜂群的领导者。你们受到比其他人更好更完全的教育，更能参与两种生活。因此，你们每个人必须轮流下去与其他人同住，习惯在黑暗中观看。（520b-c）

在柏拉图著名的洞穴喻（514a-521b）中，从洞穴中走出的人（哲人），最终要返回到洞穴内。而见识到太阳（善的理念）后，他的灵魂始终向往地上的生活。哲学家虽然在天赋上优越于一

---

① 指洞穴喻中从洞穴中出来，喻指从可见世界进入可知世界的人，即哲学家。

② 本文参照 G.M.A Grube 英译本。Plato, *The Republic*, trans. G.M.A. Grube, Indianapolis: Hackett Pub. Co., 1992.

般公民，但是天赋之实现仍然有赖于城邦的教育，在此意义上，哲学家对城邦有所亏欠，他对城邦的统治恰是在偿还这种亏欠。在统治结束后，哲学家被允许从政治生活返回哲学生活中（540b-c）。

从更一般的观点看，哲学生活与政治生活呈现的张力即私人生活与公共生活的张力。我们可以在先秦哲学中看到类似的问题，庄子则以“逍遥”对私人生活的优越性做出了判定，在这点上，柏拉图与庄子的观点一致，尽管内容上，可能分别表现为理性优越与精神（境界）优越的不同。但是，在对待两种生活可能的紧张关系上，庄子以“隐逸”彻底划清二者的界限，这对于柏拉图是不可想象的，脱离城邦意味着从公民堕落为野蛮人（因此《克里同》中苏格拉底最终拒绝逃离雅典）。柏拉图始终站在城邦的立场，只有真正具有知识的哲学家才能防止城邦堕落，尽管哲学家根本上不愿意统治。哲学家统治出于城邦的必然，而非哲学家的必然。

我们发现郭象处于与柏拉图相似的立场：他们都承认个体性的理想生活具有某种优越性，但是，一种群体生活又是必要的。既然如此，为了维持群体性生活，让群体中最优秀的人（无待者与哲学家）来统治，自然是最好的选择。在郭象语境中，则表现为“统”的问题。如下：

> 物各有性，性各有极，皆如年知，岂跂尚之所及哉！自此已下至于列子，历举年知之大小，各信其一方，未有足以相倾者也。然后统以无待之人，遗彼忘我，冥此群异，异方同得而我无功名。①

上文曾提到，“逍遥”在郭象看来并不指向某种单一的生活，性分不同，导致具体“逍遥”之异，不同之逍遥，不具有比较之意义，作为有待者而言，他只需依照其性分而行，无须关注他人之逍遥。但是，如果逍遥不再是一种隐逸的生活，那么众多的逍遥（生活）难免产生关联，在此情况下，各自的逍遥是否还能得以保存？郭象实际上对此表示怀疑。从整体视角看，天下之人共存于一种关系的网络中（相待）；而从个体视角看，这种关系又常表现为对立。这便体现出“统以无待之人”中“统”的必要性，而“冥此群异”的说法，似乎也暗示了一种秩序化的做法。当然，这种做法，在郭象看来，并不违背“无为”或“自然”的宗旨。我们再回头看“（无待者）使有待者不失其所待”的说法，与《理想国》中哲学家避免城邦的堕落，二者具有相近的考虑。

本文将郭象与柏拉图放在一起讨论，首先是为了表明“无待者”所关涉的是一个颇为普遍的政治问题，即统治的必要性。在此之上，我们也想凸显郭象对此问题的独特看法。

> 是以无心玄应，唯感之从，泛乎若不系之舟，东西之非己也，故无行而不与百姓共者，亦无往而不为天下之君矣。以此为君，若天之自高，实君之德也。若独亢然立乎高山之顶，非夫人有情于自守，守一家之偏尚，何得专此！②

上文提到，哲学家实际上是被迫参与政治生活，他的灵魂始终渴望进入理念的世界。而郭象“守一家之偏尚”的批评似乎也适用于哲学家。不管是柏拉图还是庄子，他们都设立了两个对

① 郭庆藩《庄子集释》，第11页。
② 郭庆藩《庄子集释》，第24页。

立的世界，而郭象则是一种包容论的思路，他认为重要的并非不同的处境，而是对待处境的方式。他的逻辑是，如果你不愿涉足某种世界，也就意味着你的精神受到了限制，这样又如何能够称之为“无待者”？如果你的精神没有局限，自然不会因政治而失去逍遥？即其所言“我苟无心，亦何为不应世哉”。

六、总结

在郭象《庄子注》的解释史上，常提到“名教即自然”。尽管郭象本人几乎未言“名教”，但考虑到“无待不殊有待”“庙堂无异林泉”等主张，可以认为这一说法体现了郭象本人的思想。它背后所预设的是儒、道异同的学术史论争。本文虽然可以视作是对“名教即自然”的补充论证，但也希望表明，在这种纵向的学术史叙事中，包含了一般的哲学问题：什么是好的生活？古人的思路仍裨益我们今天对此问题的思考。郭象虽然处于魏晋玄学的思潮之下，但他论证逍遥的进路并非境界论或者本体论，而是从社会层面思考总体意义上的逍遥，即共同的理想生活如何实现。他从公共性进入个体性，不像庄子，根本上将二者对立；而支遁逍遥“新义”实际上也未涉及这一问题。

书讯

《天地之间：天文分野的历史学研究》

邱靖嘉著，中华书局，2020年12月

天文分野是由中国传统星占学衍生出来的一套认知天地对应关系的理论体系，它既是传统星占学的理论基础，又是古代地理学的重要内容，同时又反映了古代中国人的宇宙观与世界观，具有重要的研究价值。本书从历史学的视角出发，采用跨学科的研究方法，首次对中国古代天文分野的历史演变、理论模式及其政治文化含义做了系统研究。全面梳理了天文分野学说的起源、释义和理论类型，重点考察影响最大的二十八宿及十二次分野体系的形成、定型与衍变，以及在古代王朝政治中所发挥的重要作用和折射出的天下观思想，进而透过天文分野的视阈对东西方世界观试作比较，体现出一种全球视野。

传统文化研究 Vol.1, No.4
2023年第4期（总第4期） December 2023

百衲本《辽史》底本问题覆核*

——兼论洪武刻本的印次差异

苗润博

提要：作为通行《辽史》点校本之源头，百衲本影响深广，学界素以其系拼合原北平图书馆所藏数种残本而成，具有不可替代的价值，然是说根本经不起推敲。核诸当事人往还信件及文本比勘结果，该本实以涵芬楼旧藏蒋汝藻转让者为底本，仅在个别阙佚、漫漶处稍作补苴。该底本乃明洪武后期福建坊刻本之晚出印本，经过大量补版、校勘，较早中期印本多有阙讹；在洪武本早期印本尚存于世的情况下，选择百衲本作为点校整理《辽史》之底本洵非良策。这一个案集中呈现出重视同一刻本不同印次间的差异对于切实把握文献源流的意义所在。

关键词：《辽史》　百衲本　洪武本　早印晚印　文献源流

20世纪30年代商务印书馆梓行百衲本廿四史，上承乾嘉考据余绪，下启现代古籍整理，诚可谓中国学术史上的一大关节，影响至为深广。这不仅在于"善本"化身千万带来的学术便利与文化普及，更体现为张元济等人的工作成果在相当程度上奠定了近百年来有关正史版本、校勘等一系列重大问题的基本认知框架，成为后来研究者自觉的讨论对象以及不自觉的路径依凭。本文即希望透过《辽史》这一典型个案，对此种影响加以切实的检视与反思。

一、问题的重启

在百衲本二十四史中，《辽史》的地位并不显豁，对辽史研究者而言却至关重要，因为它是通行中华书局点校本及其修订本的底本。元修《辽史》初刻于顺帝至正年间，明清续有翻刻、重刻，逮民国时期，至正刻本已不存于世，后出诸本又难称精善，因而百衲本《辽史》的底本选择在当时就是一大难题，也给研究者留下了探索的空间。

---

*　苗润博，北京大学历史系。
本文系北京市社科基金青年项目（编号：20LSC013）阶段性成果。

既往关于百衲本《辽史》底本的讨论，主要集中在其是元刊抑或明刻上。该书扉页标注为“景印元刊本”，张元济跋曰：“以此刊本与北平图书馆所藏初刻《金史》相较，字体绝异，刻工姓名亦无一相合，而与涵芬楼所补之五十五卷较，则字体相类，刻工姓名同者亦有四十六人，是此决非初刻无疑……此在元刊，诚非精本，然求较胜者，竟不可得，瑕不掩瑜，故犹取焉。”[①] 尽管已经发现该底本绝非至正初刻，张氏仍在缺乏确凿证据的情况下坚称其为元刊，冯家昇《辽史初校序》及后来中华书局点校本《辽史·出版说明》皆踵其说。[②] 不过从刻工系联的角度，王重民、长泽规矩也、尾崎康等人都已指出，百衲本所据《辽史》与洪武年间所刻《南史》《北史》《金史》刊工重合度极高，当为同时期刊本，[③] 特别是长泽规矩也还联系《韵府群玉》《唐文粹》《欧阳文忠公集》《三苏先生文集》等书的刻工情况，明确指出这一批书皆为洪武二十年（1387）前后福建地区翻刻宋元官本。[④] 中华书局点校本修订本也注意到，此次翻刻的明确时间于史有征，[⑤] 洪武二十三年十二月甲戌，“福建布政使司进《南唐书》《金史》、苏辙《古史》。初，上命礼部遣使购天下遗书，令书坊刊行。至是，三书先成，进之”[⑥]。由此看来，百衲本《辽史》所据乃洪武后期官方委托福建书坊刻本，殆无疑义。

不过，围绕该书底本的问题并未就此终结。学界普遍认为，张元济当时影印《辽史》系将几种洪武本残帙拼凑而成，具有不可替代的版本价值，这也是通行点校本以之为底本的根由所在。此说始见冯家昇《辽史初校序》，该文作于1933年9月，论及百衲本时称：“按此本与北平图书馆所藏元板讹脱未有出入，余尝取以互对，疑所据以影印者，必该馆所藏之本，后与傅沅叔先生语，知《百衲》所据即北平图书馆之藏本，不足者复据傅先生之元板明补本以足其数也。”[⑦] 其中所谓“北京图书馆所藏元板”是指冯氏20世纪30年代初在北图见到的四种残本，经过校勘比对，他认为这是百衲本据以影印的主要底本，不足者补以傅增湘藏本，并称此说曾得沅叔亲口确认。后来60年代中华书局《辽史》的点校工作原由冯家昇负责，至1970年冯氏殁后改为陈述，上述说法在稍加变通后进入点校本《出版说明》中：“商务印书馆影印的百衲本，系用几种元末或明初翻刻本残本拼凑而成，虽有不少脱误，但也有许多胜于后出诸本的地方。”一直到2016年出版的修订本《前言》依然因袭了类似观点，只是将版本年代断在明初：“一九三一年商务印书馆以数种明初翻刻本残本配补而成的百衲本《辽史》，是点校本问世之前最为通行的版本。”足见此说影响之大，俨然已成不证自明之常识。

那么，所谓“常识”是否真的值得凭信？冯说之基础在于其将北图本与百衲本“取以互对”，“讹脱未有出入”，情况是否属实呢？2012年，我在参与点校本《辽史》修订工作时，曾

---

① 《百衲本二十四史·辽史·辽跋》，台北：商务印书馆，1988年，第553—554页。

② 冯家昇《辽史源流考与辽史初校》，燕京大学：哈佛燕京学社，1933年，此据《辽史证误三种》，北京：中华书局，1964年，第76—77页；《辽史》，北京：中华书局，1974年，第4页。

③ 王重民《中国善本书提要》，上海：上海古籍出版社，1983年，第85页；尾崎康著，乔秀岩、王铿编译《正史宋元版之研究》，北京：中华书局，2018年，第684页。

④ 长泽规矩也《明初刊本五种》，《长泽规矩也著作集》第三卷，东京：汲古书院，1983年，第331页。

⑤ 《辽史·修订前言》，北京：中华书局，2016年，第17页。

⑥ 《明太祖实录》卷二百六，洪武二十三年十月甲戌，台北：“中研院”历史语言研究所，1962年，第3075页。

⑦ 冯家昇《辽史证误三种》，第85页。

选取百衲本中部分具有标识性的文本细节与原北图所藏诸残本加以比勘（详见下文），竟无一相合！由此对有关百衲本底本的通行说法产生了怀疑，并将校对结果提交修订组内部讨论。鉴于当时修订工作已过其半，且全面调查尚需时日，故只得权且按下。直至近年，因缘际会，得暇重检，不仅发现既往成见与时人论说、文本内证多所不谐，更意识到这并非百衲本底本为何的单一问题，还牵扯到洪武刻本《辽史》不同印次的差异情况以及该书整体的源流脉络，实有必要深入讨论，遂草此文，既期旧题新启，亦兼补牢之义。

二、百衲本《辽史》底本之确证

关于百衲本《辽史》所用底本，最为直接的证据见于张元济印书过程中与傅增湘的往还信件。1927年10月，张元济致傅增湘函讨论诸史影印所用版本，涉及《辽史》之前后文如下："《新五代史》用尊藏本，已校。《宋史》，涵芬楼元刊本。辽金二史，又元刊本。已照。"[①] 所谓"用尊藏本"即指用傅氏所藏，并加校勘，类似情况除《新五代史》外尚有《南齐书》；《宋史》则用涵芬楼藏元刻本，所谓"辽金二史，又元刊本"，当承接上文，亦指涵芬楼自藏之本。这是影印工作开始阶段的计划，全无拼凑诸本之议。至1931年元月，张元济再度致函傅增湘，专门提及辽金二史的版本问题："邺架所藏辽金两史均为元刻，印刷精否？衲史所用之本，除《金史》借照北平图书馆一部分外，其余均用蒋氏转让之本，有若干卷版印不佳，极费手续，极思借用抽换，务祈俯允。"[②] 此时下距百衲本《辽史》出版已不足一岁，张氏仍究心于是书的底本问题，信中称当时所用之本仅《金史》少量借自北图，其余皆由"蒋氏转让"。按此"蒋氏"即蒋汝藻，插架甚富，王国维曾为之编纂《传书堂藏书志》，身后多归于涵芬楼，依张元济所言，当时百衲本《辽史》所用底本即出其旧藏，也就是上引信札所称涵芬楼藏元刊本之所指，惟部分卷帙版印欠佳，欲假傅氏所藏元刊本抽换。

张氏此信很快得到了傅增湘的回复："敝藏元本《辽史》已售去，只存《辽史》二函，《金史》四函，均残本，印本亦不明朗，视京馆所藏乃别一刻，或是翻版也，如用可寄奉。"[③] 藏园确曾有所谓"元本"《辽史》一套，但至彼时已售出，仅存残帙二函，且印刷亦不甚佳，恐无法满足张氏抽换蒋本的需求。现存《辽史》洪武本曾为傅氏旧藏者有二（详见下节表3），一本在日本天理大学图书馆，存115卷，缺卷一〇〇，另一本在山西博物院，仅存卷三一至四六，疑分别对应函中所称全本与残本，其中后者今仅一函，较傅氏信中所称"残帙二函"复有阙佚。又傅氏在订补《郘亭知见传本书目》时于《辽史》条下记曰："明初刊本，十行二十二字，黑口，左右双阑。《辽史》元本不存，各家所储号为元本者均为此本。刘启瑞食旧德斋有初印本，为内阁大库旧贮。外所见多有补版，余亦有一帙。百衲本二十四史即以此本印入。"[④] 从中可见藏

① 张树年、张人凤编《张元济书札（增订本）》，北京：商务印书馆，2007年，第1141页。
②《张元济傅增湘论书尺牍》，北京：商务印书馆，1983年，第257页。
③《张元济傅增湘论书尺牍》，北京：商务印书馆，1983年，第258页。
④ 题莫友芝撰，傅增湘订补，傅熹年整理《藏园订补郘亭知见传本书目》卷四，北京：中华书局，2009年，第227页。

园深知所谓“元本”底细，并提及曾经眼内阁大库旧藏明刻初印本，此外诸家所藏皆有补版，其中即包括自家所藏及百衲本二十四史所用者。

不难看出，张、傅二人自始至终皆以涵芬楼所藏蒋汝藻转让本作为影印基础，商讨如何改善等问题，从中丝毫未见拼合北图诸本之意向。将后来实际付梓的百衲本《辽史》与相关诸本加以具体比勘，益可证明这些当事人留下的一手资料所言非虚。

首先需要明确的是，张元济所称蒋汝藻转让涵芬楼之《辽史》仍幸存于中国国家图书馆，索书号 07367。此本全二十四册，首叶钤“海盐张元济经收”“涵芬楼”印，全书末叶有“涵芬楼藏”印，即见于《传书堂藏书志》及《涵芬楼烬余书录》者。[①] 其次，20 世纪 30 年代北平图书馆所藏甲乙丙丁四种明刻残本《辽史》，今分存于中国国家图书馆（简称“国图”）及台北“故宫博物院”（简称“台故”），可资比勘：甲本对应台故藏本，索书号 1604；乙本对应国图藏本，索书号 A00799；丙本对应国图藏本，索书号 A00801；丁本对应台故藏本，索书号 1605。[②]

百衲本《辽史》附张元济跋论及所据底本较后出本优胜处曰：

> 本纪第十九重熙十三年，诏富者遣行余留屯疑天德军，诸本“疑”作“田”；又第二十重熙十九年，敌鲁疑遣六院军将海里击败之，诸本“疑”作“古”；又第二十一重熙二十四年，百僚上表固疑许之，诸本“疑”作“请”；又第二十四大安元年，以枢密直学士杜公谓参知政事，诸本“疑”作“谓”；志第二《行营》，长城以南多疑多暑，诸本“疑”作“雨”；隋契丹十部，元魏疑莫勿贺勿于畏高丽、蠕蠕侵逼，诸本“疑”作“末”；又第四兵卫志上，四年疑亲征渤海，诸本“疑”作“又”。以上七“疑”字，殆镌板之时，原书本文俱已损佚，究为何字，不敢臆断，故著一“疑”字以代之。此在宋刊南北诸史多有其例，但彼则旁注小字，此则列入正文。后人疏忽，断为讹字，任意改窜，不知妄作，殊失阙疑之意矣。

其中提及百衲本所印之本有“七疑字”，张氏以为系校勘者所加，得古人阙疑之意，为后出本所无。这一显著的文本标识，可以作为我们加以版本比勘的切入点——事实上，十余年前我对百衲本底本问题的质疑也正是由此引发。兹将百衲本相应文字与上述五个洪武刻本的对比情况列表如下。

表一 百衲本《辽史》所见“七疑字”对勘

	百衲本	平图甲种	平图乙种	平图丙种	平图丁种	涵芬楼藏本	点校本修订本
1	屯疑天德军		由	由		疑	田
2	敌鲁疑		右（[illegible]）	右		疑	古
3	上表固疑		谓	谓		疑	请
4	枢密直学士杜公疑参知政事		谓	谓	谓	疑	谓
5	多疑多暑	两	两	两	两	疑	雨

① 王国维《传书堂藏书志》卷二，王亮点校，上海：上海古籍出版社，2014 年，第 185 页；《涵芬楼烬余书录》，《张元济全集》第 8 卷，北京：商务印书馆，2009 年，第 236—237 页。尾崎康《正史宋元版之研究》（乔秀岩、王铿编译，北京：中华书局，2018 年，第 687 页）曾提及此当即百衲本所据以影印者。

② 甲乙丙丁之称，本自冯家昇《辽史初校》，实即 1933 年《北平图书馆善本书目》著录之次第。

续表

	百衲本	平图甲种	平图乙种	平图丙种	平图丁种	涵芬楼藏本	点校本修订本
6	元魏疑	未	未	未	未	疑	末
7	疑亲征渤海	久（夂）	久	久	久	疑	又

观上表可知，所谓七“疑”字全然不见于北平图书馆旧藏四种残本，而与涵芬楼藏本若合符契，百衲本《辽史》所据显为涵芬楼本而非平图藏本。平图四本与涵芬楼本的差异，其实是同一刻本不同印次间的区别，所谓七疑字亦非如菊生所言“镌板之时，原书本文俱已损佚，究为何字，不敢臆断”，而是后来的校勘者认为旧版文字有误做出的提示，结果混入正文，可见此次工作之粗糙。具体情况又分为三类：其一是旧本确实有误，如1、3、5、6诸栏。其二是写刻不够规范，如2、7两栏。其三则是原本不误而校勘者误判，即第4栏“枢密直学士杜公谓参知政事”，校者以“杜公谓”不似人名遂下雌黄，然检辽代咸雍六年（1070）《萧延福墓志》作者正作“征事郎、守右拾遗、直史馆、上骑都尉、京兆县开国子、食邑五百户杜公谓”，[①] 天庆十年（1120）《杜悆墓志铭》“从叔公谓，礼部尚书、兼门下侍郎、平章事、监修国史、知枢□□□，赠中书令”，[②] 亦系此人，早期印本无误而为后人妄改。

通校全书可知，表一所示版本差异极具典型性与普遍性，百衲本《辽史》的主体文字皆承自涵芬楼本，即洪武刻本经过系统校改过后的晚期印本，而与早期印本存在不少出入，具体情况将在下节进一步展开。值得稍作解释的是，对于涵芬楼本阙佚、漫漶的部分，百衲本确实做过少量的补配，其中最典型者即为卷首附件的问题。百衲本《辽史》在全书目录之前依次有《圣旨》《进辽史表》《三史凡例》《修史官员》四个附件，皆为刻本样式，中华书局点校本及修订本皆承袭此排列顺序。涵芬楼本卷首仅有《进辽史表》《修史官员》两者，且为后人补抄，知百衲本当据他本所补；而细检版心标号并与现存其他洪武本《辽史》相校可知，百衲本卷首要件系拼凑不同底本所得，且次第略有颠乱。

百衲本卷首《圣旨》三叶，版心依次标为“辽史目录一（二、三）”，《进辽史表》版心依次作“辽史目录　表一（表二、表三）”，《三史凡例》版心作“辽史目录四”，《修史官员》版心作“辽史目录　一（二）”。从中不难发现，《三史凡例》之“辽史目录四”无所依归，颇显突兀，推断其原本当紧随《圣旨》“辽史目录一（二、三）”之后，此可在现存其他洪武刻本中求得印证。洪武本流传至今者多为残帙，卷首部分散佚尤甚，全无阙佚、补抄痕迹者仅见上海图书馆藏何焯旧藏本（索书号791568-99）及国图藏项笃寿旧藏本（索书号03821）。此二本大体整全（具体情况详见下节），前者卷首依次为《圣旨》《三史凡例》（版心页码连续：辽史目录一、二、三、四）、《进辽史表》（版心：辽史目录　表一、表二、表三）、《修史官员》（版心：辽史目录　一、二）；后者则为《进辽史表》（版心：辽史目录　表一、表二、表三）、《修史官员》（版心：辽史目录　一、二）、《圣旨》《三史凡例》（版心页码连续：辽史目录　一、二、三、四）。可见《圣旨》

① 拓片见张守义《平泉县马架子发现的辽代墓志》，《文物春秋》2006年第3期，第62页。
② 拓片见梅宁华主编《北京辽金史迹图志》，北京：燕山出版社，2003年，第279页。

《三史凡例》本为一体连书，百衲本以《进辽史表》插入二者之间已非原貌。《辽史》所附《圣旨》乃敕修辽、金、宋三史之诏书，《三史凡例》与之连书正得其宜，且此二者之撰写、颁行早于《辽史》纂修、奏进，原本次第当在《进辽史表》与《修史官员》之前，上图藏本排序更近乎原书旧貌，[①] 通行本须据以调整。

之所以会出现上述问题，恐与百衲本所据底本卷首附件并不完整有关。当时影印所可参据者，除涵芬楼本外，仅有上文所称北平图书馆旧藏四种残本及傅增湘藏残本，具体到卷首部分：平图甲本仅存《圣旨》半叶及《修史官员》一叶，且有补抄痕迹，正文卷六二《刑法志下》后有《进辽史表》；乙本卷首全部阙佚；丙本卷首存《修史官员》，正文卷六二《刑法志下》后有《进辽史表》；丁本《圣旨》为补抄，版心无字，后有《三史凡例》《修史官员》，阙《进辽史表》。由此看来，百衲本卷首《进辽史表》可能得自平图甲本、丙本，《三史凡例》可能出自丁本，《修史官员》可能出自丙、丁二本，剩下的《圣旨》则最可能得自藏园残本，东拼西凑之下，方致穿插失当，次第颠倒。

上述考证希望给出一个简单明了的结论：百衲本《辽史》之底本实乃蒋汝藻、涵芬楼递藏本，仅在该本阙佚、漫漶、补抄等个别地方稍加补苴，所谓拼合北平图书馆四种残本之说并无依据。在此基础上，可以提出两个层面的新问题：其一，既非拼合诸本而成，且所据底本至今尚存，百衲本一直以来被赋予的不可替代性和唯一性自然不复存在，通行点校本选择其作为底本的合理性必须重新审视。其二，洪武年间福建书坊所刻《辽史》有过不同批次的印本，历次印本间存在不容忽视的文字差异，不仅关乎百衲本底本的价值判定，更牵涉《辽史》一书整体的文献源流。这些都是既往关于《辽史》版本研究未遑注意的盲点，也是本文的重心与落脚所在。

三、洪武本《辽史》的印次差异及其文献价值

据初步统计，海内外现存洪武刻本《辽史》凡 17 部，详见后文表三。综合考虑这些本子的利用便捷程度及实际存藏状况，我们的工作思路是选取若干代表不同印次的“标准本”加以比对，所得校勘成果作为判定其他版本印次归属的基本依凭。

根据对修补版、字口清晰度、文字差异等情况的全面摸排，我们认为上图藏何焯旧藏本（791568-99）、国图藏项笃寿旧藏本（03821）及涵芬楼本（07367，即百衲本底本）分别代表了洪武刻本早、中、晚三种不同阶段的印本。图一—四即选取三者及百衲本同一叶面加以对比，可以明显看出同一版片左下角逐渐磨损的变化过程，至晚印本出现局部漫漶，百衲本描润时不得不根据他本补字，致与早期印本不符，通行点校本因之（说详下文）。不同印本版片修补情况差异较大，其中早印本已存在少量补版现象，如卷四叶 3—4、卷一四叶 6—7、卷二

① 《中华再造善本》影印国家图书馆所藏《金史》至正初刻本卷首依次为《进金史表》《修史官员》与《圣旨》，顺序似有龃龉。然《金史》所附者乃辽、金二史修成敕令刊刻的圣旨，时序本就在书成之后，未可与《辽史》等同。

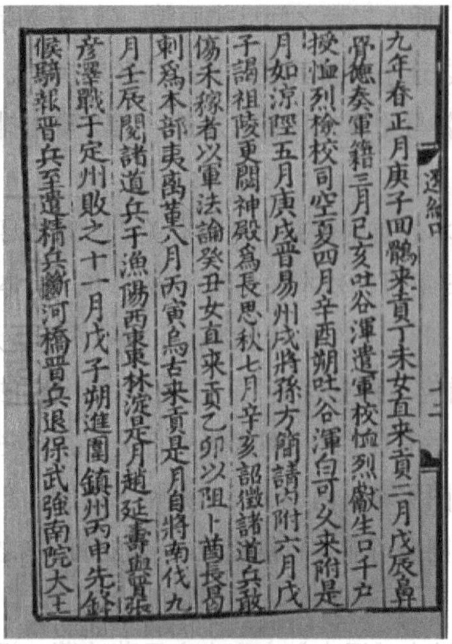
九年春正月庚子回鶻来貢丁未女直来貢二月戊辰鼻
骨德奏軍籍三月己亥吐谷渾遣軍校恤烈獻生口千户
授恤烈檢校司空夏四月辛酉朔吐谷渾白可久来附是
月如涼陘五月庚戌晋易州戍將孫方簡請内附六月戊
子謁祖陵更閲神殿爲長思秋七月辛亥詔徵諸道兵敢
傷禾稼者以軍法論癸丑女直来貢乙卯以阻卜酋長曷
剌爲本部夷离菫八月丙寅烏古来貢是月自將南伐九
月壬辰閲諸道兵于漁陽西東林淀是月趙延壽與張
彦澤戰于定州敗之十一月戊子朔進圍鎮州丙申先遣
候騎報晋兵至遣精兵斷河橋晋兵退保武強南院大王

图一　早印本卷四叶12b

九年春正月庚子回鶻来貢丁未女直来貢二月戊辰鼻
骨德奏軍籍三月己亥吐谷渾遣軍校恤烈獻生口千户
授恤烈檢校司空夏四月辛酉朔吐谷渾白可久来附是
月如涼陘五月庚戌晋易州戍將孫方簡請内附六月戊
子謁祖陵更閲神殿爲長思秋七月辛亥詔徵諸道兵敢
傷禾稼者以軍法論癸丑女直来貢乙卯以阻卜酋長曷
剌爲本部夷离菫八月丙寅烏古来貢是月自將南伐九
月壬辰閲諸道兵于漁陽西東林淀是月趙延壽與張
彦澤戰于定州敗之十一月戊子朔進圍鎮州丙申先遣
候騎報晋兵至遣精兵斷河橋晋兵退保武強南院大王

图二　中印本卷四叶12b

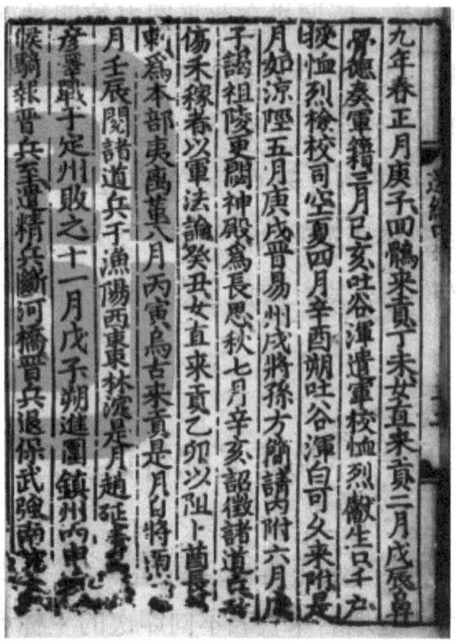
九年春正月庚子回鶻来貢丁未女直来貢二月戊辰鼻
骨德奏軍籍三月己亥吐谷渾遣軍校恤烈獻生口千户
授恤烈檢校司空夏四月辛酉朔吐谷渾白可久来附是
月如涼陘五月庚戌晋易州戍將孫方簡請内附六月戊
子謁祖陵更閲神殿爲長思秋七月辛亥詔徵諸道兵敢
傷禾稼者以軍法論癸丑女直来貢乙卯以阻卜酋長曷
剌爲本部夷离菫八月丙寅烏古来貢是月自將南伐九
月壬辰閲諸道兵于漁陽西東林淀是月趙延壽與張
彦澤戰于定州敗之十一月戊子朔進圍鎮州丙申先遣
候騎報晋兵至遣精兵斷河橋晋兵退保武強南院大王

图三　晚印本卷四叶12b

九年春正月庚子回鶻来貢丁未女直来貢二月戊辰鼻
骨德奏軍籍三月己亥吐谷渾遣軍校恤烈獻生口千户
授恤烈檢校司空夏四月辛酉朔吐谷渾白可久来附是
月如涼陘五月庚戌晋易州戍將孫方簡請内附六月戊
子謁祖陵更閲神殿爲長思秋七月辛亥詔徵諸道兵敢
傷禾稼者以軍法論癸丑女直来貢乙卯以阻卜酋長曷
剌爲本部夷离菫八月丙寅烏古来貢是月自將南伐九
月壬辰閲諸道兵于漁陽西東林淀是月趙延壽與張
彦澤戰于定州敗之十一月戊子朔進圍鎮州丙申先遣
候騎報晋兵至遣精兵斷河橋晋兵退保武強南院大王

图四　百衲本卷四叶12b

〇叶5—7、卷三四叶5、卷三五叶1、卷六四叶4、卷六六叶7—8等，说明其并非初印本，所谓“早印”亦属相对而言；中印本暂未发现较早印本新增之补版；而后印本新增大量补版叶，如目录叶20—21，卷一三叶1—2，卷二一叶3—4，卷三一叶1—3，卷三四叶4，卷三五叶10，卷四四叶6、31—32，卷四五叶3—6、11—12及15—16，卷五〇叶5，卷五四叶7—8，卷五六叶5—6，卷六二全卷，卷六四叶1—2，卷八〇叶3，卷八三叶1—2，卷一〇二叶3—4，卷一一六叶3—4、15—18、21—22等，补版字体亦有差异，或经多次递修。除了外在形式，内文亦多歧互，兹将三者与百衲本、点校本校勘所得部分异文列入表2（其中第5、6栏即对应图1—4）。

表二 洪武本《辽史》不同印本文字比勘

序号	位置出处（卷数+叶数+行数）	订正文本	早印本	中印本	晚印本	百衲本	中华书局修订本
1	4，7a，1	晋遣使至朔令降	晋	晋	（残）	请	晋（据大典）
2	4，7a，3	命占之	命	命	（残）	史	史
3	4，7b，10	晋以朔州平遣	遣	遣	（残）	请	遣（据大典）
4	4，8a，4	明王限恩	恩	恩	（残）	思	恩（据诸本）
5	4，12b，8	与晋张彦泽	晋	晋	（残）	（脱）	晋（据诸本）
6	4，12b，9	先锋候骑报晋兵至	锋	锋（残）	（残）	遣	遣（校勘记引大典作锋）
7	5，1a，1	辽史五	辽史五	辽史五	（阙）	（阙）	
8	11，2a，8	马乏则括民马	乏	乏	乏（略残）	之	乏
9	11，4a，9	匿岐沟	岐	岐	歧	歧	岐
10	12，5a，3	同政事门下平章事	政	政	攻	攻	政
11	13，1b，5	分置定霸	分置	分置	置分	置分	分置（据大典）
12	13，2a，1	大王川	川	川	州	州	川（据大典）
13	13，2b，3	分决诸道滞狱	决	决	次	次	决
14	18，5b，9	大王高十	王	王	之	之	王
15	19，5b，6	屯田天德军	由	由	由	疑	田（据诸本）
16	19，7a，10	炮射击刺	射	射	射	谢	射
17	20，5a，4	当徐思之	当	当	之	之	当（据诸本）
18	21，1b，1	固请许之	谓	谓	疑	疑	请（据诸本）
19	21，4a，1	禁盗贼	贼	贼	赋	赋	贼
20	21，5b，9	弛駞尼水獭裘之禁	驰	驰	详	详	弛（据诸本）
21	24，6a，6	杜公谓	谓	谓	疑	疑	谓（据诸本）
22	25，3a，4	学者当穷经	当	当	当（略残）	常	当
23	27，7b，7	十二月庚戌	戌（戍）	戊	戊	戊	戌
24	27，8a，5	境上多建	境	境	（阙）	（阙）	境（据诸本）
25	28，1b，5	耶律末里	𦁈	𦁈	非	非	律（据诸本）
26	28，5a，3	秦晋王赴	正	正	非	非	王
27	29，2b，2	于北安州	干	干	非	非	于（据诸本）

续表

序号	位置出处（卷数+叶数+行数）	订正文本	早印本	中印本	晚印本	百衲本	中华书局修订本
28	29，7a，1	侍从<u>乏</u>粮	乏	乏	之	之	乏
29	30，1a，8	进<u>麨</u>与枣	麨	麨	之	之	麨（据诸本）
30	30，4a，7	民<u>何</u>堪	何	何	（阙）	（阙）	何（据诸本）
31	30，4a，8	<u>卒</u>年三十	卒	卒	（阙）	（阙）	卒（据诸本）
32	31，5b，10	<u>曰</u>牙葛直	曰	（阙）	（阙）	（阙）	曰
33	32，1a，8	多<u>雨</u>多暑	两	两	疑	疑	雨（据诸本）
34	32，6a，5	元魏<u>末</u>	未	未	疑	疑	末（据诸本）
35	33，4b，2	<u>抚</u>其降者	抚	抚	摭	摭	摭
36	34，2b，2	<u>又</u>亲征	又	又	疑	疑	又（据诸本）
37	36，3b，10	太祖取渤海	太祖取	（残）	（残）	东京本	东京本
38	37，10a，8	统县<u>一</u>	一	一	（阙）	（阙）	一（据诸本）
39	38，6b，6	户<u>一</u>千五百	一	一	一	（阙）	一（据诸本）
40	38，8a，1	在西<u>□</u>二百里	（阙）	（阙）	之	之	北
41	42，7a，4	五百八十七万<u>二</u>千七百三十五	二	二	一	一	一
42	42，11a，3	<u>三</u>十六	三	三	二	二	三（据殿本及他书）
43	44，6a，3	丁<u>丑</u>（俨）	酉	酉	丑	丑	丑
44	44，6a，4	丙寅（俨<u>大任</u>）	大任	大任	（阙）	（阙）	（阙）
45	44，27a，1	<u>高</u>丽	高	高	（阙）	（阙）	高（据文义）
46	44，29a，1	闰<u>三</u>月己卯	三	二（漫漶）	二	二	三（据他书）
47	45，4a，2	知圣旨头<u>子</u>事	子	子	（阙）	（阙）	子（据诸本）
48	45，6a，7	南<u>面</u>大王	面	面	而	而	院（据上下文）
49	45，16a，4	皇太后皇太妃皇<u>后</u>	后	后	太	太	后
50	49，4b，10	与臣僚<u>同</u>	同	同	司	司	同
51	50，2a，10	循陵<u>三</u>匝	三	三	二	二	三
52	56，1b，8	皇<u>后</u>戴红帕	后	后	后（右）	右	后
53	56，6a，7	火石袋	火石袋	火石袋	火石袋	大石袋	火石袋（据他书）

续表

序号	位置出处（卷数+叶数+行数）	订正文本	早印本	中印本	晚印本	百衲本	中华书局修订本
54	61，1b，10	杖刑自五十至三百	三	三	二（三字中间无横）	二	三（据诸本）
55	62，2a，2	诏有司凡朝日	足	足	定	定	凡（据诸本）
56	62，2a，3	参以古制	古	古	右	右	古
57	62，4b，9	昏暴者出引以籍口	出	出	少	少	少
58	62，5a，5	诬告余睹	告	告	吾	吾	告
59	64，2a，横1纵1（右起，下同）	昭烈皇后萧氏	萧	萧	肃	肃	萧
60	64，2a，横6纵1	分五石烈为七	石	石	右	右	石
61	64，2a，横2纵5	帖剌	帖	帖	怗	怗	帖
62	64，2a，横6纵5	长于治民	长于治民	长于治民	（阙）	（阙）	（阙）
63	64，2b，横6纵3	能裂麕皮	麕	麕	付	付	麕（据诸本）
64	64，14a，横6	刺一目而宫之	一	一	（阙）	（阙）	一（据诸本）
65	66，6a，横7纵4	进士蒲鲁	进士蒲鲁	（阙）	（阙）	（阙）	（阙）
66	68，7a，横13纵5	幸乾显等州次辽河	幸乾显等州次辽河	（阙）	（阙）	（阙）	（阙）
67	70，4a，横1纵3	十一年	一	一	一（残）	（脱）	一（据诸本）
68	70，18b，横1纵1	十六年	六	六	六（略残）	八	六（据诸本）
69	77，5b，10	一大事去矣	一	（阙）	（阙）	（阙）	则（据诸本）
70	78，2a，1	辍朝三日	三	三	三（略残）	二	二
71	88，5a，2	开泰中迁中丞	迁	迁（漫漶）	（残）	授	授
72	94，4b，10	匣母古城	匣	巨	巨	巨	巨
73	100，4a，1	以献天祚	作	祚	祚	祚	祚
74	102，4b，5	娄室孛堇	堇	堇	革	革	堇
75	110，4b，6	黩货无厌	黷	（阙）	（阙）	（阙）	贪（据诸本）

续表

序号	位置出处（卷数+叶数+行数）	订正文本	早印本	中印本	晚印本	百衲本	中华书局修订本
76	116，3a，2	即宗正职	正	正	政	政	政
77	116，3a，9	位居北南大王上	王	王	（脱）	（脱）	王（据文义）
78	116，3b，2	鹰鸷鸟	鸟	鸟	（脱）	（脱）	（脱）
79	116，3b，2	记龙军虎军	记	记	托	托	托
80	116，3b，4	上音兀	兀	兀	九	九	兀（出校改，无版本依据）
81	116，4a，8	祭诸先帝宫	宫	宫	（脱）	（脱）	（脱）
82	116，10b，9	下比潘切	比	比	北	北	北
83	116，15b，4	犬首也	犬	犬	大	大	犬（据大典）
84	116，16b，7	皆掌精兵者	者	者	（脱）	（脱）	（脱）
85	116，17b，1	宫帐部族	族	族	（脱）	（脱）	族（据大典）
86	116，18b，4	阿鲁碗	阿	阿	何	何	阿（据大典）
87	116，19a，2	有技艺者隶	技艺者隶	技艺者隶	（阙）	（阙）	技艺者隶（据大典）
88	116，21a，6	云为户	户	户	所	所	户（据大典）
89	116，21a，7	字之讹也	也	也	（阙）	（阙）	（阙）
90	116，21a，8	刑法志	志	志	之	之	志
91	116，21b，2	掌北面讯囚	讯	讯	诏	诏	讯（据大典）
92	116，21b，7	后为六院	六	六	（脱）	（脱）	六（据大典）
93	116，21b，8	析之为二	析	析	折	折	析（据大典）
94	116，22a，10	鹿性嗜咸	嗜	嗜	耆	耆	嗜
95	116，22b，1	女瓌	瓌	瓌	瓖	瓖	瓌（据大典）
96	116，22b，9	后土称	土	土	士	士	土
97	116，23a，5	树中有金往取之果得金	树中有金往取之果	树中有金往取之果	（阙）	（阙）	树中有金往取之果（据大典）

表中主要呈现早印本、中印本具有校勘价值的部分文字，大致分为以下几种情况。其一，早印本与中印本、晚印本皆有差异，见第6、23、32、37、46、65、66、69、72、73、75诸栏。其二，早印、中印本不误，晚印本、百衲本、修订本有阙误，见第2、6、41、44、57、62、70、71、76、79、81、84、89诸栏。其三，早印、中印本不误，晚印本、百衲本有阙误，修订本仅据《永乐大典》引《辽史》校改，见第1、3、11、12、83、85、86、87、88、91、92、93、95、97诸栏。其四，早印本、中印本不误，晚印本、百衲本有阙误，修订本据明抄本、

南监本、北监本、殿本诸本（部分条目包含大典本）校改，见第4、5、17、18、20、21、24、29、30、31、38、39、42、47、54、63、64、67、68诸栏。其五，早印本、中印本不误，晚印本、百衲本有阙误，修订本出校，无版本依据，据他书或文义改字，见第45、53、77、80栏。其六，早印本、中印本不误，晚印本、百衲本有阙误，修订本径改不出校，见第8、9、10、13、14、16、19、22、28、49、50、51、52、56、58、59、60、61、74、90、94、96诸栏。其七，早印本、中印本存在问题，晚印本、百衲本有校勘意见或加以校改，修订本据他本改，见第15、18、25、26、27、33、34、36、40栏。其八，早印本、中印本与晚印本异，与修订本亦不同，或有参校价值，见第35、43、48、55、82栏。

第一种情况是我们区分早期印本与中期印本的核心标识，其中第37、65、66、75三栏为独见于早期印本的重要异文，中期印本以下皆不存。如第37栏，出自《兵卫志·五京乡丁》，原书上下文当作："太祖取渤海，以其地建南京辽阳府。统县六，辖军、府、州、城二十六，有丁四万一千四百。天显十三年，太宗改为东京。"[①] 叙辽朝东京之建制沿革，自应述祖阿保机创业之功，从"取渤海，以其地建南京"至"太宗改为东京"正可谓一气呵成，逻辑整完；同卷上文上京条开首亦称"太祖建皇都于临潢府，太宗定晋"云云，可见行文一贯之体例。开首三字在洪武本中印、晚印本中皆已残破不可识，明抄本、南监本、北监本、殿本并作"东京本"，当同出后人妄补，使得"以其地建南京辽阳府"无所归属，且与"太宗改为东京"重复。类似情况尚见于第75栏，卷一一〇《张孝杰传》曰："孝杰久在相位，黩货无厌，时与亲戚会饮，尝曰：'无百万两黄金，不足为宰相家。'"其中"黩"字中印、晚印本皆空阙，明抄本、南北监本、殿本作"贪"，点校本及修订本据以补字，按"黩货无厌"实乃经典成词，后出诸本俱因无所依凭而自加臆断。凡此，修订本皆当据初印本校勘，以复旧观。

第二种情况是早印本、中印本共同保留的重要异文，晚印本以下皆误。如第2栏，会同四年（941）九月己巳，"有司奏神纛车有蜂巢成蜜，命占之，吉"。[②] "命"字晚印本残阙，后出诸本皆补"史"字，文义虽通，然遍检《辽史》，未见以"史"占卜之例，当系校勘者度以古制而添字，究不如原文妥帖自然。又如第41栏，《历象志》抄录祖冲之《大明历》之迟疾历，二十五日盈缩积分作"缩（五百八十七万二千七百三十五）"，"二千"晚印本以下皆作"一千"，修订本校勘记指出《宋书·律历志》引《大明历》即作"二千"，与严敦杰《祖冲之科学著作校释》校算结果合，然因无版本依据而未改字，今可明确判断"一"字乃后印本之讹，当据早印、中印本改。再如第79栏，《国语解》"鹰军"条，晚印本、百衲本作："鹰鸷，以之名军，取捷速之义。后托龙军、虎军、铁鹞军者，仿此。"罗继祖《辽史校勘记》谓"托"当作"记"，中华书局原点校本据此出校改字而无版本依据，修订本恢复"托"字，并举明人陈士元《诸史夷语音义》为证，疑"托"为"飞"之误。按陈士元相应文字曰："鹰军　以鹰鸷名军，取捷速之义。其飞龙军、铁鹞军之类，皆仿此。"此处并非照录原文，多有隐括，且通览全书可知，

---

① 《辽史》卷三十六《兵卫志下》，第477页。已据洪武本早中期印本校订，下同。
② 《辽史》卷四《太宗纪》，第54页。

陈氏所据《辽史》亦为洪武本之晚期印本，阙略处多有妄补，实不足凭。[①] 鹰军首见本纪太祖三年（909），龙军见《耶律安抟传》“从太祖将龙军讨阻卜、党项有功”，铁鹞军首见《太宗纪》会同八年，则中印本所存“后记”云云正可反映元朝史官希望表达的诸军出现次第，当据以校改。

综合以上两者，表格类文本在早期、中期印本中有可能保存更多佚文：如第44栏，《历象志·朔考》记天显四年（929）八月，耶律俨《皇朝实录》与陈大任《辽史》皆书丁丑朔，晚印本以下脱去“大任”二字；第62栏，《皇子表》懿祖次子帖剌“功”一栏中原有“长于治民”四字，晚印本以下皆阙；第65栏，《皇族表》“季父房不知世次”有“都林牙庶箴”，其下一格早印本有“进士蒲鲁”，乃庶箴之子，[②] 中印本以下皆阙；第66栏，《游幸表》圣宗统和元年（983）十二月，尝“幸乾、显等州，次辽河”，考《圣宗纪》对应年月曰：“十二月壬午朔，谒凝神殿，遣使分祭诸陵，赐守殿官属酒。是日，幸显州。丁亥，以显州岁贡绫锦分赐左右。甲午，东幸。己亥，皇太后观渔于玉盆湾。辛丑，观渔于浚渊。甲辰，敕诸刑辟已结正决遣而有冤者，听诣台诉。是夕，然万鱼灯于双溪。戊申，千龄节，祭日月，礼毕，百僚称贺。”[③] 仅见行幸显州而不及乾州、辽河，当系今本本纪作者删落旧史所致，同出于旧史本纪之《游幸表》正好保留了珍贵的信息。以上诸条，修订本皆当校补。

第三、四、五、六种情况，均属晚印本、百衲本有误而修订本已改正者，惟依据有别，这在表中占据比重最大。换句话说，倘若选择以早期印本作为底本，则可省却大量校改之劳。特别值得注意的是第三类，既往认为这些异文仅见于《永乐大典》引《辽史》，出自至正初刻本，现在看来并不尽然。以《永乐大典》引文与洪武本早、中期印本相校可知，确有不少前者不误而后者讹舛的情况，然亦不乏二者相合而至洪武本之晚印本方才出现问题的例证。由此可证《永乐大典》所引确为明代民间流传稀少的至正初刻，而洪武本与之存在差异，一部分是书坊翻刻之初即已形成，另一部分则系后来流传之讹。与此相关联的是原内阁大库所藏内廷朱丝栏抄本的年代问题，此本为中华书局点校本修订过程中利用过的一个通校本，傅增湘、冯家昇皆以之为明初抄本，杨家骆进而推断其为“进御讲读之本也”，《修订本前言》总结曰：“此本或是据至正本抄成，但其底本可能不如《大典》本底本保存完好。此本抄写时间应早于明初覆刻本，若在明刊本问世之后，则似无必要多此一举。”然而从以往的校勘实践看，这个明抄本并没有多少独特异文，实在看不出太大的价值，上表所示《大典》本与洪武本早中期印本相合之佚文亦完全不见于此，可知其所据以抄录者也只是洪武本的一个晚印本而已，时代不可能早至明初，更不会在洪武本出现以前。洪武本乃福建坊刻，至嘉靖朝重刻廿一史时，南京国子监无是书之版，终于吴下购得旧本（从文字阙漏情况看，显然亦为后印本），[④] 可见在南监本诞

① 最为明显者莫过于“龙锡金佩”一条：“太祖从兄铎骨札以本帐下蛇鸣，命知蛇语者神速姑解之，知蛇谓穴傍树中有金，往取之，果得金，以为带，名‘龙锡金’”晚印本阙“树中有金往取之果”八字（见表二第95条），陈士元臆补作“有金铎骨札掘之乃”。

②《辽史》卷八十九《耶律庶箴传》附《蒲鲁传》（第1487页）曰：“重熙中，举进士第。主文以国制无契丹试进士之条，闻于上，以庶箴擅令子就科目，鞭之二百。”知此佚文所见“进士”云云乃史官特意表出。

③《辽史》卷十《圣宗纪一》，第120—121页。

④ 黄佐《南雍志》卷十八《经籍考下·梓刻本末》，《续修四库全书》影印嘉靖二十三年（1544）刊本，上海：上海古籍出版社，2002年，第749册，第421页。

生以前，洪武本一度成为稀缺品，在此期间内廷抄录一份亦在情理之中。

第七种情况，其实就是张元济所谓“七疑字”的问题。全面考察可知，晚印本的校勘者除了会用“疑”字外，还会用“非”，如第25—27栏，只是一种比较粗糙、混入正文的校语，与所谓阙疑之义无涉，更不能用以证明晚印本优胜之处。第八种则属或可两存的校勘异文，足资参考。

综上所述，洪武刻本不同印次间文字差异情况有所参差，早印本与中印本差距较小，基本可以用版面磨损、漫漶等自然原因加以解释，而晚印本与前两者的区别则是系统性的，除了磨损情况更为严重外，更有大量补版、校改，所改多有失当，如果将前述补版情况与表二所示结合起来不难发现，晚印本中很多讹误是正在补版中方才出现的。由此看来，通行点校本选择源出晚印本系统之百衲本为底本，是颇可商榷的。

除了订正通行本外，我们还可以将以上“标准本”所得校勘结果应用于现存所有洪武本，以判定其大致印次，详见下表。

表三　洪武刻本《辽史》存藏、印次情况概览

	藏地	索书号	存卷	藏印（不含现藏地印）	印次判定
1	中国国家图书馆	03821	116卷全	“项氏万卷堂图籍印”“项笃寿印”“浙右项笃寿子长藏书”“少溪主人”	中印
2		03390	116卷全	“铁琴铜剑楼”	晚印
3		07367	116卷全	“海盐张元济经收”“涵芬楼”“涵芬楼藏”	晚印
4		02364	存1卷：45		早印
5		A00061	存33卷：1—11、25—36、69—78		中印
6		A00062	存72卷：1—14、63—90		中印
7		A00799	存55卷：31—44、49—62、71—97		早印
8		A00801	存97卷：1—56、58—98		中印
9		T00749	存5卷：58—62	“陈垣先生遗书”	早印
10	台北“故宫博物院”	1604	存88卷：1—47、58—98	“京师图书馆收藏之印”	中印
11		1605	存81卷：1—7、22—44、49—101	“晋府书画之印”“善德堂图书印”“京师图书馆收藏之印”	早印
12	上海图书馆	791568-99	116卷全，卷71—75抄配	“何焯私印”“汪士钟印”“豫园主人”	早印
13	重庆图书馆	B02/2：7/0040	116卷全	“艺风堂藏书”“友年所见”“浩廷”“古书流通处”“求古居”“陈立炎”“荃孙”“云轮阁”“李文衡赠”“海盐姚叔祥藏”	晚印

续表

	藏地	索书号	存卷	藏印（不含现藏地印）	印次判定
14	南京图书馆	GJ/EB/112138	存99卷：18—116	“济阳文府”“八千卷楼藏书印”	晚印
15	山西博物院	S00312-00319	存16卷：31—46	“双鉴楼藏书印”	晚印
16	静嘉堂文库	10223	116卷全	“归安陆树声叔桐父印”	晚印
17	天理大学图书馆	10001875570	存115卷（阙卷100）	“双鉴楼”“江安傅沅叔所藏善本”“傅增湘读书”“藏园”“山斋”“田庆”等	中印

上表中列为早印本者五，即第4、7、9、11、12栏；中印本六，即第1、5、6、8、10、17栏；晚印本六，即第2、3、13—16栏。其中晚印本阙漏、校改最多，与前两种印本差异最大，故而判定依据最为明显，无须过多展开。值得稍加说明的是早期、中期印本的差异。前文已述，关于这一问题的判别标准主要依据表二所示第一种情况，即早印本之标准本与晚印本之标准本的异文，这些异文在早印本、中印本中的分布情况并非截然两分，而是呈现光谱式的渐变过程，即两个标准本代表了异文的两极，其他文本则不同程度地保留了早印本的文字（具体情况见表四）。除此之外，表三中第4、9两本，存卷较少，未涉及表二第一种情况之异文，然晚印本阙讹之处及中印本标准本断版、漫漶处皆不见于此二本，情况与早印标准本相合，故暂定为早印本。

表四　洪武本《辽史》早、中印本文字差异渐变情况

		上图本	台故1605	国图A00799	国图A00062	国图A00061	国图A00801	台故1604	天理本	国图03821
1	先锋候骑（4，12b，9）	鋒	鋒	△	鋒	鋒	鋒	鋒	鋒	鋒
2	十二月庚戌（27，7b，7）	●	●	△	△	●	●	●	●	◎
3	曰牙葛直（31，5b，10）	●	●	●	◎	◎	◎	◎	◎	◎
4	太祖取渤海（36，3b，10）	●	●	●	●	●	●	●	●	◎
5	闰三月己卯（44，29a，1）	●	●	●	△	△	●（稍漫漶）	●（稍漫漶）	漫漶	二
6	进士蒲鲁（66，6a，横7纵4）	●	●	△	●	△	◎	◎	◎	◎
7	幸乾显等州次辽河（68，7a，横13纵5）	●	●	△	◎	△	◎	◎	◎	◎
8	一大事去矣（77，5b，10）	●	●	●	◎	◎	◎	◎	◎	◎
9	匣母古城（94，4b，10）	●	●	●	△	△	匣	匣	匣	匣

表例：●代表为正字，◎代表阙字或漫漶，△代表无相应卷帙。

表四所列九本中，最为标准之早印本除上图本外，尚有台故 1605，二者异文情况全同；其次为国图 A00799，除阙卷外文字皆同前两本。此下六本虽皆划为中印本，实际情况仍可细分为三个层次。其一，表中第 3、8 两栏六本皆有阙文，第 7 栏除一本此卷不存外，亦俱付阙如，说明此三处空阙形成较早；其二，第 6 栏存于国图 A00062，而在国图 A00801、台故 1604、国图 03821 及天理本已为阙文，说明此条佚失稍晚，而国图 A00062 与后四者并非同一印次；其三，第 1、2、4、5、9 栏文字前四个中印本皆与标准本国图 03821 不同，则此三栏异文形成最晚，而国图 03821 与前四者并非同一印次。综上，早中期印本文字脱落异变的大致顺序为：表 4 第 3、7、8 三栏——第 6 栏——第 1、2、4、5、9 栏；与此相对应者，从早印标准本到中印标准本，洪武本至少印过四次，第一次包括上图 791568-99、台故 1605、国图 A00799 等，第二次可能包括国图 A00062 及 A00061（因阙卷无法判定属于第二次抑或第三次，权置于此），第三次包括国图 A00801、台故 1604、天理本，第四次则为国图 03821。[①] 由此看来，洪武福建坊刻本《辽史》曾经多次印刷，后来版面损耗严重，复加以系统的校勘与修补，在现存版本中皆有遗痕；而本文所谓早印、中印之分只是笼统言之，旨在反映不同阶段文本的具体差异，而非严格意义上的印次之别。

四、结语

元修《辽史》成书于至正四年（1344），次年与《金史》一道镂刻于江浙、江西，仅印一百部，是为至正初刻，此本至明代流传已稀，除前期内府有藏并抄入《永乐大典》外，世间罕觏。洪武二十三年（1390）前后，官府委托福建书坊翻刻至正本，即洪武覆刻本，后经多次重印，成为明中前期市面上主要流行的《辽史》版本，此种情况至少持续到嘉靖八年（1529）南京国子监刊刻廿一史之前。质言之，一部出自书坊之手的刻本在长达百四十年的时间里充当了《辽史》的通行本，并且直接影响乃至形塑了此后南北监本及清代殿本等官方正本的面貌；与此相伴随，该本中制作粗糙、校勘不精等问题也隐伏下来，成为《辽史》久无善本的根源所在，这在正史衍变的总体视野下并不多见。同时亦应看到，《辽史》在明代前中期刊印、流通的实际频次远远超乎前贤想象，[②] 这直接牵涉到明人有关契丹辽王朝历史知识的传播、接受与衍变，是观察当时华夷观念及历史撰述等问题时不得不考虑的书籍史背景。

在洪武本的历次印本中，经过大量补版和校改的晚印本流传最广，存世最多，对后世影响也最大，现今通行诸本皆可视作此本的余脉，从所谓明内阁朱丝栏抄本、南北监本、殿本，到百衲本、中华点校本及其修订本莫不如此。然而晚印本较早期印本实多有缺陷，且阙佚之信

① 另有一现象值得玩味，中期印本国图 A00062、A00801、台故 1604、天理本四者中，本应列于卷首之《进辽史表》皆混入正文卷六二、六三间（国图 A00061 卷首及卷六二、六三皆不存，难以核验），而国图 03821 则无此误，恐亦源于印次有别。

② 顾炎武《日知录》称明刊南监本以前“辽金二史向无刻本”，冯家昇据以推定明代中前期仅有元刻之版，且世所罕传（《辽史初校序》，《辽史证误三种》，第 77 页）。按顾说实出于对前引黄佐《南雍志·经籍考下·梓刻本末》的误解，黄氏称“辽金二史原无板者购求善本翻刻”原指当时南京国子监中并无辽金二史之书版，这自然亦与二者刻于福建书坊有关。

息很难通过同一版本系统内部的校勘予以补足，更为《辽史》的整理蒙上了一重阴影，而这重阴影得以长期笼罩，当与自武英殿本二十四史以来历次正史批量整理工作的内在惯性有关。

乾隆间校刻二十四史以明代监本作为主要对话乃至批判之对象，处处将厘正监本讹误树为衡量自身工作价值之标尺；至商务印书馆影印百衲本复以殿本作为参照对象，每以所印本较殿本优长之处相自诩；中华书局点校本二十四史多以百衲本为底本，据他本校改百衲本处何啻百千，而至今仍在进行中的修订本又多标榜较原点校本新增几多校勘记、改正原本多少错误。每一次整理皆以超迈前代为指归，但与此同时，工作的基本框架和范式路径其实又直接受到前一次整理的制约和限定。与细部问题的批评、推敲、更正相伴随，大量更具方向性、根本性的问题却很可能在不经意间一直承袭下来。数百年来对于《辽史》洪武本印次差异的忽视，就是这样一个典型的案例。

区分古籍同一版本的印次之别，确实是比较晚近的事情。从顾广圻、黄丕烈首发其议，长久以来应者寥寥，直至近年方得到学界的真正重视，尤以郭立暄《中国古籍原刻翻刻与初印后印研究》集其大成。是书曾言："传统学者在讨论具体个案时，习惯以'刻本'作为单位，似乎这一'刻本'是静止的、固定的。而在实际操作中，某一刻本是由版片衍生而出的印本之集合，这些印本是多样的、流变的……版本的接受与继承方式是从印本到印本……比较符合实际的做法是，在刻本中分出不同的印次，以某一印次的文字为基本讨论单位。"[①] 说到底，重视同一刻本的不同印次，本质上是对文献生命历程中具体节点的切实关照。以此回顾《辽史》版本研究的学术史，张元济、冯家昇、陈述、中华书局点校本修订组都曾有机会实现此种关照，最终却一一错失。尤其是2007年启动、2016年基本结束的修订工作，囿于前人成说，缺乏区分不同印次的学术意识，未能全面展开版本调查，令人深以为憾。依托当下大有改善的版本阅览条件，我们认为，点校《辽史》实应选择洪武刻本之早印本为底本，以上海图书馆藏本为主，其中钞配之卷七一至七五及阙叶等处代以台北藏1604号本，不足处再参据中印本及其他诸本，这大概是目前最利于恢复该书原始面貌的整理方案。

附记：本文核心观点曾于2021年10月9日在北京大学人文社会科学研究院"衲史今昔：张元济校勘手稿与'二十四史修订工程'中的百衲本"工作坊上报告，全文首发于2023年8月26日北京大学"文体·文献·文本形态"中国古典学前沿论坛。写作过程中得到众多学界同人的鼎力相助：左鹏、杨菊、郑晓宾、李京泽帮忙检核版本，李思齐、张悠然、岳思彤提供影像资料，李寒箫、王岩、任家豪、上官婧琦、孙润泽、张砚衡、初京郴、范睿哲、黄思文、丁一杭、陈琪分工校对《辽史》文字。没有他们的援手，本文实难完成，谨此致以最深挚的谢意！

① 郭立暄《中国古籍原刻翻刻与初印后印研究》，上海：中西书局，2015年，第129—130页。

《续宋中兴编年资治通鉴》性质考索 *

李寒箫

提要:《续宋中兴编年资治通鉴》的内容主要取材于《中兴两朝编年纲目》《续编两朝纲目备要》《类编皇朝中兴大事记讲义》《建炎复辟记》等流传于福建地区的文献，并未使用任何来自官方的材料。该书采用了摘抄、节录与改写等编纂手法，但在组织史料的过程中出现了一事重出、胡乱嫁接、删节过甚、时序颠倒、记载错位、分条混乱、错字别字等一系列问题。根据在《续宋中兴编年资治通鉴》之中找到的三条独特记载，再结合《续宋编年资治通鉴》和《麻沙刘氏族谱》中的相关信息，推断《续宋中兴编年资治通鉴》的作者并非“国史实录院检讨编修官刘时举”，而很可能是元代麻沙刘氏家族的某位（或某些）成员。

关键词:《续宋中兴编年资治通鉴》 刘时举 建阳 伪托

一、缘起

《续宋中兴编年资治通鉴》（下文简称《中兴通鉴》），旧题刘时举撰，全书共 15 卷。是书现存最早版本为元刊本，计有两种，分别是皇庆建安陈氏余庆堂刊本和至治云衢张氏刊本①。其中云衢张氏本相对晚出，其内容错讹相较陈氏余庆堂本更甚。近年虽有王瑞来先生整理的点校本问世，但点校本部分文字系以理校、他校法修改，无法反映是书原貌。基于这些现实原因，本文将以年代最早、面貌最为原始的陈氏余庆堂本作为研究对象。

《中兴通鉴》记事始自宋高宗建炎元年（1127），迄于宋宁宗嘉定十七年（1224），几乎占据了整个南宋王朝三分之二的时间。是书虽不若《建炎以来系年要录》（下文简称《要录》）《三朝北盟会编》（下文简称《会编》）等史籍一般详赡，但从内容的整体性和连续性来看，其价值则颇为独特，理应引起宋史研究者的重视。然而学界目前关于《中兴通鉴》的研究仍存在着一些有待廓清的疑窦，本文要讨论的真伪性质问题即是其中最关键者。

---

* 李寒箫，北京大学国学研究院。
本文写作过程中先后得到苗润博、游彪、邓小南老师悉心指导，又蒙杨光、张砚衡、刘邦栋先生提供批评意见，谨致谢忱！

① 参看徐潇立《试论〈续宋中兴编年资治通鉴〉整理前言所涉版本问题》，《版本目录学研究》第十二辑，2020 年，第 159—168 页。

展开讨论之前，有必要先说明何谓“真伪性质”。当今文献学研究者习用的一些专业术语实源自中国悠久的学术传统，“伪书”即居其一，然其内涵在经历千年学术赓衍后已经大为泛化。“伪书”在当下的研究中渐成盖棺论定之辞，典籍一被判定为伪书便似乎再无可取之处，此种断论极具遮蔽性，常使研究者忽略了文献生成的复杂情况。部分前辈学者已经注意到了这一问题，如贾敬颜提出“常常有这样的事：书伪而事不伪，也有事伪而书不伪，或者书事俱伪，情况不可一概而论”[①]，龚延明、李裕民也指出伪书具有研究价值、校勘价值和史料价值[②]，这些认识可谓颇具见地，但还都没有理清“伪书”概念在研究实践中的层次。

就管见所及，所谓“伪书”主要有三种指向。一是内容基本真实而书名系凭空生造、作者为虚构假托者，其例如《契丹国志》《大金国志》[③]。二是作者真实存在，书名、内容为向壁虚造者，代表案例是丰坊制造的一系列经典[④]。三是内容和作者均系子虚乌有，如张师颜《南迁录》、李大谅《征蒙记》等书[⑤]。从传统意义上讲，上述第二、第三种情况才真正契合伪书的定义。而符合第一种情况者多是自其他书籍抄撮拼凑、改头换面而成，编刻质量也往往低劣，但其内容却基本可靠、甚至可能独具价值，如果概以伪书统括之，或嫌责之过甚，是故在研究中似更宜强调此类文献“托名”“伪托”之特点。鉴于此，下文在论述时将有意识地区别“伪托之作”与传统意义上的“伪书”。

学界目前有关《中兴通鉴》的研究成果之中，最重要的当属王瑞来所撰《中兴通鉴》点校前言。此文批驳了清人姚鼐认为《中兴通鉴》成书于元代的观点，力证是书为南宋史官刘时举所作[⑥]，主要论据有二：其一是姚鼐曾说“标题称宋官，而中书‘元太祖成吉思皇帝’，是时举已入元后所成”[⑦]，但《中兴通鉴》之中并无“元太祖”三字，故姚鼐之证据有误；其二，“李心传的《建炎以来朝野杂记》(下文简称《朝野杂记》)也记有‘成吉思皇帝’”[⑧]，说明并非如姚氏所说只有元朝人才会使用此称呼。但王瑞来转述姚鼐论据时将姚氏原文“元太祖成吉思皇帝”误作“元太祖为成吉思皇帝”，进而完全误读了姚氏的观点，其对姚鼐的驳斥亦难以成立。[⑨]

除具体论证外，以王文为代表的既有研究还存在着一个根本性的问题，即均以“刘时举是《中兴通鉴》作者”为不证自明的前提。可是，刘时举果真是《中兴通鉴》的作者吗?

蒙文通等学者业已指出与《中兴通鉴》合刊的《续宋编年资治通鉴》(下文简称《续宋通鉴》)实系后世托名李焘所作[⑩]。两书版刻特征完全一致，且毫不避忌地以“前集”“后集”自称，可

① 贾敬颜《从金朝的北征、界壕、榷场和宴赐看蒙古的兴起》,《元史及北方民族史研究集刊》第九辑，1985年，第23页。

② 龚延明、李裕民《宋人著作辨伪》,《宋史研究论文集》第十一辑，成都：巴蜀书社，2006年，第429—430页。

③ 刘浦江《关于〈契丹国志〉的若干问题》《再论〈大金国志〉的真伪》《〈契丹国志〉与〈大金国志〉关系试探》,《辽金史论》，北京：北京大学出版社，2019年，第274—317页。

④ 参见王赫《伪书的诞生：明中叶文化学术氛围与丰坊的作伪》,《文献》2020年第4期，第45—69页。

⑤ 相关研究见王国维《南宋人所传蒙古史料考》,《观堂集林》卷十五，石家庄：河北教育出版社，2003年，第377页。

⑥ 王瑞来《续宋中兴编年资治通鉴考述》,《续宋中兴编年资治通鉴》，北京：中华书局，2014年，第12页；同氏著《当代人的近代史——刘时举〈续宋中兴编年资治通鉴〉考述》,《中华文史论丛》2014年第2期，第171—214页；另见上海师范大学人文学院微信公众平台“学术人文”2017年11月9日推送“小考证大意义：历史研究与考证方法经典示例”(https://mp.weixin.qq.com/s/kUXC8KbpBRtbJHMsd8hYFA)。

⑦ 王瑞来《续宋中兴编年资治通鉴考述》，第12页。

⑧ 王瑞来《续宋中兴编年资治通鉴考述》，第12页。

⑨ 具体分析请参见李寒箫《〈续宋中兴编年资治通鉴〉研究》，北京师范大学学位论文，2021年，第5—6页。

⑩ 蒙文通《跋〈宋史全文续资治通鉴〉》,《蒙文通全集》，成都：巴蜀书社，2015年，第519页。燕永成《南宋纲目体本朝史的编修及其流变》,《文史哲》2014年第6期，第22—23页。

见其联系非常紧密。更重要的是，这两部书均在元代才流行于世，此前未见任何文献著录或引据。那么，与这样一部伪托之作关系密切的《中兴通鉴》是否也有托名作伪的嫌疑？

如果我们跳出个案，在宋元书籍史的大背景之下观察《中兴通鉴》，不难发现其与《契丹国志》和《大金国志》两部托名之作间同样存在诸多非常关键的共性。第一是编纂手法基本相同，《中兴通鉴》与两部《国志》均系杂抄宋代文献而成，且都存在大量抄录他书而不注出处的情况。第二是内容错谬很多。第三是初刻本产地一致，辛德勇在刘浦江的研究基础上补充说明两《国志》均出自元代前期建阳书坊之手[①]，而《中兴通鉴》最早的版本也是元代建阳坊刻本。第四，以上诸书的形式体例也有雷同之处，如书内均插引史论，又都在天头用小字概括条目所记内容等。第五，《契丹国志》的作者叶隆礼、《大金国志》的作者宇文懋昭与《中兴通鉴》的作者刘时举相似，都是"惊鸿一瞥"式的历史人物。上述五项关键共性所反映出的一个事实是，《中兴通鉴》与两部《国志》诞生于相同的时代背景之下。又根据刘浦江的研究，所谓"叶隆礼"与"宇文懋昭"实系元初建阳书坊伪托之名，并非两部《国志》真正的作者[②]。既然建阳书坊能够托名宋人制造出《契丹国志》《大金国志》，那么同样出自建阳书坊且与两部《国志》存在诸多关键共性的《中兴通鉴》自然也无法摆脱托名作伪的嫌疑。

综上所述，王瑞来对《中兴通鉴》作者的考述尚不足以成为定论，又由于《中兴通鉴》的作者身份及成书年代问题直接关系到学界对该书性质与价值的认识，我们有必要转换方法和角度，重新审视《中兴通鉴》一书的作者、成书年代乃至真伪性质。而笔者所选择的切入点，是逐条探究《中兴通鉴》的史料来源。

二、《中兴通鉴》的史料来源与内在缺陷

辨明《中兴通鉴》的内容有无根据、是否真实、错谬几何，不仅有助于我们科学地衡量其价值，更可以为我们锚定《中兴通鉴》的性质提供方向性指引。因此，下文将首先考察《中兴通鉴》的史料来源及其内容准确性问题。

（一）《中兴通鉴》史源通论

关于《中兴通鉴》的史料来源，前人所论存在一定分歧。部分学者发现《中兴通鉴》与宋代私家史著存在密切联系，梁太济首先指出《中兴通鉴》光、宁两朝的内容"是转录、并合或删节《两朝》（引者按：即《续编两朝纲目备要》，下文简称《两朝纲目备要》）的有关记载而成的"[③]。温志拔认为《中兴纲目》是《中兴通鉴》的"主要文字依据之一"[④]。燕永

---

① 参见辛德勇（微博帐号"XinDeyong"）于2015年2月23日发表的微博博文，辛氏称该文系"在2007年召开的纪念邓广铭先生百年诞辰国际学术研讨会上，我为评议浦江兄论文撰写的评议意见要点"。辛德勇2016年8月18日发布的"问学短札之一六"同样是探讨"元刻本《契丹国志》卷首附刊的〈契丹地理之图〉等地图编刻过程中相关问题"，其中对《契丹国志》成书时间及性质的认识与前文一致。

② 刘浦江《关于〈契丹国志〉的若干问题》《再论〈大金国志〉的真伪》《〈契丹国志〉与〈大金国志〉关系试探》，《辽金史论》，第274—317页。

③ 梁太济《〈两朝纲目备要〉史源浅探——李心传史学地位的侧面观察》，《文史》第32辑，北京：中华书局，1990年，第159页。

④ 温志拔《〈中兴两朝编年纲目〉考略》，《文献》2013年第2期，第129—130页。

成提出《中兴通鉴》主要依据《中兴纲目》和《两朝纲目备要》编修而成，同时参考了《鹤林玉露》等书[①]。雷震则进一步考明《中兴通鉴》所用的《中兴纲目》是一个不存于世的特殊版本[②]。

另一种观点认为《中兴通鉴》主要取材于宋朝官方文献。曾震宇判断“此书主要以南宋的《实录》《国史》《松漠纪闻》《中兴小纪》《建炎以来朝野杂记》《建炎以来系年要录》及其他史籍采集而成”[③]。王瑞来提出《中兴通鉴》所记高宗朝史事应参考了《要录》，孝宗朝史事当源出国史系统，光宗、宁宗朝内容则与《两朝纲目备要》“史出同源”[④]。此外，王氏认为《中兴通鉴》所附“吕中曰”等史论文字应是“好事者或坊间”从《要录》中转录而来的[⑤]。范学辉认可王瑞来的上述观点，但也承认《中兴通鉴》与《中兴纲目》存在文本源流关系[⑥]。

需要指出的是，上述研究在分析《中兴通鉴》的史料来源、编纂手法时较少给出文本层面的证据，同时缺乏一种通贯、整体的视角，故其结论仍有可推进余地。笔者逐条核对了《中兴通鉴》的史源，并统计了该书各卷出自不同史源的字数占比情况，详见下表：

表一 《中兴通鉴》各卷史源情况（单位：字）[⑦]

来源 卷数	中兴纲目	两朝纲目备要	中兴大事记[⑧]	建炎复辟记	鹤林玉露	十八史略[⑨]	其他文献	出处不详[⑩]	总计
卷一	4992		4198					124	9314
卷二	5081			2470			46		7596
卷三	7048								7048
卷四	5678						179		5857
卷五	5836								5836
卷六	5978							23	6001
卷七	5945				25				5970
卷八	5274		3024		29	147			8474
卷九	4865		728			33			5626
卷十	4117	40	1176				329		5662
卷十一		4432	200		40	75			4747

① 燕永成《南宋纲目体本朝史的编修及其流变》，第21—22页。
② 雷震《〈中兴两朝编年纲目〉版本初探——以国图藏本为线索》，《文献》2020年第6期，第94-95页。
③ 曾震宇《〈大金国志〉研究》，香港大学博士学位论文，2002年，第301页。
④ 王瑞来《续宋中兴编年资治通鉴考述》，第22—25页。
⑤ 王瑞来《续宋中兴编年资治通鉴考述》，第37页。
⑥ 范学辉《宋代文献整理的典范佳作——〈续宋中兴编年资治通鉴〉读后》，《书品》2015年第2期，第48页。
⑦ 此据陈氏余庆堂本《中兴通鉴》统计，百分数保留小数点后一位。
⑧ 指《类编皇朝中兴大事记讲义》，下同。
⑨ 指《古今历代十八史略》，下同。
⑩ “其他文献”指能够得到传世文献印证，可以确定存在独立史源的内容。“出处不详”则指在传世文献中完全找不到相似记载的内容。

续表

卷数＼来源	中兴纲目	两朝纲目备要	中兴大事记	建炎复辟记	鹤林玉露	十八史略	其他文献	出处不详	总计
卷十二		7240	651						7891
卷十三		7004	837		249			45	8135
卷十四		7314	210		154		21		7699
卷十五		4223			46		195		4464
总计	54814	30253	11024	2470	543	255	770	192	100321
占比	54.6%	30.2%	11.0%	2.5%	0.5%	0.3%	0.8%	0.2%	100%

由上表可知，《中兴通鉴》逾95%的内容都来自于《中兴纲目》《两朝纲目备要》《中兴大事记》三部史著，它们毫无疑问地构成了《中兴通鉴》的叙事主干。在这三部书以外，《中兴通鉴》至少还参考了诸如《建炎复辟记》等三部文献和一些目前未详来历的文献。兹缕叙《中兴通鉴》使用以上文献的情况如下。

1.《中兴纲目》及《两朝纲目备要》

《中兴纲目》全书十八卷，记事涵盖高孝两朝;《两朝纲目备要》全书十六卷，囊括光宁两朝史事。近人的研究指出,《中兴纲目》当系南宋兴化军莆田县（福建莆田）人陈均所作①,《两朝纲目备要》则可能出自真德秀门人之手②。

经比对可知,《中兴纲目》和《两朝纲目备要》是《中兴通鉴》记载的主要来源和叙事骨架。《中兴通鉴》几乎完全因循两书的记述脉络而少有调整，其内容基本是照抄、节录《中兴纲目》《两朝纲目备要》二书的纲、目而成，编纂者虽然也会重新组织史文，但其手法主要是缩写和概括，既无高明笔法、也未补充新的信息，有时甚至还会给读者带来困扰③。

2.《中兴大事记》

《中兴大事记》为南宋人吕中所作，晚宋以降始流行于世，其所记内容同样涵盖了南宋高孝光宁四朝。有研究者认为《中兴通鉴》高宗朝部分所引《中兴大事记》系抄自《要录》，孝宗朝以后的“吕中曰”则直接采自《中兴大事记》④，这一说法值得斟酌。首先，设若《中兴通鉴》的编纂者能够看到《中兴大事记》，他为何还要大费周章地从《要录》中转引吕中的史评？这显然不合常理。其次，如果“转引”之说成立，那么《中兴通鉴》高宗朝所引的《大事记讲义》也必然全数见于《要录》。但笔者比对后发现实际情况并非如此，请看下表：

① [美]蔡涵墨（Charles Hartman）《陈均的〈纲目〉：十三世纪教学著作中的出版与政治》,《历史的严妆——解读道学阴影下的南宋史学》，北京：中华书局，2016年，第325—327页。

② 梁太济《〈两朝纲目备要〉史源浅探——李心传史学地位的侧面观察》，第168页。

③《中兴通鉴》所记载的一些重大事件（如开禧北伐、吴曦投金、韩侂胄之死、金蒙战争），往往将相关事件整合起来进行叙述，并不遵循《两朝纲目备要》原本的叙事顺序。典例为卷十三开禧二年的记载。

④ 王瑞来《续宋中兴编年资治通鉴考述》，第37页。

表二 《中兴通鉴》《要录》建炎三年以前内容引吕中史评情况对比[①]

《中兴通鉴》引吕中史评	后人增入《要录》之吕中史评
“回天下之势者”条	声称引自“何俌《龟鉴》”，且缺“而不以手笔废朝令……而去靖康之乱根也”共32字
“天之爱人甚矣”条	内容同左
“前世尝罹母后之祸”条	阙载
“当靖康元年二月”条	同左
“金虏自攻陷太原以来”条	同左
“国朝兵权隶于三衙”条	同左
“靖康之难能死节者”条	同左
阙载	“吾观元年金之内侵三道也”条
“李纲入来方成朝廷”条	缺“公之十议，一一施行……弃主事伪而无刑，彼尽忠守节者何辜哉？”共152字
阙载	“建炎之初肩背初失之时”条
“李纲请营南阳”条	同左
“宋齐愈之罪”条	同左
“初论水灾于宣和之时”条	同左
“张浚平生忠肝义胆”条	同左
“祖宗百年礼义廉耻之化”条	同左
“自古未有内外不相应而成功者”条	同左
“此泽去而东京之地不可守也”条	同左
“始也独相纲”条	同左

据上表可知，《中兴通鉴》《要录》所引吕中史评虽多有重合，但各自都有不见于彼的独特内容，这表明二者间并不存在线性传抄关系。与之相对的是，《中兴通鉴》所引吕中史评全数见于台北“国图”所藏二十七卷本《中兴大事记》[②]，二者的文字面貌也高度近似。更重要的是，《中兴通鉴》并非仅仅引用了《中兴大事记》的史评，而是还抄取了后者的十二处正文。由以上证据可以断定，《中兴通鉴》所用的“中兴大事记”并非转引自《要录》，而是与现存二十七卷本《中兴大事记》密切相关。

3.《建炎复辟记》

《建炎复辟记》(下文简称《复辟记》)是一部南宋文献，记苗傅、刘正彦兵变之事甚详。《中兴通鉴》抄自《复辟记》的数千字记载之中，有一些不见于《要录》等书的独特内容。如“上迁睿圣宫，百官朝谒于宫庭。召吕颐浩赴行在”，又如“以张浚为礼部尚书。命张俊以命属后，取便道之凤翔”“吕颐浩上疏太后，私请睿圣皇帝亟复大位”“张浚不受尚书之命，俊亦不肯分

---

① 因《中兴通鉴》高宗朝纪事引《中兴大事记》的内容均在建炎三年正月以前，故选取“建炎三年”作为断限。

② 关于《中兴大事记》现存版本的情况，可参看张其凡、白晓霞《南宋史籍〈中兴大事记讲义〉的发现及其价值》，《文献》2013年第3期，第141—148页。

兵与浚。御史中丞郑瑴正言乞留吕颐浩知江陵，言不当分张俊兵”等等。根据这些关键的文本细节，我们可以判断《复辟记》确为《中兴通鉴》编纂者所凭借的史源。

或许由于《中兴纲目》中关于苗刘兵变的记载较少且头绪混乱，《中兴通鉴》的编纂者遂选择大段抄撮《复辟记》的记载，并附丽少许《中兴纲目》的内容作为补充。《中兴通鉴》取用《复辟记》时虽大量删削文字，但基本保留了其原本的关键信息和叙事结构。

4.《鹤林玉露》与《十八史略》

《鹤林玉露》，南宋罗大经撰，共十八卷，杂载南宋逸事。《十八史略》则是元初士人曾先之编纂的普及性通史读物，全书共三卷，纪上古三代至南宋覆亡间事。之所以将这两部性质并不相同的史书合为一项，是由于《中兴通鉴》使用两书的方法颇为相似，即不是大篇幅、整体性地抄撮原文，而是插花式地掺入各卷之中。

经过比对发现，《中兴通鉴》有七处记载取自《鹤林玉露》。一方面，《中兴通鉴》在取用《鹤林玉露》时删减了大量细节性描述，同时调整了部分文字顺序，最典型者为卷十五“金人陷黄州”条；另一方面，《中兴通鉴》与《鹤林玉露》的文字面貌高度近似，前者所记信息并无逸出后者之处。故可以判定后者即《中兴通鉴》此条的史源。

其次是《中兴通鉴》引述《十八史略》的情况[①]。《中兴通鉴》中有三处与《十八史略》雷同的记载，这些记载不见于其他传世文献，且两书文字面貌及关键细节高度相似，故可以确定这三条记载当源自《十八史略》。

综合以上论述来看，《中兴通鉴》录自《鹤林玉露》《十八史略》的内容均具有一定的独特价值。此外，《中兴通鉴》抄自这两书的内容有时甚至无法独立成条（如卷九“以陈俊卿虞允文为左右仆射”条），只是附于《中兴纲目》《两朝纲目备要》等主干史源文献之后，用于补充一些具体细节，这说明《中兴通鉴》的编纂者应是有意识地使用《鹤林玉露》等书来丰富内容。

5. 建阳书坊的文献利用条件

经过文本比勘，我们基本在文字层面廓清了《中兴通鉴》的取材情况，至于建阳书坊究竟是否具备接触这些文献的现实条件尚有待落实，这里试作论证。

上文所举六部史源文献之中，《中兴纲目》《两朝纲目备要》尚有宋刻本流传至今，《十八史略》则有多种元刊本存世。其中宋本《中兴纲目》《两朝纲目备要》以及《十八史略》均具有明显的建阳坊刻特征[②]，可知三书均曾在建阳地区刊刻和流通，《中兴通鉴》的编纂者要想看

---

① 乔治忠认为，《十八史略》所载宋代史事“宋代史事取材于李焘《续资治通鉴长编》与刘时举《续宋编年通鉴》”。（乔治忠《〈十八史略〉及其在日本的影响》，《南开学报》2001年第1期，第81页）但据笔者翻检，《十八史略》涉及宋金历史的部分中有不少不见于《中兴通鉴》的内容（如高宗即位前事、五国城地望、孝宗降生传说、陆九渊朱熹之争、葛邲任右相等等），因此“《十八史略》取材于《中兴通鉴》”的观点难以成立。

② 现存《十八史略》的元刊本主要有三种。其中年代最早的当是东京大学南葵文库藏勤德书堂刊本，该本中的《历代甲子纪年》已经出现了“辛酉改至治”字样，可知其应刊刻于至治元年（1321）前后。其二是北京大学图书馆藏元刊本（典藏号：LSB/8284），该本较勤德书堂本多出注音、注释内容，且其《历代甲子纪年》也有所扩充，出现了“辛巳改元至正，凡二十七年”字样，知此本刊于元顺帝至正二十七年（1367）后，日本国会图书馆所藏元刊本《十八史略》（编号：000007523868）之行款、字体、内容均与北大藏元刊本高度相似，二者当属同一版本。此外，中国国家图书馆也藏有一部元顺帝至正二年（1342）由“四明（浙江宁波）郡庠”重刊的《十八史略》（善本书号：CBM1353）。

到这三部文献应无太大难度。

除此之外，《鹤林玉露》与《中兴大事记》两书虽无宋元刊本存世，但我们可以从元代文献对两书的征引观察其流传情况。《鹤林玉露》曾被《新增说文韵府群玉》《南村辍耕录》《静斋至正直记》等元代文献多次引用。《韵府群玉》的编纂者阴时夫、阴中夫长年隐居江西，其书亦多次在建阳刊刻[①]，陶宗仪在编写《辍耕录》前主要活跃于江浙地区[②]，撰写《至正直记》的孔克齐世居溧阳，后迁居四明躲避战乱[③]，这些作者引用《鹤林玉露》的情况表明是书在元代江南地区的流传颇为广泛。而现存《中兴大事记》诸版本虽然最早只能追溯到明代，但从同样由元代建阳书坊刊刻的《宋史全文续资治通鉴》大量征引"吕中曰"和"大事记"的情况来看，《中兴大事记》在元初的建阳地区已有流传。

最后是《建炎复辟记》的情况。《建炎复辟记》虽然已见《直斋书录解题》著录，但是书现存版本均形成于明代以后，其在宋元时期的刊刻、流传之迹难以确考。尽管如此，笔者还是有一点不成熟的猜想。郑明宝已经指出，《建炎复辟记》详细记载了时任御史中丞的郑瑴在苗刘兵变期间的事迹，并"对他在高宗复辟中的作用褒称有加"[④]。魏了翁所作《跋郑忠穆公家问〈遗事〉》中曾明确提到"叙南守郑君继道以其大父忠穆公手泽及《遗事》一编《建炎复辟记》属了翁识其末"。可见《建炎复辟记》的作者很有可能是郑瑴或其后人，而非以往学界所认为的"韩世忠门客"[⑤]。据《宋史》记载，郑瑴的籍贯是"建州(即建宁府)"[⑥]，而建阳正是建宁府辖县，因此这部书完全有可能在建阳地区流传。

6. 难以确定来源的记载

除去上文举出的六种史料之外，《中兴通鉴》中还有极少数来源不明的记载，这里一并举出。

《中兴通鉴》卷二之"泗州王绚率同列为执政言"条及"崇安富民获苗傅就世忠"条，其所记之事见诸《要录》《两朝圣政》，但文字却与两书大不相同，其出处尚无定论。

《中兴通鉴》卷四有关郦琼杀害吕祉的记载颇为独特。《中兴纲目》《要录》《两朝圣政》《中兴纪事本末》《中兴小历》及《皇宋中兴系年要录节要》等书虽记郦琼逼杀吕祉之事，但细节均不如《中兴通鉴》详赡，如上述诸书均不载吕祉怒斥叛军的"我不比你几个负国贼，我不去""你军中岂无一个英雄？刘豫逆臣，不要随郦琼去，从逆不是好事"之语。由此可见，它们绝非《中兴通鉴》这处记载的史源。南宋李幼武所撰《四朝名臣言行别录》对吕祉遇害之事的记载虽与《中兴通鉴》相似度较高，但《中兴通鉴》所记上述发言均是颇为浅近的口语，

---

① 郭星宏《〈韵府群玉〉研究》，内蒙古师范大学博士学位论文，2015年，第5—12页。
② 高建国《〈南村辍耕录〉史源研究》，内蒙古大学博士学位论文，2011年，第9—15页。
③ 郭军《〈静斋至正直记〉述论》，内蒙古师范大学博士学位论文，2013年，第5—8页。
④ 郑明宝《〈建炎复辟记〉点校说明》，《建炎复辟记》，《全宋笔记》第三编第五册，郑州：大象出版社，2008年，第215页。
⑤ 这一想法并非我原创，而是受教于中国人民大学历史学院李权同学与邱靖嘉老师的讨论，以上引自《鹤山全集》的材料，亦蒙李权同学赐示。
⑥《宋史》卷三百九十九《郑瑴传》，北京：中华书局，1985年，第12121页。

这和《名臣言行别录》大不相同。值得一提的是，吕祉亦是“建州建阳人”[①]，结合上文的分析，建阳书坊完全有可能接触到与其生平有关的原始材料。然而《中兴通鉴》与《名臣言行别录》记载相合者仅此一条，我们目前尚不能断言二者之间一定存在线性关系。

卷四所载“刘颁平綦毋谨之乱”一事不见于同时代传世文献记载，但亦不似出于编造，有可能是源于一部早已散佚且流传不广的文献。

《中兴通鉴》卷十、卷十四中关于陈亮上万言书与宋宁宗奖谕彭龟年的记载不见于《中兴纲目》《两朝纲目备要》及《中兴大事记》这三部主干文献。经笔者考察，这两则记载的远源分别可以追溯到陈亮所作的《戊申再上孝宗皇帝书》(收入《龙川文集》)和楼钥为彭龟年撰写的《神道碑》(收入《攻媿集》)。不过,《中兴通鉴》中并没有发现其他出自《攻媿集》和《龙川文集》的记载，以常理度之，编纂者为了抄取个别记载而特地去翻检整部文集的可能性很低。推测《中兴通鉴》编纂者接触这两则史料的渠道已不可确考，推测是某种在民间流传的集部文献。

此外,《中兴通鉴》末条史评的内容散见于《历代通略》《钱塘遗事》与《宋史全文续资治通鉴》，其间具体关系暂无法确定。

综上所述,《中兴通鉴》主干史源为《中兴纲目》《两朝纲目备要》《中兴大事记》《建炎复辟记》四书，又杂采《鹤林玉露》《十八史略》等书以丰富文本细节，所资取者均是在元代民间广为流传、可以为建阳书坊所获取的文献，而没有任何“源出国史系统”的痕迹。

(二)《中兴通鉴》的文本错谬问题

除了杂抄民间文献之外,《中兴通鉴》的内容中还存在着大量的错谬与失误。具体而言，这些错误可归纳为以下七个类别。限于篇幅，每类错误仅举一例示意。

1. 一事重出

《中兴通鉴》中最能够体现编纂者真实水准的失误，无疑是对同一史事的重复记载。如卷七绍兴三十二年(1162)七月载孝宗诏书曰“敌人来索故礼，从之则不忍屈辱，不从则边患未已。中原归正人源源不绝，纳之则东南力不能给，否则绝向化之心。宰执、侍从、台谏各宜指陈定论以闻。”而卷八则称一年后的隆兴元年(1163)七月,“……上乃下诏，略曰:‘敌人来索故疆，从之则不忍屈辱，不从则边患未已。中原归正人源源不绝，纳之则东南力不能给，否则绝向化之心。宰执、侍从、台谏各宜指陈定论以闻。’……”这两条记载虽详略有别，但其所录宋孝宗诏书的内容却惊人一致。按古代帝王所下诏书均有专人负责起草，不可能出现内容一致的情况，更何况这两封诏书还颁布于同一位皇帝当政期间。据笔者考察，这一现象的成因是两则记载来自不同的文献，而两部文献所记载的颁诏时间并不一致,《中兴纲目》卷十三将此诏系于绍兴三十二年,《中兴大事记》卷十九则系之于隆兴元年。编纂者“忠实地”按照两书各自所记的时间将其抄入《中兴通鉴》，最终犯下了这一重大失误。

---

① 《宋史》卷三百九十九《吕祉传》，第 11509 页。

2. 胡乱嫁接

《中兴通鉴》卷一载有一份“宋高宗即位大赦诏”，此诏当抄自《中兴大事记》，其全文亦见于《会编》。但不论是收录全篇的《会编》还是节录此诏的《要录》《中兴大事记》均未提及其性质，独《中兴通鉴》视其为“大赦、改元”之诏。关于《中兴通鉴》的说法究竟正确与否，我们可以从诸书所记的时间上来判断。《要录》《会编》《中兴纪事本末》及《中兴纲目》等书均记高宗即位、改元、大赦在是年五月朔庚寅日。而关于这封诏书的颁布日期，《要录》《中兴大事记》《古今合璧事类备要》记载为五月十日己亥[①]，《会编》则记为五月二日辛卯[②]，均不系于大赦当日，则此诏非高宗登基大赦之诏甚明。因此，《中兴通鉴》的这条记载应是编纂者认为诏文中有除旧布新之气象，遂将其嫁接到五月一日大赦、改元之时。这类错误不仅暴露出了编纂者对南宋历史的生疏，更表明其编纂史书的态度之轻率。

3. 删节过甚

上文已经提到，缩写和节录史源文献是编纂《中兴通鉴》所用的主要手法。但从实际情况来看，《中兴通鉴》编纂者在删削史料的过程中制造了大量的“次生灾害”，如《中兴通鉴》卷十二载庆元元年（1195）十一月“戊戌，加上帝后尊号。寿圣隆慈备福太皇太后尊号加‘惠慈’二字”。然检《两朝纲目备要》，寿圣隆慈备福太皇太后（高宗吴皇后）尊号所加当为“光佑”二字，加“惠慈”二字者实为寿成皇太后（孝宗谢皇后），这可以得到楼钥、周必大著述的印证，真实性毋庸置疑。但编纂者却直接将“惠慈”尊号置于高宗吴皇后名下，其误大矣。

需要指出的是，《中兴通鉴》之中这类因删节过甚所导致的离奇错误数量颇多。而在这些删节过当现象背后，我们可以感受到《中兴通鉴》编纂者并不理解他所面对的史料，更不太熟悉历史撰述的基本原则。

4. 时序颠倒

作为一部编年体史书，《中兴通鉴》的记载却往往存在着时间紊乱的毛病。据笔者观察，该书记载的时序颠倒现象有两种表现形式。

首先是条目之间的时间混乱。如其将“薛安靖以海州来归”系于绍兴元年（1131）十月，但据《中兴纲目》及《会编》，此事实发生于该年十二月[③]。因上一条记载的末句为“李惟德以岷州来归”，与“薛安靖以海州来归”属同类记载，笔者推测编纂者本欲将薛安靖来归一事并入上条，但却因抄撮失误而导致其单独成条，造成叙事顺序的错乱。

另一种是条目内部的时序颠倒。这些条目通常是编纂者采择某一事件或某一主题的相关材料汇集而成，譬如卷十三开禧元年（1205）“韩侂胄欲恢复中原”条，便是融合九条相关记载而成，此条内部的时间跨度长达一年，但却并不是严格按照时间来叙述的。比如编纂者将其中

---

① 李心传《建炎以来系年要录》卷五，胡坤点校，北京：中华书局，2013年，第144—145页。吕中撰，张其凡、白晓霞整理《类编皇朝中兴大事记讲义》卷二，上海：上海人民出版社，2013年，第459—460页。谢维新《古今合璧事类备要》后集卷四，《中华再造善本》影印国家图书馆藏宋刻本第32册，叶6b。

② 徐梦莘《三朝北盟会编》卷一百二，《中华再造善本》影印明钞本，叶5a。

③ 徐梦莘《三朝北盟会编》卷一百四十九，叶13a。

的“其后，侍郎李璧（壁）乞斩朱裕，枭首境上，人皆冤之”一句置于六月之前，但据《两朝纲目备要》与《朝野杂记》记载，李璧上疏请斩朱裕事在其年七月[①]。这也许是编纂者为了贯彻“载事有本末”的原则而特意编排的形式[②]，但这样的记载很容易误导读者，从史书编写和史料价值的角度上来看，无疑弊大于利。

5. 记载错位

《中兴通鉴》卷十一有记载云“礼部侍郎上率群臣朝泰安宫”，文意难解。核查其史源《两朝纲目备要》后，我们发现该条原作“上率群臣朝泰安宫”，而紧随其后的下一条内容为“礼部侍郎许及之等请祧宣祖庙……”。可知《中兴通鉴》该条中的“礼部侍郎”四字系自下文窜入。

6. 分条混乱

《中兴通鉴》全书均采用“○”符号分隔所记史事，这是其体例的显著特征。一般来说，每项独立的事件前均应以“○”区隔、单独成条，但作者在编纂实践中并未严格遵循这一标准。《中兴通鉴》卷六载：“令监司察汰县令。秋七月，复利州铁钱监。”在其史源《中兴纲目》中，这条记事原被分为两条。观其内容可知，此条所记两事彼此独立，并无联系，不知《中兴通鉴》的编纂者为何将其合为一条。

7. 错字别字

《中兴通鉴》全书错别字极多，其中多数是比较明显、无碍于理解史事的错误。如卷一载宗泽“与客对率”，此“率”颇不可解，参校其他文献可知其当为“弈”之误。此外如误“擊（击）贼”为“繫（系）贼”，误“禁妄议和好”为“诏妄议和好”，误“除授”为“陈校”等等。此外，《中兴通鉴》中还有一些相对隐秘的错别字，如该书卷一记载金人攻克中山府后杀害了守臣“康伯”，宋廷后来还追赠他“忠节”的谥号。但查阅《要录》等史籍记载可知，在中山府被金人杀害的并非“陈康伯”而是“陈亨伯”，他的谥号也并非“忠节”，而是“愍节”[③]。此种谬误主要存在于人名、地名之中，很容易误导读者对史实的认识，《中兴通鉴》中类似的失误为数不少，其典例如误李彦仙为王彦先（卷三）、误新安郡王为普安郡王（卷八）等。

这些错字当然未必全数出于《中兴通鉴》作者，还可能源于书坊刻工在雕印书版时的疏忽，或是两种情况兼而有之。但不论如何，此类现象都表明《中兴通鉴》这部书的编校品质较差，至少我们很难看出陈氏余庆堂本《中兴通鉴》书首牌记中所谓“三复校正”的痕迹。

本节集中讨论《中兴通鉴》的史料来源与存在问题，并得出了两点基本结论。第一是确定了编写《中兴通鉴》所用的史料主要来自《中兴纲目》《两朝纲目备要》等六部流传于民间的私家史著。第二是通过考订《中兴通鉴》的内容，发现其存在一事重出、胡乱嫁接、删节过甚、时序颠倒、记载错位、分条混乱、错字别字等七大问题。而在笔者看来，这两点结论可以帮助我们侧写出《中兴通鉴》作者的基本形象：首先，《中兴通鉴》的编纂没有使用任何南宋官方

① 李心传《建炎以来朝野杂记》乙集卷十八，徐规点校，第826页。
② 见于陈氏余庆堂本《中兴通鉴》书前牌记。
③ 李心传《建炎以来系年要录》卷二，第66页。另见李心传《建炎以来系年要录》卷二，辛更儒点校，上海：上海古籍出版社，2018年，第62页。

档案文献如国史、实录、圣政的迹象，这表明《中兴通鉴》的编纂者其实根本无法接触到南宋的官方文献。其次，《中兴通鉴》编者无法娴熟运用节录、杂抄、拼合等史料处理手段，制造了不少新的史实错误，这足可看出其学识不甚优秀。

三、《中兴通鉴》的作者与成书年代辨析

通过上文对《中兴通鉴》史源和内容的分析，我们发现《中兴通鉴》的作者具有“无法接触南宋官方文献”及“学识有限”两个显著特点。但元刊本《中兴通鉴》书首题写的作者信息却赫然写作“通直郎、户部架阁、国史实录院检讨兼编修官刘时举”，这与我们对《中兴通鉴》的观感截然不同。那么，我们应该如何看待这一矛盾？

（一）刘时举撰作说质疑

如前所述，因《宋史·史嵩之传》中载有“京学生刘时举”事迹，明清以降的学者遂未曾怀疑过元刻本《中兴通鉴》卷首所题“通直郎、户部架阁、国史实录院检讨兼编修官刘时举”就是该书的作者，只是对刘时举撰成《中兴通鉴》的具体年代存在不同认识[①]。但经过对文本内容的分析，笔者认为其书首所题作者名衔非常值得怀疑，理由有二。

其一，也是最为关键的一项理由，就是我们并未在《中兴通鉴》的内容中领略到一位宋朝国史院史官应有的才学与见识。比如其误植孝宗谢皇后尊号于高宗吴皇后名下，又于一年中重复记载孝宗行明堂之礼，这显然不是谙熟宋代典制和掌故之史官所能为。此外，《中兴通鉴》的编纂者选择大量资取《中兴纲目》《两朝纲目备要》《中兴大事记》等流传于民间的私家史著，却没有使用任何南宋官方档案资料，同样使人疑心作者的史官身份。

《中兴通鉴》的作者不仅缺乏作为一位史官的基本素养，他在书中的一些表述令人怀疑他根本不是宋人。除称铁木真为“成吉思皇帝”之外，还有称金军为“王师”[②]、将宋人自称的“朝廷”改为他称的“宋朝”等。另外，《中兴通鉴》还将《中兴纲目》《两朝纲目备要》等书中的“金虏”“虏”改为“金国”“金人”，将“鞑靼”“鞑兵”改为“鞑靼国”“鞑靼国兵”。虽然这些改动不很彻底，但已经足可证明编纂者有意识地做过这类工作。如若该书作者果真为宋人，他绝无任何必要去大费周章地改动这些对异族政权的蔑称。

其二，《中兴通鉴》与前人已经考订为伪托之作的《契丹国志》《大金国志》《续宋通鉴》之间存在诸多关键的共性，值得我们注意。这些共性除去前文所提到的编纂方法、版本系统和部分形式上的要素之外，尚有以下两端可以补充。

---

① 梁太济、王瑞来、雷震、燕永成等学者均认为《中兴通鉴》成书于宋亡以前（梁太济《〈两朝纲目备要〉史源浅探——李心传史学地位的侧面观察》，第160页；王瑞来《续宋中兴编年资治通鉴考述》，第12页；雷震《〈中兴两朝编年纲目〉版本初探——以国图藏本为线索》，第94页；燕永成《南宋纲目体本朝史的编修及其流变》，第21页）。曾震宇、李裕民则判断《中兴通鉴》成于元代。参见曾震宇《〈大金国志〉研究》，第302页；李裕民《四库提要订误》，北京：中华书局，2005年，第53—54页。

②《中兴通鉴》卷十三载开禧二年（1206）十二月“庚戌，陷成州，守臣辛樬之遁。王师攻城不下，明年三月，始解围去”。

（1）《契丹国志》《大金国志》《续宋通鉴》三书均托名南宋官员所作，但它们都没有使用过任何宋代官方文献资料的痕迹。《契丹国志》自称其作者为“秘书丞叶隆礼”，其书首所附《经进〈契丹国志〉表》自述其书系“采摭遗闻，删繁剔冗”而成[①]。《大金国志》则称其作者系“淮西归正人、改授承事郎、工部架阁宇文懋昭”，其人“窃禄金朝”“粗知载记之详”，书首《经进〈大金国志〉表》亦概括其编纂工作为“爰辑遗闻”“裒集成编”[②]。两《国志》所据“遗闻”指涉何书暂不可知，不过据前人研究，《契丹国志》实为杂抄《资治通鉴》《资治通鉴纲目》《续资治通鉴长编》《皇朝编年纲目备要》（下文简称《皇朝编年备要》）《亡辽录》《松漠纪闻》等通行于世的史书而成，几乎没有参考过宋代国史、会要中保存的契丹史料[③]。《大金国志》则抄取了《皇朝编年备要》《松漠纪闻》《金虏节要》《中兴纲目》《契丹国志》《汝南遗事》《南迁录》等书[④]，这些文献同样无一具备官方背景，其中更有《南迁录》之类的伪书。

与《中兴通鉴》合刊的《续宋通鉴》号称为李焘所作，然夷考其史源，却以《长编》《皇朝编年备要》《皇朝大事记讲义》为主。从人物生平上看，去世于孝宗朝的李焘绝不可能看到理宗朝才问世的《皇朝编年备要》。更何况李焘于史学用力甚深，其所著《长编》史料翔实、考订精审，反观《续宋通鉴》则不过是取材单一、机械拼凑之作。以上三书托名南宋官员却全然不取官方文献、谎称拥有独门材料却杂抄流行史著的做法，与《中兴通鉴》若合符节。

（2）《大金国志》《契丹国志》《续宋通鉴》三书中，也存在着大量与作者身份不符的错谬。刘浦江在研究《大金国志》的真伪问题时，为其挑出了多达十个方面的错误，并据此揭示“本书四十卷全都出自一个文化素养较低并且草率从事的作者之手”[⑤]。此后刘氏研究《契丹国志》亦指出其书中存在五大错误，认为“此书作者所具有的文化素养和知识水准，与进士出身并曾担任过国子监簿的叶隆礼是完全不相称的”[⑥]。《续宋通鉴》的记载同样存在不少问题，燕永成即指出《续宋通鉴》有将《皇朝编年备要》中宋人自称的“朝廷”改为“宋朝”之举[⑦]。此外，《续宋通鉴》的体例编排也极为混乱，如《续宋通鉴》在建隆二年（961）记载了郭进“迁本州防御使充西山巡检”之事，但考诸《长编》及《皇朝编年备要》可知郭进的这次迁转实发生于建隆元年（960）。不仅如此，《续宋通鉴》于下文先后记郭进“招来山后诸州民三百余口”及激励军校立功两事，然查《长编》可知后者在乾德元年（963），前者更已晚至开宝九年（976）。由此可见《续宋通鉴》在缀连与排布史事方面的随意。

---

① （题）叶隆礼《经进〈契丹国志〉表》，《契丹国志》，《中华再造善本》影印中国国家图书馆藏元刻本，叶1b。
② （题）宇文懋昭《经进〈大金国志〉表》，《大金国志校证》，北京：中华书局，1986年，第1页。
③ 高宇《〈契丹国志〉研究》，北京大学博士学位论文，2012年，第23—68页。苗润博，《〈辽史〉探源》，北京：中华书局，2020年，第48—59、171—201页。
④ 刘浦江《再论〈大金国志〉的真伪》，第335—348页。曾震宇《〈大金国志〉研究》，第234—314页。
⑤ 刘浦江《再论〈大金国志〉的真伪》第337—345页。
⑥ 刘浦江《关于〈契丹国志〉的若干问题》，第326—331页。
⑦ 燕永成《南宋纲目体本朝史的编修及其流变》，第22页。

《契丹国志》等书这些性质相类的错谬背后，蕴藏着其编纂水准相近的事实。正如刘浦江所指出的："他（《大金国志》作者）所具备的，只有机械抄书的能力。"[①]结合前人研究与上文举出的种种例证可知，这一评语也完全适用于《契丹国志》《续宋通鉴》及《中兴通鉴》等书的作者。但由于《中兴通鉴》据以抄撮的文献长期以来流传不广（主要是《中兴纲目》）[②]，且其内容颠倒错谬之情状远不如《契丹国志》《大金国志》严重，故学界长期以来均未对该书背后存在的问题予以足够重视，遑论疑心其作者的真伪。

通过上文对《中兴通鉴》《契丹国志》《大金国志》《续宋通鉴》四书的比较，可以发现它们在史料来源、编纂手法、编校水平方面均存在高度相似性，这些证据足以说明四部史书的性质一致。更重要的是，前人已揭橥了《契丹国志》《大金国志》《续宋通鉴》均属于内容相对可靠、作者与书名出于捏造的情况，那么，与上述诸书存在众多关键共同点的《中兴通鉴》所题写的作者姓名自然无法视作不可动摇的证据。

以上所作的这些论述表明，《中兴通鉴》在取材、内容质量上的特征与其自称作者为宋代史官的说法存在不可调和的矛盾。而《中兴通鉴》与《契丹国志》等书之间的联系表明其书首自题的作者身份难以信据。那么我们便可以推定，其书首所题写的"国史实录院检讨编修官刘时举"绝非该书真正的作者，这部长期以来被视为南宋史著的《中兴通鉴》实为假托宋代史官之名的拼凑之作。

（二）从《中兴通鉴》中的独特记载看作者身份

既然《中兴通鉴》不是"国史实录院检讨编修官刘时举"所作，那么它真正的作者应该是谁？表面上看，这个问题似乎没有可以再推进的余地，但当我们将目光重新聚焦在《中兴通鉴》的文本本身，会发现它已经给我们提供了一些极具价值的线索：那些得不到任何同时代文献佐证的记载。这类记载无疑能够反映作者的知识背景，进而帮助我们追索其身份。据笔者梳理，此类记载共有以下三项。

其一是卷四绍兴七年（1137）记载"蓁毋谨和南（尚）啸聚于三水镇，有船四十，屠三水镇，焚海安等盐场。刘颌时为广州参议官，帅所部兵捕之，遂杀蓁毋谨和尚，捕逐余党，海道遂清。以颌知郴州。"据笔者考察，本书是目前所见最早记载"刘颌（或作刘领[③]）平蓁毋谨之乱"一事的史籍。而这一事件不见于其他任何宋元文献，直到明代中期始见记录。《（嘉靖）建宁府志》卷十八《人物门·高行》记刘颌为"建阳人，与韐同祖。绍兴间，广州盗蓁母谨和尚陷三水镇，颌时为广州参谋，帅兵剿捕。后为淮东提刑，金主亮趋淮东，颌死之。"[④]明人何乔远撰《闽书》则云刘颌"字子诚，与韐同祖。……绍兴间为广州参谋，盗蓁母谨和尚陷三水镇，帅兵剿捕。后为淮东提刑，金主亮趋淮东，力战死之，

① 刘浦江《再论〈大金国志〉的真伪》，第344页。
② 可参看雷震《〈中兴两朝编年纲目〉版本初探——以国图藏本为线索》。
③ 陈郁《藏一话腴》乙集卷下，《适园丛书》本，叶6b。
④ 谢纯《（嘉靖）建宁府志》卷十八，《天一阁藏明代方志选刊》，上海：上海古籍书店，1981年，叶79a。

谥忠简。弟崇之。”① 尽管《(嘉靖)建宁府志》和《闽书》与本书所记刘颁任官、平乱的关键信息完全吻合，但两书也都载有一些不见于《中兴通鉴》的细节（如表字、籍贯、卒年、谥号、亲属等）。因此可以判断这三部文献不太可能存在线性传抄关系，而应属同源异流文献。综上所述，《中兴通鉴》所记刘颁平綦毋谨之乱事，应别有独立史源，而这一史源在元代流传不广，只有极少数人才能接触到。

其二是卷十四嘉定四年（1211）载“刘爚轮对，乞开伪学禁”。此事仅见于真德秀所撰《刘文简公神道碑》，但《神道碑》记载此事时没有明确系年。由于《中兴通鉴》别无使用《神道碑》的痕迹，若说此处系编纂者直接取材于《神道碑》并为之随意编造了一个年份，难以令人信服，是故笔者判断这条记载应有其他的来源。

其三是有关刘崇之的一系列记载。卷十三记开禧二年（1206）雅州蛮寇边，“提刑刘崇之檄宣抚司，调兵自行讨之”。而其史源《两朝纲目备要》及更加原始的《朝野杂记》却都称“提刑刘崇之智夫乃自行，贼势转炽”。从“贼势转炽”的结果来看，恐怕刘崇之的“自行”并不是“调兵自行讨之”，而是近乎自行逃跑。《中兴通鉴》的这处改写无疑美化了刘崇之在应对雅州蛮进犯时的表现。同卷又记开禧二年三月，南宋朝廷下令将四川转运司划归四川宣抚司节制，时任总领的刘崇之“上章抗论辞职”，这一说法得不到任何文献佐证，极有可能也是编纂者自行增入的。

此外，卷十三的“提刑督捕司佥厅任处厚时在碉门寨，以状白提刑督捕司，欲焚其巢。提刑除总领，遂还”这条记载实际上也与刘崇之有关。《两朝纲目备要》《朝野杂记》都直接点出这位“提刑”就是刘崇之，但《中兴通鉴》的编纂者却有意删去了刘崇之的名字。刘崇之一由提刑升任总领，便放弃了攻打雅州蛮、肃清乱局的机会，此举有不负责任之嫌，作者选择隐去刘崇之的名字，至少在客观上起到了为刘崇之回护的效果。最后，同卷还记录了刘崇之因“不受伪命”而遭到吴曦驱逐之事，不过《两朝纲目备要》《朝野杂记》等书都没有提到刘崇之有“不受伪命”之举，可见这恐怕也是《中兴通鉴》编纂者擅自添加的内容。《中兴通鉴》编纂者所做的以上四项改动均无文献可征，刘崇之的形象在经过改写后也趋于正面。

以上三种记载之间有一个明显的共性，那就是它们所记叙的主人公都姓刘，而《中兴通鉴》托名的作者以及《续宋通鉴》的校订者也都姓刘。不仅如此，刘颁、刘爚、刘崇之的籍贯均为建阳②，而建阳正是《续宋通鉴》和《中兴通鉴》的刊刻地。由此可见，本书的实际作者应与建阳地区的刘氏家族关系密切。而存世的《麻沙刘氏族谱》便为我们提供了可以解决这一问题所需的关键证据。

---

① 何乔远《闽书》卷九十四，福州：福建人民出版社，1995年，第2882页。

②《(嘉靖)建宁府志》卷十八：“刘颁，建阳人，与韐同祖。”（叶79a）《宋史》卷四百一《刘爚传》：“刘爚字晦伯，建阳人。”（第12170页）《八闽通志》卷六十四：“刘崇之字智父，建阳人。”（福州：福建人民出版社，2006年，第707页）

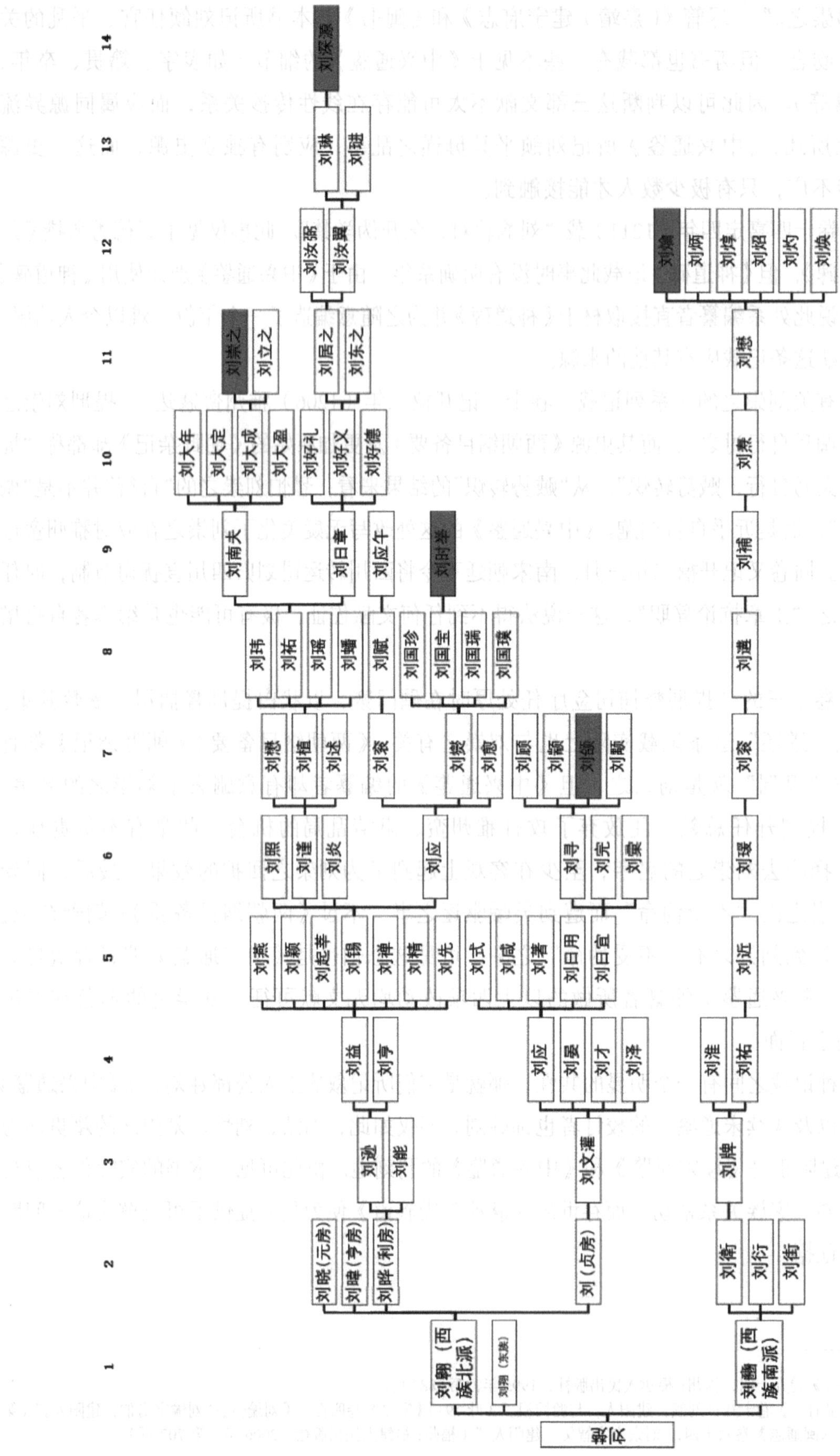
1 2 3 4 5 6 7 8 9 10 11 12 13 14
刘京
刘翱（西族北派）
刘翔（东族）
刘翻（西族南派）
刘晓（元房）
刘曈（亨房）
刘晔（利房）
刘（贞房）
刘衡
刘衍
刘街
刘逊
刘能
刘文灌
刘牌
刘益
刘亨
刘应
刘晏
刘才
刘泽
刘淮
刘栝
刘燕
刘颖
刘起莘
刘锡
刘禅
刘精
刘先
刘式
刘咸
刘著
刘日用
刘日宣
刘近
刘熙
刘谨
刘炎
刘应
刘寻
刘完
刘彙
刘璟
刘懋
刘植
刘述
刘衮
刘拔
刘愈
刘顾
刘颛
刘缙
刘颙
刘衮
刘玮
刘祐
刘瑶
刘墉
刘赋
刘国珍
刘国宝
刘国瑞
刘国琪
刘瓁
刘南夫
刘日章
刘应午
刘时举
刘補
刘大年
刘大定
刘大成
刘大盈
刘好礼
刘好义
刘好德
刘燕
刘崇之
刘立之
刘居之
刘东之
刘懋
刘汝弼
刘汝翼
刘镛
刘炳
刘焯
刘焰
刘灼
刘焕
刘琳
刘琎
刘深源
图一 麻沙刘氏世系简图

（三）《中兴通鉴》作者探析

1.《中兴通鉴》托名刘时举之原因

现存最早的《麻沙刘氏族谱》系由刘氏后人于光绪六年（1880）组织修撰而成，又于1914年重修，这次重修所做的工作以增订后代传人为主，并没有改动其早期的家族传承谱系[①]。方彦寿和贾晋珠（Lucille Chia）在研究宋元时期的建阳出版业时都曾使用过这部族谱。据该谱记载，麻沙刘氏由东族、西族南派和西族北派三个分支组成，其中西族北派之下又分为元、亨、利、贞四房。笔者在查阅该谱后发现，上文中提到的刘颁、刘爚、刘崇之、刘时举以及《续宋通鉴》的校订者刘深源等人均是麻沙刘氏家族的成员，他们之间的关系如图一所示。考虑到《中兴通鉴》的作者能够接触到刘颁、刘爚等人的部分生平资料，且愿意美化、回护刘崇之，说明这位作者的身份极有可能就是刘氏族人。而在上述诸人之中，与《中兴通鉴》作者同名的刘时举首先引起了笔者的注意。

从《麻沙刘氏族谱》的记载之中，我们知道刘时举为"（刘）国宝公之子"，并且是麻沙刘氏西族北派利房的第九代传人。虽然《麻沙刘氏族谱》并未记载其他任何关于刘时举生平事迹的信息，但我们可以通过该谱内的一些间接证据来估测刘时举的生活年代。据《麻沙刘氏族谱》记载，刘时举有一位从兄（系刘时举祖父刘燓兄刘衮之孙，见图一）刘应午曾"登嘉定壬午（1222）科"，由于该年南宋并未开科，刘应午或许是通过释褐或特赐第的途径取得了进士出身[②]。考虑到刘时举的年龄必然小于其从兄，因此我们基本可以确定刘时举的活跃时间应在宋宁宗朝（结束于1224年）之后的南宋晚期。尽管我们在梳理传世文献记载时发现南宋时期存在多个名唤刘时举的人物，但符合"活跃于南宋晚期"这一条件的刘时举只有《宋史》所记淳祐四年（1244）上书攻击史嵩之的京学生[③]。这一关键的共同之处使我们有理由相信，出现在《麻沙刘氏族谱》中的刘时举很有可能就是《宋史》中的那位京学生。

此外，考虑到《契丹国志》《大金国志》《续宋通鉴》等与《中兴通鉴》密切相关的托名之作都选择了真实存在的人物作为伪托对象[④]。我们大概可以知道建阳书坊在选取托名者时应当

---

① 这两部族谱都收录在由"耶稣基督后期圣徒教会"运营的族谱数据库网站FamilySearch（https://www.familysearch.org）中。关于族谱的可靠性和可用性，许多学者已经有过反思和探讨。宋怡明（Michael A. Szonyl）在《被统治的艺术——中华帝国晚期的日常政治》（北京：中国华侨出版社，2019）中的尝试表明，家谱中记载的种种故事是我们在研读和使用时最需要小心的内容，而族谱中记载的世系次序则是相对可靠的。就《麻沙刘氏族谱》而言，其中所谓刘氏家族入闽前的"京兆刘氏族谱"当出追述，而其记载的入闽后世次，尤其是家族中著名成员的信息，基本都能得到史料印证，其价值值得肯定。

② 龚延明、祖慧编《宋代登科总录》第九册，桂林：广西师范大学出版社，2014年，第4994—4996页。

③ 除《宋史》所记京学生刘时举之外，见诸宋元文献记载的刘时举还有以下两位。第一位是南宋初年起兵反宋者，绍兴元年（1131）"前御史台检法官、福建路统辖谢响命闽贼范汝为兵讨建阳县贼刘时举，尽歼其众"。（李埴撰，燕永成校正，《皇宋十朝纲要校正》卷二十一，北京：中华书局，2013年，第624页。事又见于廖刚《投富枢密札子》，《高峰文集》卷一，《文渊阁四库全书》本，叶29a）虽然这位刘时举起事的地点也在建阳，但从"尽歼其众"的描述来看，他的生命不久后即走向终结。第二位是绍兴年间的普通士人，宋代诗人王庭珪曾在两首诗作的题目中明确提到"刘时举"之名，据连国义研究，这两首诗系绍兴十九年（1149）至二十五年（1155）王庭珪贬居辰州期间所作（参见《王庭珪研究》，南京师范大学学位论文，2007年，第114页），因此这位曾任"主簿"的刘时举显然不是绍兴元年在建阳起兵反宋的"贼寇"。从"相别三十年"来看，这位刘时举应当生于北宋晚期，他不可能活到理宗在位时。明人张鸣凤编纂的《桂胜》有"唐逢尧、赵周材、汪圣锡、刘时举、王公休、方稚川绍兴辛未（1151）六月二日同游"，此人应即与王庭珪交游唱和者。

④ 顾宏义《叶隆礼事迹考》，《杭州师范大学学报（社会科学版）》2017年第1期，第79—82页。《大金国志》的作者宇文懋昭全然不见史籍记载，考虑到其身份是不受重视、难以融入江南士人圈子的归正人，加上南宋晚期缺乏传世史籍的情况，他的湮没无闻并不奇怪。

较看重其身份的真实性，书坊这样做的目的一方面在于通过保留部分可靠的信息来提升书籍的可信度，尽可能地避免读者疑心书籍的真伪，另一方面在于可以借助真实人物的声望刺激书籍行销。因此，同样由建阳书坊编造的《中兴通鉴》选择托名刘时举，足以说明其人并非凭空虚构，其题写的史官身份也应是比较准确可信的。上文的分析既已表明《中兴通鉴》是出自麻沙刘氏族人之手，其书所题作者又“恰好”与刘氏家族先贤同名，这恐怕并不是单纯的巧合，而应当视为编纂此书的刘氏后人为了光大同族先贤事迹所做出的一种刻意选择。

综观《麻沙刘氏族谱》可知，刘氏家族在宋代可谓人才辈出，族中大儒巨宦不在少数，如刘子羽、刘珙、刘崇之、刘爚等，相比之下，刘时举在麻沙刘氏家族中地位不算突出，成就也并不显赫。那么，麻沙刘氏后人为何选择了刘时举而不是其他家族成员来作为《中兴通鉴》的作者？笔者认为，这主要与其生活年代和身份有关。

刘子羽等麻沙刘氏先贤虽然声名卓著，却都去世于宋宁宗朝结束之前，而《中兴通鉴》全书内容的时间下限正是宋宁宗去世的嘉定十七年（1224），因此他们注定无法成为《中兴通鉴》的托名对象，麻沙刘氏后人只能在活跃于晚宋时期的同族先祖当中另觅一位合适的人选。笔者在翻阅《麻沙刘氏族谱》后发现，麻沙刘氏家族成员在晚宋时期官居高位者为数寥寥，出仕者多数任职于州县，这样的身份还不足以与《中兴通鉴》作者的名声相副。在这种情况之下，托名刘时举便成为了一个相对合理的选择。

尽管不比刘子羽、刘崇之等前辈有抗击金人、统摄方面之勋劳，这位曾上书论劾权臣史嵩之的京学生刘时举在南宋晚期也应小有名气。出身京学的刘时举也很可能确实曾有过任职于史馆的经历，在理论上具备创作一部南宋高、孝、光、宁四朝史著作的主观能力与客观条件。虽然京学生、史官刘时举的生平事迹今日已难寻觅，但对于元前期的麻沙刘氏族人而言，他们家族的这位先辈彼时大抵还没有被“遗忘的竞争”所淘汰，其身份与事迹尚存留在族人的记忆之中。大概出于上述原因，麻沙刘氏后人在编造《中兴通鉴》时，选择了将刘时举题作该书的作者。

2.《中兴通鉴》真实作者蠡测

除了刘时举之外，《麻沙刘氏族谱》中另一个值得我们关注的人物是刘深源。刘深源的名字虽然仅仅出现在托名李焘的《续宋通鉴》书首，但从本文的讨论来看，《续宋通鉴》与《中兴通鉴》两书不仅一起刊行、还并称“前集”“后集”，且都是托名之伪作。除此以外，两书的编纂手法也很相似，都是选取某一两部史书作为框架进行缩写和改写，并在此基础上大量插入史论文字而成的，由此可见这两部书之间的关系密切异常。这位刘深源既然参与了《续宋通鉴》的校订，那么其与《中兴通鉴》之间也有可能存在着关联，需要我们专作讨论。

明确了刘深源可能与《中兴通鉴》存在关联之后，我们需要解决刘深源的身份问题。换言之，《麻沙刘氏族谱》中记载的刘深源是不是《续宋通鉴》书前的“武夷主奉刘深源”？关于这两位刘深源之间的关系，我们可以借助一些间接证据来进行探索。

首先是其活跃的年代。由于《中兴通鉴》等三书大约刊刻于元仁宗皇庆元年（1312），因此“武夷主奉刘深源”的生活时间必然在此之前。上文还用《中兴通鉴》引用大德元年（1299）前后成书的《十八史略》说明刘深源彼时定然在世。而麻沙刘氏的刘深源有一篇题作《记澧州刘氏》的文章存世，文中提到其作于“大德四年（1300）”[①]。由此可见，两位刘深源的生活年代是完全吻合的。

再看其活跃的地点。“武夷主奉”毫无疑问已经揭示了《续宋通鉴》校订者刘深源活动的区域应在武夷山附近。而另一位刘深源世居建阳之麻沙[②]，其《记澧州刘氏》也提到“吴君可道自盱江来，邂逅于崇邑之翁阪”[③]。崇邑即崇安县，武夷山正位于其境内，因此两位刘深源的生活地点也是一致的。

此外，两人的文化水准也值得一提。关于“武夷主奉刘深源”的文化程度问题，可以从“主奉”头衔中略窥一二。在元代文献中，“主奉”或负责掌管书院[④]，或负责掌管祠堂、庙宇等机构[⑤]。而据宋末元初理学家熊禾的记载，元代的武夷山上确实存在一座武夷书院[⑥]，这应当就是刘深源的头衔直接写作“武夷主奉”的原因。按朱熹于淳熙十年（1183）于武夷山五曲隐屏峰下创建武夷精舍（后改称武夷书院）并于兹著述收徒，影响甚巨。武夷书院在理学史上地位特殊，刘深源能够担任该处主奉，想必具有一定的文化水准。而从《记澧州刘氏》这篇小文来看，麻沙刘深源也必非白丁，他至少接受过基本的教育。不过没有迹象表明这两位刘深源在史学上有过任何建树。从两位刘深源在生活年代、居住地点与文化水准均大致吻合的情况来看，他们同为一人的可能性很高。

刘深源出身麻沙刘氏家族，他不仅具有接触刘颁、刘爚等刘氏先辈生平事迹的条件，也存在为刘崇之回护的动机，并且也确实参与了与《中兴通鉴》密切相关的《续宋通鉴》一书的编纂工作。虽然这些侧证尚不足以坐实刘深源就是《中兴通鉴》的作者，但它们无疑都表明刘深源同《中兴通鉴》之间有着非比寻常的联系。

以后见之明来看，书坊编纂《续宋通鉴》《中兴通鉴》等书所用手法无甚技术含量，制造这几部书难度也并不算高。但在技术手段匮乏的元代，这种简单的编纂手法会无可避免地耗费作者大量的时间与精力，因此《续宋通鉴》《中兴通鉴》也完全有可能是多人协作的产物，刘深源或是成为了参与者的代表，其名字才得以题写在《续宋通鉴》书首。不过，无论这几部书是成于众手还是出自一己之力，刘深源与他背后的麻沙刘氏家族想必都起着不可忽视的重要作用。

---

① 见于《麻沙刘氏族谱》后附《刘氏忠贤传》卷四，叶16a。

② 刘维新、刘占元纂修《麻沙刘氏族谱》第二册，叶1a。

③ 刘维新、刘占元纂修《麻沙刘氏族谱》第二册，叶1a。

④ 袁桷《（延祐）四明志》卷十四：“甬东书院，郑忠定释奠其师迂斋先生楼昉，且行乡饮酒礼。宋理宗书其扁，旧在僧寺之侧。至元二十八年，僧撤去，教授吴宗彦复立张赟桥侧，设主奉二员以掌之。”清刻宋元四明六志本，叶38a–38b。

⑤ 袁桷《（延祐）四明志》卷十五：“东岳奉圣行宫，在东南隅狮子桥东，唐朝建立。宋建炎兵火岿然独存，至元二十六年毁。大德间，主奉陆贵和募缘重建，世奉祠云。”叶12a。

⑥ 熊禾《经理武夷书院》，《重刊熊勿轩先生文集》卷四，《宋集珍本丛刊》影印明隆武刻本，第318页。《重修武夷晦翁书院》，《重刊熊勿轩先生文集》卷三，第282页。

四、余论

本文从考订《中兴通鉴》的史源入手，指出该书记载主要来自《中兴纲目》《两朝纲目备要》《中兴大事记》《建炎复辟记》四部流传于福建地区的民间文献。就编纂手法而言，《中兴通鉴》采录上述文献的主要方式可分为摘抄、节录与改写三种。在考订史源的过程中，我们注意到《中兴通鉴》并没有使用任何来自官方的材料，同时在运用史料的过程中制造出了一事重出、胡乱嫁接、删节过甚、时序颠倒、记载错位、分条混乱、错字别字等一系列谬误。这些现象使我们怀疑《中兴通鉴》书首题写的作者“通直郎、户部架阁、国史实录院检讨兼编修官刘时举”身份的真实性。而通过分析《中兴通鉴》之中找到的三种独特记载，再结合《续宋通鉴》和《麻沙刘氏族谱》中的相关信息，我们取得了两点认识：其一，“国史实录院检讨编修官刘时举”并非《中兴通鉴》的作者。其二，《中兴通鉴》真正的作者极有可能是麻沙刘氏家族的某位成员。也就是说，《中兴通鉴》实为后世托名闻人、拼凑而成，其性质亦非南宋史学著作，而是一部编刻于元代的普及性历史读物。

本文选择《中兴通鉴》作为研究对象的一个重要原因是其颇具代表性。前人研究表明，除《中兴通鉴》之外，建阳书坊在元代前中期还刊刻了《宋史全文续资治通鉴》《契丹国志》《大金国志》《续宋编年资治通鉴》《宋季三朝政要》等五部记载辽、金、宋三朝历史的书籍。笔者研究后发现，以上六书均存在着不同程度的伪托、夸大之迹，前贤对于以上诸书的研究仍存不少有待斟酌完善之处，比如尚未关注到这六部史书之间存在的种种共性，没有通盘考察过上述六书，没有系统解析过它们的编纂手法、史料来源等。另外，这几部由建阳书坊编刻的史书背后实际上牵涉到南宋史学史与元代书籍史两大关节，而考察《中兴通鉴》这一个案，不仅可以揭示建阳书坊的作伪手法，还可以透过上述六书的内在联系呈现出元代书籍史的不同图景，更可以通过考察史源来探究宋元时期的书籍流通、知识传播、地域文化等关键问题。而笔者也正是基于对《中兴通鉴》这一个案的深入研究，借助追索史源、解析内容、检讨问题等方法，最终发现这六部史书抄取史料的范围颇为相近，编纂手法均以抄撮、拼合民间文献为主，各书之中的纰谬也存在高度的同质化现象，可以确定它们是建阳书坊自编自刻、炮制而成的同一批文献①。

《中兴通鉴》虽是托名之作，研究者却不应弃之如敝履，其原因在于文献的价值往往是多层次的，这种价值不仅蕴含于文本内容之中，更存在于文字以外。长期以来，历史研究者都格外重视文献内容的“史料学价值”，而对于伪托之书而言，其内容或系抄撮其他文献而来、或完全出于捏造，自然难以提供有价值的记载。但是，正由于其脱胎于“托名”“杂抄”这种特殊、非正常的手段，此类文献天生就具有很强的独特性；又加之其制作动机、手法可能因主导者身份、时代、地域的不同而判然有别，因此开展对于托名伪作的个案研究、把握和挖掘这类文献的“个性”仍是很有必要的。只有深入剖析《中兴通鉴》这类个案，才有可能丰富、更新我们对于中国古代书籍编纂模式、修撰主体、流传情况、地域特性等宏观问题的认识。

① 由于这一问题关涉颇多，笔者另有专文考察，见《元代建阳书坊编刻辽金宋三史述论》，未刊稿。